公共用地補償の最前線

藤川 眞行 編著

大成出版社

はじめに

公共用地補償は、今、様々な課題に直面しています。

行政職員の減少・ゼネラリスト化が進み、経験豊富な用地担当職員が減少する一方で、説明責任・コンプライアンスの水準が向上し、地権者の高齢化が進み、相続未定・多数地権者の土地が増加するなど、業務環境の厳しさが増しています。

国土強靭化や、安全・安心の実現、豊かな国民生活の実現、国民経済の活力の確保に不可欠なインフラを、重点的・効率的に実施していくためには、これら課題を克服していくことが極めて重要ですが、課題克服の原点は、現場にあります。

このようなことから、私の前職在任中、月刊誌「用地ジャーナル」（一財）公共用地補償機構編、（株）大成出版社）において、公共用地補償をめぐる様々なテーマを設定し、現場の第一線で活躍しておられる方々や現場をよく知っておられる方々をお呼びし、率直な意見交換を行う座談会を実施しました。

お蔭様で、参加者の方々から、現場における実態、課題について、様々なことを教えていただき、官民連携の推進、人材育成の推進など、今後の公共用地補償の方向性が見えてきたように思います。ご多忙な実務のかたわら、ご参加いただいた方々に、改めて御礼申し上げます。

この度、(一財)公共用地補償機構の方から、せっかくの蓄積ですから、座談会を編集し、解説部分等を加え、書籍として出版してはどうかとのご推奨をいただきました。私としては、前々から、用地担当職員等に対して公共用地補償の最前線を示せるようなテキストが必要であると考えていましたので、即、快諾した次第です。

本書が、公共用地補償に携わる方々、あるいは、公共用地補償に関心がある方々に対して、ご参考になれば、幸いに存じます。

末筆になりますが、本書出版を快諾していただいた座談会参加者の方々、本書出版を推奨、協力していただいた(一財)公共用地補償機構の土屋彰男 理事長、堀正弘 専務理事、板倉靖和 常任参与、菅谷昭彦 前業務本部長をはじめ関係者の方々、出版の労をとっていただいた(株)大成出版社の坂本長二郎 参与、山本眞 担当部長、岩田康史 主任をはじめ関係者の方々に、心より御礼を申し上げます。

なお、本文中の筆者の見解にわたる部分については、筆者が所属してした（又は所属している）組織のものではなく筆者個人のものであること、また、本出版については、編集料・原稿料等を辞退していることを念のために申し添えます。

令和元年五月一日　新しい時代の始まりの日に

前・全国用対連事務局長、前・国土交通省関東地方整備局用地部長　藤川眞行

〈座談会出席者一覧〉

座談会①「複雑化・高度化する公共用地補償業務の課題と対応策」

大和田隆夫〔東京都建設局用地部調整課長〕
村上俊輔〔中日本高速道路株式会社東京支社建設事業部統括副部長〕
藤川眞行〔全国用対連事務局長（国土交通省関東地方整備局用地部長）〕

座談会②「公共用地補償業務における今後の国・地方連携」

伊藤一則〔栃木県県土整備部参事兼用地課長〕
小谷野雅夫〔川越市建設部長〕
吉野　稔〔杉並区都市整備部土木担当部長〕
藤川眞行〔全国用対連事務局長（国土交通省関東地方整備局用地部長）〕

座談会③「公共用地補償業務における官民連携」

那波市郎〔一般社団法人日本補償コンサルタント協会副会長〕
門間　勝〔一般財団法人公共用地補償機構専務理事〕
伊藤裕幸〔公益社団法人日本不動産鑑定士協会連合会常務理事（広報委員長）〕
藤川眞行〔全国用対連事務局長（国土交通省関東地方整備局用地部長）〕

座談会④「市町村の公共用地補償業務に対する支援」

荒井英俊〔埼玉県土地開発公社企画主幹兼用地課長〕
門間　勝〔一般財団法人公共用地補償機構専務理事〕
藤岡富夫〔株式会社セントレック用地部長〕
藤川眞行〔全国用対連事務局長（国土交通省関東地方整備局用地部長）〕

座談会⑤「用地担当職員の人材育成―様々な研修プログラムの取組みを中心に―」

中村嘉伸〔国土交通大学校計画管理部管理科長〕
穴澤正治〔一般財団法人全国建設研修センター調整課長〕
水越正宏〔国土交通省関東地方整備局用地部用地企画課用地官〕
池田真一〔埼玉県県土整備部用地課指導・管理担当主幹〕
藤川眞行〔全国用対連事務局長（国土交通省関東地方整備局用地部長）〕

座談会⑥「公共用地補償業務における不当要求への対応―弁護士会との連携を中心に―」
中井克洋〔弁護士（広島弁護士会、日本弁護士連合会民事介入暴力対策委員会委員長）〕
髙橋良裕〔弁護士（東京弁護士会、東京弁護士会民事介入暴力対策特別委員会副委員長、関東弁護士会連合会民事介入暴力委員会委員）〕
梅木勇治〔国土交通省中国地方整備局用地部用地補償管理官〕
市川史正〔国土交通省関東地方整備局用地部用地調査官〕
藤川眞行〔全国用対連事務局長（国土交通省関東地方整備局用地部長）〕

座談会⑦「福島中間貯蔵施設の整備に向けた用地取得」
近藤淳一〔環境省水・大気環境局中間貯蔵施設担当参事官室参事官補佐〕
松島　安〔環境省福島環境再生事務所中間貯蔵施設等整備事務所調整官（中間貯蔵施設用地担当）〕
山口賢二〔環境省福島環境再生事務所中間貯蔵施設等整備事務所用地審査課長〕
浅原堅祐〔環境省福島環境再生事務所中間貯蔵施設等整備事務所用地総括課上席用地補償専門官〕
藤川眞行〔全国用対連事務局長（国土交通省関東地方整備局用地部長）〕

座談会⑧「木造住宅密集地域における街路事業の用地取得―生活再建プランナー制度を中心に―」
高島泰法〔東京都建設局用地部用地課長〕
澁澤克則〔東京都第二建設事務所用地第二課長〕
原田隆子〔株式会社エス・イー・シー計画事務所補助172号（長崎）生活再建プランナー専任者〕
藤川眞行〔全国用対連事務局長（国土交通省関東地方整備局用地部長）〕

座談会⑨「用地取得と地籍整備」
小門研亮〔国土交通省土地・建設産業局地籍整備課企画専門官〕
倉本尚寿〔岐阜県都市建築部都市政策課土地計画調査係技術主査〕
青木利博〔神戸市危機管理室専門役（前大槌町都市整備課長）〕
中林基樹〔和歌山市産業まちづくり局都市計画部地籍調査課班長〕
村山朋之〔国土交通省関東地方整備局用地部用地企画課建設専門官（企画・地籍担当）〕
藤川眞行〔全国用対連事務局長（国土交通省関東地方整備局用地部長）〕

（順不同・敬称略。なお、所属・役職は、開催当時のもの）

目次

第1編

「公共用地補償の最前線」へのアプローチ

新しい課題と持ち越されてきた課題

平成30年12月に、「国土強靱化基本計画」が全面改定されるとともに、事業規模・概ね7兆円の「防災・減災、国土強靱化のための3か年緊急対策」が閣議決定されました。

近年の豪雨、地震、豪雪、火山噴火等、自然災害の頻発化・激甚化という新しい大きな課題に対応していくためには、国土強靱化に向けた取組みを強力に、それも、重点的・効率的に(「ワイズ・スペンディング」、「賢い支出」)、実施していくことが強く求められています。

取組みには、ハード・ソフトの一体的な対応が必要なことは言うまでもありませんが、ハード整備を真に重点的・効率的に実施していくためには、用地取得が困難な箇所であっても、効果発現に必要なところは果敢に対応していくことが不可欠であり、公共用地補償業務の出番も大きいと言えます。

また、以上のような話と重なるところもありますが、戦後着実にインフラ整備が進められてきたといっても、持ち越されてきた大きな課題があります。すなわち、日本の都市は、欧米の都市と比べると、都市圏を中心に、依然として公共空間（公共用地）の比率が低く、安全・安心の実現、豊かな国民生活の実現、国民経済の活力の確保の観点から大きな制約になっています。

具体的には、例えば、延焼リスクの高い広範な木造住宅密集地域の存在、都市圏をスムーズに移動できる環状道路等の不足、子ども連れ・お年寄りが安心して通行できる歩道の不足、家族で散歩したくなるような街路樹豊かな街路の不足、子どもと一緒に遊びに行きたくなるような感じのいい公園・緑地の不足、水害等を防御できる空間の不足、子育て・福祉のための公共用地の不足等々です。

難しい課題は、どうしても先送りされるものですが、だからこそ、公共用地補償業務には、今まで以上の着実な対応が求められています。

いずれにしても、激しさを増す自然環境、あるいは、国際環境、経済環境の中にあって、安全・安心の実現、豊かな国民生活の実現、国民経済の活力の確保を図っていくためには、官民の適切な連携や、予算のワイズ・スペンディングに十分留意しつつも、やはり、公共の役割、インフラ整備の役割、ひいては、公共用地補償業務の役割は、引き続き大きいものがあると言えるでしょう。

公共用地補償業務の執行体制の確保
―官民連携の推進と人材育成の推進―

他方、公共用地補償業務の実態を見ると、地方公共団体を中心に、職員の減少・ゼネラリスト化が進み、経験豊富な用地担当職員が極めて少なくなるなど、執行体制が脆弱化しています。

また、公共用地補償業務をめぐる環境については、例えば、求められる説明責任の水準、個人情報保護の水準、コンプライアンスの水準等が向上するとともに、高齢の地権者の増加、相続未定・多数地権者の土地の増加等により慎重な対応を要する案件が増加するなど、厳しさが増してきています。

先に述べた我が国の大きな課題に対応していくためには、公共用地補償業務の担当部局は、最大限、民間の力を活用していくこと（官民連携の推進）、少数の担当職員が、短期間で、必要とされる知識を習得できる環境を整備していくこと（人材育成の推進）が強く求められています。

実際、私が前職で、用対連の活動を行っていく中でも、地方公共団体を中心とする現場の声として、民間でできることは包括的に民間に委託できる手法についてノウハウを教えてほしい、民間委託が進んでも用地担当職員が持っておくべき知識を簡単に習得できるような教材、研修を開発してほしい、といったものを多くいただきました。

包括的な民間委託を含む民間委託のガイドブックについては、現在、関東地区用対連でも検討が進められており、また、教材については、特に初心者の方々が気軽に手に取れるものがほとんどなかったことから、昨年（平成30年）2月に、「公共用地取得・補償の実務」（拙著、（株）ぎょうせい）を出版しました。

ただ、教材については、経験者を含めた用地担当職員が、公共用地補償業務が直面している課題の全貌を把握し、今後の方向性を考える縁《よすが》とするようなものも、ほとんどありません。しかし、そのようなテキストをつくることも大変重要なことであると思われます。

「はじめに」でも触れましたが、私の前職在任中、月刊誌「用地ジャーナル」（（一財）公共用地補償機構編、（株）大成出版社）において、私がコーディネーターとなって様々な座談会を行いましたが、その座談会の内容は現場の第一線で活躍しておられる方々や現場をよく知っておられる方々の貴重な知見、ノウハウの集積であり、これらを編集等すれば、このような要請に応えるものになるのではないかと考え、「公共用地補償の最前線（現場編）」として、第2編に掲載しました。

また、現場の第一線で活躍しておられる方々の知見、ノウハウの背景には、これまでの公共用地補償の困難な最前線の現場の歴史の中でつちかわれてきたものが少なくないように思われます。紙幅の関係上、３つの話の紹介にとどまりましたが、「温故知新」という意味を込めて、「公共用地補償の最前線（歴史編）」として、第3編に掲載しました。

本書は、最初から順に読んでいかずとも、ご関心のある部分を読んでいただくことで、それぞれのテーマの最前線がわかる形となっています。お気軽に目を通していただき、実務等において何らかの参考にしていただければ、これに勝るものはありません。

第2編

公共用地補償の最前線（現場編）

―公共用地補償に携わるプロフェッショナルに学ぶ―

本編では、「公共用地補償の最前線（現場編）」を俯瞰できるよう、各座談会について、5本の柱に分けて整理しました。

具体的には、

「第1章　現場の実態」として、
国、地方公共団体、特殊会社（NEXCO）の担当者による、現場の現状・課題の話

「第2章　官民連携の推進」として、
土地開発公社、民間補償コンサルタントの担当者による、包括的な民間委託を含めた官民連携の現状・課題の話

「第3章　用地担当職員に対するきめ細かい支援」として、
研修機関、弁護士による、コンプライアンスの確保を含めた人材育成の話

「第4章　困難なプロジェクトにおける果敢な取組み」として、
国の担当者による、福島第1原発周辺の中間貯蔵施設整備のプロジェクトの話と、東京都の担当者による、東京都の木造住宅密集地域における街路プロジェクトの話

「第5章　用地取得と地籍整備」として、
国、地方公共団体の担当者による、地籍整備の話（東日本大震災復興事業における用地取得の話を含む。）

をそれぞれ取り上げています。

第1章　現場の実態

座談会①「複雑化・高度化する公共用地補償業務の課題と対応策」

本座談会は、東京外環道路をはじめ大規模なプロジェクトを担当する東京都とNEXCO中日本の用地経験の豊富な管理者に参加していただき、それぞれの公共用地補償業務の課題と対応策についてお話しいただきました。

具体的な事項としては、例えば、

- マンション敷地の一部が事業地にかかる場合の分筆登記の運用をめぐる課題

- 大深度法の対象事業に係る５０００万円控除の適用要件をめぐる課題（座談会前に措置済）
- 何代もの相続未定の土地に係る多数地権者の探索をめぐる課題
- 筆界特定制度の申立者（起業者は対象外）をめぐる課題
- 不当要求への対応をめぐる課題
- 成年後見人制度の申立者（起業者は対象外）をめぐる課題
- 補償金と各種社会保障制度の負担・サービスをめぐる課題
- 説明責任・コンプライアンス確保をめぐる課題
- 人材育成、女性活躍をめぐる課題
- 用地補償業務のＰＲをめぐる課題

等が取り上げられています。

話の中で触れられた制度改善が必要とされた課題のうち、①マンション敷地の一部が事業地にかかる場合の分筆登記の運用をめぐる課題、②何代もの相続未定の土地に係る多数地権者の探索をめぐる課題、③補償金と各種社会保障制度の負担・サービスをめぐる課題については、お蔭様で、全国用対連の要望活動も功を奏して、所要の改善が図られています。

①区分所有建物に関する分筆登記の改善（平成29年3月〜）

区分所有建物の敷地について、分離処分可能規約の設定の決議及び一筆の土地のどの部分を分画するか決める区画決定行為の特別決議（区分所有者及び議決権の各4分の3以上の多数決）があった場合に、区分所有者の4分の3以上の者を代位する土地の分筆登記の嘱託（申請）があれば、分筆登記ができることとされました（図表1参照）。

【図表1】

これまでの分筆登記の要件	今後の分筆登記の要件
＜嘱託情報（被代位者）＞ ・　区分所有者全員 ＜添付情報（代位原因を証する情報）＞ ・　区分所有者全員の証明情報（売買契約の成立等） 等	＜嘱託情報（被代位者）＞ ・　区分所有者の4分の3以上の者 ＜添付情報（代位原因を証する情報）＞ ・　区分所有者4分の3以上の証明情報（売買契約の成立等） ・　分離処分可能規約の設定を決議した集会議事録等 ・　被代位者の議決権が4分の3以上であることを証する資料 等

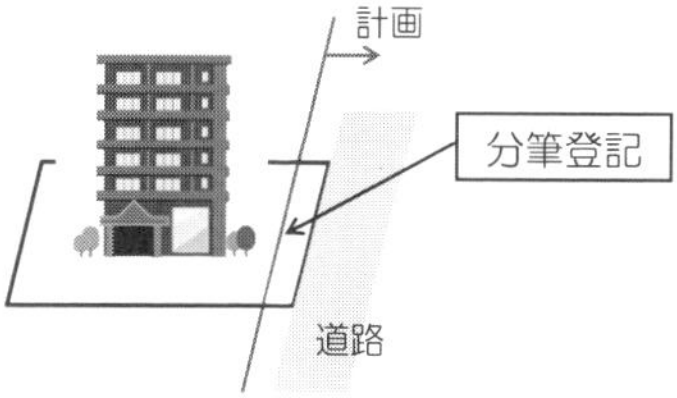

② 土地等権利者関連情報の利用・提供（平成30年11月〜）

平成30年6月に公布された「所有者不明土地の利用の円滑化等に関する特別措置法」に基づき、土地の所有者の探索のために必要な公的情報（固定資産課税台帳、地籍調査票等）について、行政機関が利用できる制度が創設されました（図表2、図表3参照）。

【図表2】

●所有者不明土地の利用の円滑化等に関する特別措置法

（平成30年6月6日成立、6月13日公布、平成30年法律第49号）

背景・必要性

○ 人口減少・高齢化の進展に伴う土地利用ニーズの低下や地方から都市等への人口移動を背景とした土地の所有意識の希薄化等により、**所有者不明土地（※）が全国的に増加**している。

（※）不動産登記簿等の公簿情報等により調査してもなお所有者が判明しない、又は判明しても連絡がつかない土地

○ 今後、相続機会が増加する中で、**所有者不明土地も増加の一途をたどる**ことが見込まれる。

○ **公共事業の推進等の様々な場面において**、所有者の特定等のため多大なコストを要し、**円滑な事業実施への大きな支障となっている。**

経済財政運営と改革の基本方針2017（平成29年6月9日閣議決定）（抜粋）
・所有者を特定することが困難な土地に関して、地域の実情に応じた適切な利用や管理が図られるよう、…公的機関の関与により地域ニーズに対応した幅広い公共的目的のための利用を可能とする新たな仕組みの構築、…等について、…必要となる法案の次期通常国会への提出を目指す。

平成28年度地籍調査における所有者不明土地

・不動産登記簿上で所有者の所在が確認できない土地の割合：約 20%
（所有者不明土地の外縁）

・探索の結果、最終的に所有者の所在が不明な土地（最狭義の所有者不明土地）：0.41%

直轄事業の用地取得業務においてあい路案件となっている要因

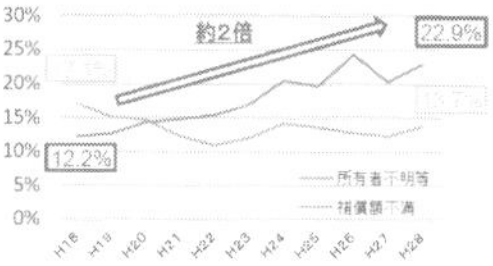

法律の概要

1．所有者不明土地を円滑に利用する仕組み 【公布後1年以内施行】

反対する権利者がおらず、建築物（簡易な構造で小規模なものを除く。）がなく現に利用されていない所有者不明土地について、以下の仕組みを構築。

① 公共事業における収用手続の合理化・円滑化 （所有権の取得）

○ 国、都道府県知事が事業認定（※）した事業について、収用委員会に代わり都道府県知事が裁定　（※）マニュアル作成等により、認定を円滑化

（審理手続を省略、権利取得裁決・明渡裁決を一本化）

② 地域福利増進事業の創設 （利用権の設定）

○ 都道府県知事が公益性等を確認、一定期間の公告

○ 市区町村長の意見を聴いた上で、都道府県知事が利用権（上限10年間）を設定

（所有者が現れ明渡しを求めた場合は期間終了後に原状回復、異議がない場合は延長可能）

地域福利増進事業のイメージ

ポケットパーク（公園）
（出典）杉並区

直売所（購買施設）
（出典）農研機構　広島県

2．所有者の探索を合理化する仕組み 【平成30年11月15日施行】

所有者の探索において、原則として登記簿、住民票、戸籍など客観性の高い公的書類を調査することとするなど（※）合理化を実施。

（※）照会の範囲は親族等に限定

① 土地等権利者関連情報の利用及び提供（法第39条）

○ 土地の所有者の探索のために必要な公的情報（固定資産課税台帳、地籍調査票等）について、行政機関が利用できる制度を創設

② 長期相続登記等未了土地に係る不動産登記法の特例

○ 長期間、相続登記等がされていない土地について、登記官が、長期相続登記等未了土地である旨等を登記簿に記録すること等ができる制度を創設

3．所有者不明土地を適切に管理する仕組み 【平成30年11月15日施行】

財産管理制度に係る民法の特例

○ 所有者不明土地の適切な管理のために特に必要がある場合に、地方公共団体の長等が家庭裁判所に対し財産管理人の選任等を請求可能にする制度を創設（※民法は、利害関係人又は検察官にのみ財産管理人の選任請求を認めている）

【目標・効果】
○ 所有者不明土地の収用手続に要する期間（収用手続への移行から取得まで）：約1/3短縮（約31→21ヵ月）
○ 地域福利増進事業における利用権の設定数：施行後10年間で累計100件

（国土交通省資料を一部加工）

【図表 3】

土地所有者等関連情報の利用及び提供（法第39条）

地域福利増進事業、収用適格事業及び都市計画事業の実施の準備のため、事業を実施しようとする区域内の土地の土地所有者等（※1）を知る必要があるときは、その探索に必要な限度で、土地所有者等関連情報（※2）の利用・提供が可能に。

(1) 都道府県知事及び市町村長は、その保有する土地所有者等関連情報を、内部で利用することができる。

(2) 都道府県知事及び市町村長は、地域福利増進事業等を実施しようとする者から提供の求めがあったときは、土地所有者等関連情報を提供するものとする。（請求者が国・地方公共団体以外の場合は、求めを受けた都道府県知事・市町村長が、土地所有者等本人の同意を得た上で提供。）

(3) 国の行政機関の長又は地方公共団体の長は、土地に工作物を設置している者等に対し、土地所有者等関連情報の提供を求めることができる。

※1 土地又は土地にある物件に関し所有権その他の権利を有する者

※2 土地所有者等と思料される者に関する情報のうちその者の氏名又は名称、住所その他の国土交通省令で定めるもの

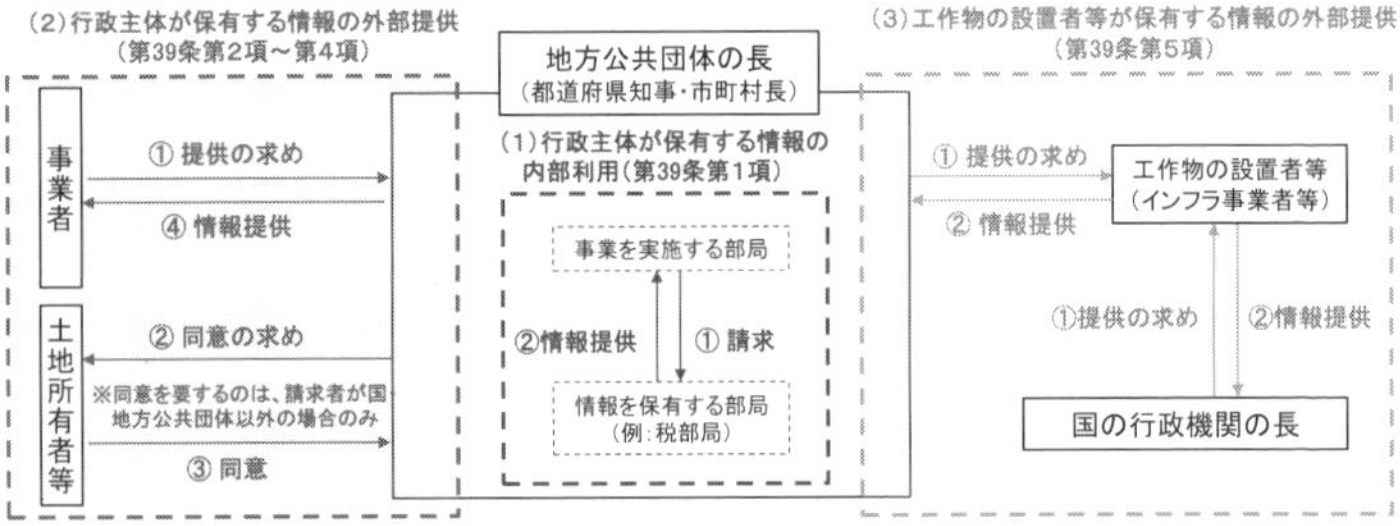

（国土交通省資料）

③―1 介護保険の改善（平成30年度～）

介護保険料等の算定の基礎となる合計所得金額の計算において、土地・建物等の譲渡所得の特別控除額（収用：5000万円まで）を控除することとされました（図表4参照）。

【図表4】

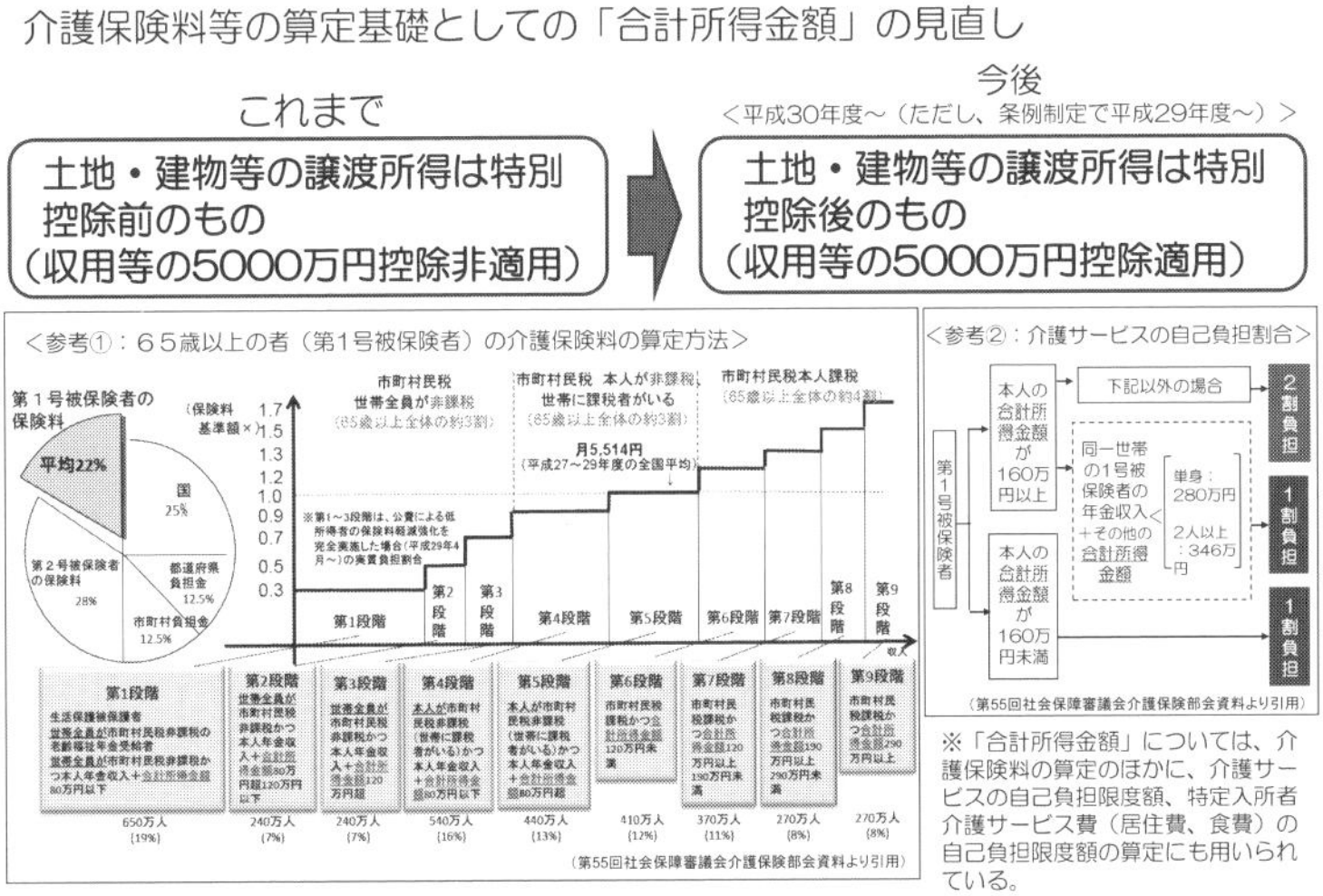

※「合計所得金額」については、介護保険料の算定のほかに、介護サービスの自己負担限度額、特定入所者介護サービス費（居住費、食費）の自己負担限度額の算定にも用いられている。

③−2 児童扶養手当、児童手当、特別児童扶養手当の改善（平成30年度〜）

児童扶養手当、児童手当、特別児童扶養手当の支給を制限する場合の合計所得金額の計算において、土地・建物等の譲渡所得の特別控除額（収用：5000万円まで）を控除することとされました（図表5参照）。

【図表5】

児童扶養手当・特別児童扶養手当・児童手当の支給を制限する場合の所得額の計算方法の見直し

これまで	今後
	施行予定時期 ・児童手当：平成30年6月から ・児童扶養手当、特別児童扶養手当：平成30年8月から
土地・建物等の譲渡所得は特別控除前のもの （収用等の5000万円控除非適用）	土地・建物等の譲渡所得は特別控除後のもの （収用等の5000万円控除適用）

平成29年度児童扶養手当額の例（手当受給者と子1人の家庭の場合）

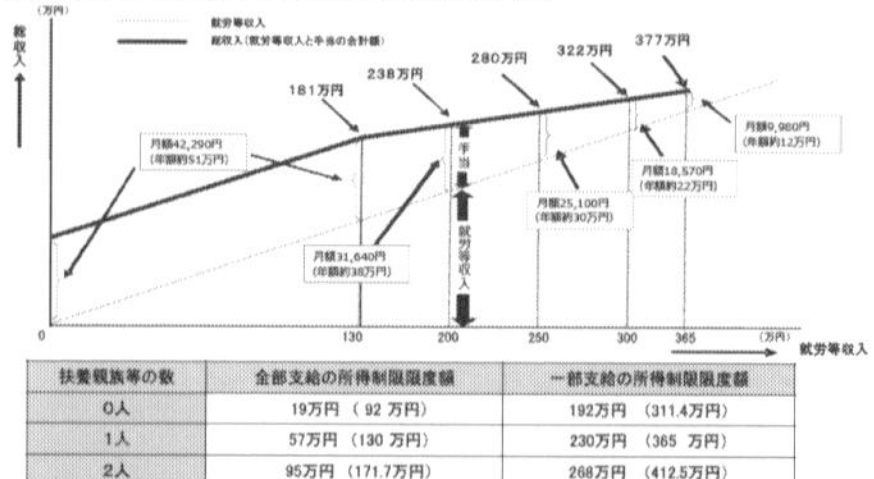

扶養親族等の数	全部支給の所得制限限度額	一部支給の所得制限限度額
0人	19万円（ 92 万円）	192万円（311.4万円）
1人	57万円（130 万円）	230万円（365 万円）
2人	95万円（171.7万円）	268万円（412.5万円）
3人	133万円（227.1万円）	306万円（460 万円）
4人	171万円（281.4万円）	344万円（507.5万円）
5人	209万円（335.7万円）	382万円（555 万円）

※（ ）内は収入額ベース、政令上は所得額で規定されており、ここに掲げた収入額は、給与所得者を例として給与所得控除額等を加えて表示した額である、

厚生労働省HP（ひとり親家庭等の支援について）より引用

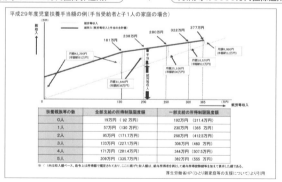

座談会①

「複雑化・高度化する公共用地補償業務の課題と対応策」

平成28年12月2日 開催

大和田 隆夫　東京都建設局用地部調整課長
村上 俊輔　中日本高速道路株式会社東京支社建設事業部統括副部長
藤川 眞行　全国用対連事務局長（国土交通省関東地方整備局用地部長）

（順不同・敬称略。なお、所属・役職は、開催当時のもの）

〈用地ジャーナル2017年4月号・5月号掲載〉

複雑化の様々な背景

藤川　本日の座談会は、「複雑化・高度化する公共用地補償業務の課題と対応策」と題して、ご出席の方々と議論を進めていきたいと思います。最近は、かつての右肩上がりの時代とは違って、事業量は横ばいか微増といった感じですが、その一方で、職員数が減少している中、用地をめぐる問題が複雑化してきており、用地業務はいろいろ課題が山積している状況にあるのではないかと思います。

例えば、都市の高密度化でマンションが多くなってきているとか、相続関係が代を重ねてきて相当ややこしくなっているとか、高齢者が増えて場合によっては意思能力が課題となる場合も出てきているとか、あと、社会保障制度がいろいろ充実して、それらへの影響を考えていかないといけないとか、いろいろあろうかと思います。

また、全般的な話としては、説明責任が厳しく問われているとか、コンプライアンスが強く求められるとか、これも、いろいろあろうかと思います。

まず、話の導入として、東京都とNEXCO中日本の用地に関わっている主要なプロジェクトの概要と、それを支える用地部局の体制について簡単にご説明いただくとともに、用地行政が最近難しくなっている背景についても簡単にお話ししていただければと思います。

大和田　東京都では、東京2020オリンピック・パラリンピック競技大会の開催がありますので、それに関連した輸送インフラの整備が必要になっています。用地の取得はほぼ終わっていますが、まだ買い切っているわけではなく、原宿駅の近くの明治通りの拡幅部であるとか、外苑東通りなども現在、用地取得を行っています。

もう1つ大きいものとして、木造家屋の密集地域の不燃化について、10年プロジェクトの1つとして特定整備路線の整備をやっています。都市計画道路を通すことによって延焼遮断帯をつくることが目標ですが、道路ができれば避難路にもなりますし、緊急車両も通る。それを28路線、25㎞をオリンピックまでに頑張ろうと、今やっているところです。

それから、以前から営々とやっているものとして、都市の骨格を形成する幹線道路の整備、都市計画道路の完成率が、平成25年度末現在で62％であり、まだまだというところです。また、3環状道路の整備ということで、現在、東京外環の関係で国土交通省に協力して用地取得を行っているところです。

さらに、中小河川や公園等の整備も重要で、中小河川では、今までは時間当たり50㎜対応だったのが新たに65㎜対応、区部では75㎜対応を目標にして、河道や調節池の整備、環七の地下調節池をつなぐこともやっています。都市計画公園はたくさんあるのですが、その中から優先して整備する区域154カ所を選んで433ha、具体的には篠崎公園等をはじめ整備しているところです。

用地部局の体制については、建設局用地部所管事業のうち都直営で行っている部分としては、建設事務所が11、公園緑地事務所が2事務所あり、本庁用地部でも機動取得担当ということで困難案件を担当する部署もあります。職員は、本庁に57名、事務所用地課に341名、合計すると400名近い職員がおり、年間1，600億円を超える予算規模でやっています。

これ以外にも、（公財）東京都道路整備保全公社に用地の組織があり、用地課、マンション用地課等があって、100名を超える規模で行っています。公社は都からの委託以外にも受けていますが、都からは年間で330億円ほどお願いしています。さらに、用地部所管外事業として東京外環や島嶼の事業を担当する組織があります。

最近の用地行政が複雑化している背景についてですが、最近、一番気になっているのが、いわゆる成年後見に関連する認知症の関係です。場合によっては、契約する意思能力があるのかどうかを判断するのに非常に迷うことがあり、その判断は収用手続にも影響してきますから、判断には非常に苦労します。

マンションについては、東京都は、都市計画決定で都市計画線が入ったのが非常に早い時期で、計画線内に一部建築しているケースも結構あって、なかなか難しい問題です。

村上　ＮＥＸＣＯ中日本は、もともと日本道路公団という特殊法人が母体ですが、10年ほど前に民営化して全国を3分割し、東日本、中日本、西日本となり、そのうちの日本の真ん中部分を担当しているのが中日本です。高速道路の新規の建設事業を中心に、路線としては新東名、新名神、東京外環、中部横断道といった高速道路の整備を行っており、最終的に、2020年度に全体のネットワークを完成させることを目標にしています。

新名神や中部横断道については、用地買収は概成、終盤を迎えており、現在、用地買収の最盛期になっているのが新東名の伊勢原ＪＣＴ～御殿場ＪＣＴです。あと、東京外環の東名～関越の間は、用地の取得部分と区分地上権の設定部分の両方がありますが、国交省、ＮＥＸＣＯ東日本、東京都と分担して用地取得を行っているところです。

新規の高速道路の建設以外では、私が担当している東京支社の管内では、東名の大和トンネル付近や中央道の小仏トンネル付近で渋滞対策事業を行っています。

また、小規模な事業になりますが、スマートインターチェンジといって、ETC専用の簡易な構造のインターチェンジを、地元の要望を受ける形で多くの箇所で設置しています。例えば、東京近辺では、東名の横浜町田IC～厚木ICの間で、綾瀬市にスマートインターチェンジをつくるための用地取得を行っているところです。

その他、用地買収の関連業務として、高速道路の建設に伴い、既存の道路や水路の付替えを行った場合の底地の交換処理を行う財産整理業務や、工事の施工に伴って発生した事業損失の補償業務も用地部局で担当しています。

用地部局の体制については、NEXCO中日本では建設事業を担当する組織として、東京支社と名古屋支社の2つの支社があり、その下に工事事務所が11カ所あります。用地の人員は、中日本全体で社員100名強、また、その他にグループ会社の社員として200名強、全体としては300名強で業務に当たっています。

複雑化する用地行政の背景についてお話ししますと、1点目は、昨今言われている権利関係の複雑化や地権者の権利意識の高まりを受けて、弁護士相談を活用する案件や、法的手続による解決ができないかを検討する案件が非常に増えています。

2点目として、国民の公共事業を見る目が厳しくなったことから、地権者への説明責任を果たすことが強く求められています。

3点目として、コンプライアンスの高まりに伴い、地権者との接し方については、昔とは違って節度ある接し方が求められており、また、補償金額の算定手続等の社内手続を不正や間違いがないよう厳しく行っています。

　最後の点として、公共事業を計画的に執行していく観点から、用地取得の行程管理や、供用に向けた工事部門との工程調整等が昨今はきめ細かく求められていることがあります。

都市の高密度化への対応

藤川　それでは、ここからは、難しくなってきている用地の今日的な問題について、個別にお話ししていきたいと思います。

　日本は、戦後、大都市への人口集中が進み、今や、世界に冠たる高密度都市国家になったと言ってよいでしょう。関東地整の事業でもそうですが、一般的に、マンション本体が用地買収にかかることはそうありませんが、駐車場や外構、階段等がかかることが相当出てきている状況です。

　また、例えば、東京外環をはじめとして、地下トンネルで大規模に道路をつくることも多くなってきており、権原の取得方式も、これまでの所有権の取得という形ではなく、区分地上権を設定する形が大規模に出てきています。

　このような問題については、例えば、東京外環など、私たちが連携して取り組んでいる課題でありますが、一般論として、具体的なお話をしていただければと思います。

大和田　マンション問題については、権利者の数が非常に多くて、それを同時に契約しなければならないという問題が1つ。また、区分所有法により、敷地と建物とを分離処分してはいけないという原則がありますので、それとの関係の問題が1つ。さらに、建物が用地にかかった場合にどう補償するのかという問題が1つ、大きく3つ課題があります。

制度改善に関連した問題としては、敷地については、分離処分は特別決議で規約をつくれば処分可能ですが、分筆するときは共有なので全員の同意が必要という取扱いですので、大変な負担になっているということがあります。都としては、平成8年頃から4分の3の特別多数決で分離処分を可とする規約改正ができるのだから、分筆も4分の3ぐらいでやらせてくれという形の要望活動をしてきました。

その頃、都でマンション敷地が事業用地にかかっているのは100件ぐらいあったのですが、現在は、事業中のもので250件を超えています。その間、解決しているものもたくさんあるけれど、どんどん増えていて、非常に苦労しているところです。

分筆登記に全員の合意が必要な取扱いについては、現在、法務省と調整をしておりまして、そろそろ解決されるのかなという方向が見えてきていますが、そうなれば、全員と同時に契約しなければいけないというハードルが緩和されるので、実務としては相当やりやすくなるのかなと思っています。

藤川　分筆登記の話は、私も夏に今のポストに来て話を聞いて、常識的にどうなのかと強く思いまして、法務省の担当官にも、オール用地行政で非常に困っているので、ぜひ速やかな見直しをしてほしいとお願いをしましたが、20年来の東京都のご努力に敬意を表します。

大和田　もちろん、建物が用地にかかった場合には問題が残っていて、建物全部がかかってすべて外に出て行くというのであれば、ある意味問題は少ないのですが、建物に残る人と出て行く人に分かれたときにどうするか悩ましい問題となります。20年ぐらい前に、都は、外に出ていく人には、移転に必要な補償や、残地補償の一類型として残地持分の補償もみるという考え方を出しました。ただ、不十分なところもあって、まだ解決は遠いのかなという気がしています。

トンネルの区分地上権の問題については、10〜20年ぐらい前に、ひよどり山トンネルとか綾部原トンネルの事例があり、最近では、区部でも首都高の中央環状品川線や補助128号線の事例があります。直近では、まさに、国交省、NEXCOと一緒になって用地買収をしている東京外環や先ほどの地下調節池です。

一般論として、ご案内のとおり、区分地上権の設定については、金額の問題、やや心理的な話ですが、乙区欄に何か書かれるのはいやだ等の登記の問題、抵当権者の取扱いの問題、税金の取扱いの問題等がありました。

まず、金額の問題については、国交省とNEXCOでどのように算定するかというところで検討していただいて、相応の額が出るようになりました。

登記の問題については、どうしても困るという人には収用法上の協議の確認で対応するというアイデアも国の方から出していただきました。

抵当権者の取扱いについては、先順位の抵当権を一度抹消して後順位に付け替える費用は、基準上みられるところはみるという国の考え方の整理で解決しました。

税金の取扱いについては、これが一番難しかった話ですが、国交省にお骨折りいただいて、大深度法と絡めて一定の要件を満たせば5,000万円控除の対象とすることで解決が図られました。ただ、大深度法に絡まない事業には使えないという限界はあるのですが……。税金の取扱いは、やはり大きいですね。この見直しが東京外環の場合は後押しとなり、区分地上権設定の大きな弾みとなりました。

藤川　税金の取扱いについては、あと、農地に係る納税猶予制度が区分地上権の設定でも、猶予期間の中断とならない改正がありましたね。私が言うのもなんですが、区分地上権の問題については、関係者がまさに一体となって、よくぞここまで進んでこれたものだ、という思いがします。

村上　そもそも高速道路の路線は山間部が多く、NEXCO中日本では都市部の事業は少ないため、現在やっている東京外環で都市部特有の問題に初めて直面しているというのが素直なところです。

区分地上権の話は大和田課長がされましたので、その他の問題として、まず、中小の工場の移転先の問題があります。これらの工場は、用途地域の関係で既存不適格になっているものが多く、近隣では同じような建物が法的に建てられない状況の中で、どうしても移転先が遠方になってしまい地権者の理解が得られないという問題があります。事業者として移転先選定のお手伝いをするという姿勢で誠心誠意やっていますが、なかなか悩ましい問題です。

あと、賃貸のマンションで借家人が大勢いる場合に、借家人と順次個別協議をして契約していき、最後に大家さんと建物の契約をするのですが、家賃欠収補償の期間は、基準上、借家人が退去してから建物の契約をするまでの間で、マックス6カ月という縛りがありますので、一部の借家人との協議が難航すると、とてもその期間では収まらないこともあり、大家さんへの家賃欠収補償の対応で非常に苦慮しています。

所有関係の複雑化への対応

藤川　次に、例えば、明治以降、確定相続がされず、何代も戸籍でたぐっていくと相続人が非常に多数にのぼったり、場合によっては、海外への移住等を含め、住所不明の人が多数でてくる等、複数地権者の問題があろうかと思います。

また、都市部では、地籍調査もなかなか行われていない中で、該当する土地自体の所有者は買収に応じてくれても、隣接土地との境界が未定で、隣接土地の所有者が境界確定を拒否するような問題も結構多いですね。

こういった所有関係が非常に複雑化している問題に関し、特に困っている事例について、お話ししていただければと思います。

大和田　都市部で特徴的なのが、借地権に関する問題で、大きな土地をいくつかの借地に分けている場合があります。すると、借地境がどこなのかという争いが起こることがあるのですが、これが筆界であれば登記所も交えて調整するという方法もありますが、借地権だと、そのような方法は採れません。そのような紛争が起こると、なかなか借地人が足並みをそろえて、外に移転することも難しくなりますが、それでは、所有者の方は、5,000万円控除をフルに使うことができなくなり調整に非常に困る事態になります。都では、なるべく移転時期をそろえる努力はするけれど、移転先が見つかった方に対して、その機を逃して待ってもらうというのはなかなか難しい。となると、やっぱり地主の方に我慢していただくケースが多いのかと感じています。そうではない場合には、最終的には逆収用で、裁決申請請求を出してもらって、全部収用で解決するケースになろうかと思っています。

相続の関係では、相続人が多数という例は当然ありますが、それよりも、相続人の間の争いも結構あって、なにぶん東京は地価が高い分だけ争いのネタになりますので、解決がつかなくて収用に行かざるを得ないこともあります。

東京都にある島嶼部へ行くと、所有者が分からない所があり、手を尽くしても分からない場合もあります。そのような場合の検討課題ですが、固定資産税の課税情報、とりわけ送付先情報を活用できないかということです。固定資産税は毎年徴税していますから、住所の異動があろうが、追いかけていっています。また、死亡して、相続登記がされていないような場合にも、連絡のつく相続人に納税通知をして納付があればそれで良しとしている例があるようです。

このように、税金部隊は、ある意味、毎年毎年情報を更新して把握しているので、その情報があれば活用できると思います。しかし、地方税法上の守秘義務があるので、法的にもらうことができません。法改正ができれば、非常にいいのかなと思っています。

あと、もう1つ活用できそうなものは、住民基本台帳のネットワークです。ネットワークで氏名検索をかけて、全国にいる同姓同名の人を探し当てて、そこから手がかりが出てくるのではないかと思います。今後、住民基本台帳のネットワークの活用が可能となるように要望していくことについても検討していきたいと思っています。

村上　高速道路用地は山間部が多く、隘路となっている案件で多いのは相続未定の案件です。山なのでほとんど相続登記もされず、昔のままになっているものが結構あって苦労しています。

このうち、全筆買収の場合は、各相続人から持分取得を順次進めていって、最終的には、未契約の共有者に対して、共有物分割訴訟の全面的価格賠償の手法で金銭補償を行い、共有地を取得する手法があり、いくつか事例もあります。

しかし、全筆買収でなく、分筆が必要な場合ですと、相続人全員の同意がないと分筆登記ができないので、持分の取得ができず、結局、最終的に全員を収用に巻き込んでしまうことになってしまいます。相続人全員の同意がなくても、何らかの要件が整えば分筆登記ができるような仕組みができると、協力的な人を収用に巻き込まないですみますので、強く要望しているところです。

藤川　ご案内のとおり、全国用対連から法務省に対して要望をしている事項ですが、現行の不動産登記法の体系の中では、難しいのではないかとされているものです。引き続き、粘り強く要望していくとともに、並行して、不動産登記の論理と用地行政のニーズを橋渡しする知恵がないか、掘り下げて考えていくことも必要ではないかと思っています。

村上　それから境界の関係では、やはり、境界立会を拒否される方も結構います。こういったケースの解決手法としては、境界確定訴訟よりも簡易な手法として筆界特定制度があります。ただ、この制度を活用するためには土地所有者からの申請が必要ですので、費用とか手間暇等の問題で協力を得られないケースもあります。事業者自らが申請できるようになれば非常に有効であると思います。

藤川　これも、全国用対連の方から、法務省に要望している事項です。必要性については、徐々に理解が進んできているようにも思われますが、具体的にどのような手順で検討していくかを含め、引き続き、法務省に要望していきたいと思います。

村上　実際の対応策として、民民境界には争いがないのに、事業自体に反対で立ち会っていただけない場合に、現地でほぼ明らかとなっている境界を暫定的な境界として隣接地の地権者の方と契約を結び、その後、事業者であるＮＥＸＣＯ中日本が土地所有者として筆界特定の申請をして、筆界特定をした事例があります。筆界特定の結果によっては境界が変わってくる可能性もあるので、それは契約条項の中で、変わった場合にはまた精算をするという項目を入れた上で契約しました。もちろん、当初から事業者自ら申請できるに越したことはありません。

あと、この場合でも、筆界特定の申請から特定まで1年半ぐらいと、結構時間がかかりました。法務局側の体制の強化といったことも、今後、必要になってくるのかなと思っています。

それと、関連して、背景のところでも申し上げましたが、最近、事業者である社員だけでは判断できない問題が多くなってきているように感じていて、そういったものについては、積極的に顧問弁護士に相談してアドバイスを受けるようにしています。予防法学の観点からもトラブルが起こる前の段階で、弁護士相談を活用していくことが後々のトラブル防止に役立つと思っています。

法的手続の活用としては、共有物分割訴訟、筆界特定制度の活用等を行っていますが、これらは、協力してくれる共有者とか隣接地の地権者の方を収用に巻き込むことがなく、また、収用ほど時間もかかりませんので、弁護士と相談して、積極的に活用するようにしているところです。

　あとは、事業損失の関係で、供用後にもずっと過大な要求を繰り返しされていて、なかなか解決できない案件についても、弁護士と相談し、事業者として十分説明は尽くしたと判断できた時点で、これ以上進展が見込めない場合には、法務局との協議にもよりますが、補償金を供託して、相手方との協議はそこで打ち切っている事例もあります。

　最後に、事業者を一番悩ませる不当要求の案件についてですが、一昔前はいろいろ現場で知恵を出しながら工事部門とも連携して何とか現場で解決していった時代もありましたが、近年は、不当要求絡みの案件があった場合には、現場だけで抱えずに上部機関とも情報共有して、必要に応じて弁護士との相談も行いながら組織的に対応することを徹底しております。案件によっては弁護士に相談するだけでなく、相手方との対応自体も弁護士に委任しているものもあり、そのような場合は、現場の方から、「精神的に非常に楽になった、今まで非常に苦労していたけれども、負担が減った」という声が上がってきています。

藤川　今、話に出ました不当要求については、他の地整でも同様だと思いますが、例えば、東京なら、毎年度、当方と東京の三弁護士会との意見交換会の場がありまして、警視庁の担当官、暴追センターの幹部の方も含め、綿密な情報共有を図っております。
　また、万一何か問題が発生すれば、休日を含め速やかに対応してもらえる窓口を弁護士会に作っていただいております。「備えあれば憂いなし」の体制を日頃から構築しておくことが何よりも重要ではないかと思っています。

村上　弁護士等の専門家を入れると心強いですよね。事業者だけで対応すると地権者がかなり無理難題を言ってくる場合もありますが、弁護士が入ったり、弁護士名の文書を送付すると、冷静に対応してもらえる場合があり、弁護士の力は強いなと最近改めて感じています。

大和田　都には顧問弁護士は昔からいますが、折衝に一緒に行くということはやっていません。政令市レベルで、弁護士と、場合によっては同行することもあるという契約を結んでいるところもありますが、実際に使うかどうかは別として、心理面で心強いということはあるでしょうね。

成年後見人制度、各種社会保障制度への対応

藤川　冒頭でもちょっと触れましたが、少子・高齢化で、長寿は大変結構ですけれども、認知症というか、いろいろ意思能力の問題で微妙な場面も増えてくるのではないかと思っています。

特に、相続争いが絡んでくると、非常にやっかいな問題になってくる恐れがあろうかと思いますが、高齢者の意思能力の問題について、最近の状況とか、具体的な対応の話があれば、お願いできればと思います。

大和田　地権者の方に認知症があるのではないかと疑いがある場合でも、それを本人にはなかなか聞けないですし、子どもに尋ねる

ことも本人に知れると気分を害される恐れがあるのでなかなか難しいですね。
また、成年後見人については、事業施行者からは後見登記等ファイルが見られない状況の中で、本人に、「後見人は付いているんですか」と聞くのも、なかなか難しいのかなと思います。
本人が認知症で、面倒を見ているのは子どものうちの1人で、他の兄弟は何もしていないケースも結構ありますが、面倒を見ている人だけと接触していると結構危ないのではないかと思います。
高齢者に対しては、大変多くの時間と慎重な対応が求められますが、他方、事業のスケジュールもあるため、結構難しい判断が求められることが多いですね。

藤川　成年後見人がどうしても必要な状況なのに、成年後見人がいない場合には、成年後見人を立ててもらうことになりますが、実務的にはなかなか活用しにくいという話もありますね。

大和田　まずは、地元の区市町村の福祉部局でやってもらって、最終的には、検察官からの請求ということになるのでしょうが、なかなか活用はされていないようです。
いずれにしても、都の収用委員会事務局は、意思能力がなかったらだめとの考え方ですので、やはり、どうしても最後の手段として、成年後見人の申立権が起業者にもないとまずいのかなと思います。ただ、補償の内容によっては、本格的に成年後見人を立てるほどの必要性があるかどうかの判断をすることはあろうかと思います。

村上　成年後見人については、大和田課長と同意見です。問題点として、そもそも意思能力、判断能力があるのかどうか、事業者として非常に悩ましいところがあります。我々の方としては、ちょっと怪しいから後見人を立てた方がいいんじゃないかと親族に相談しても、親族から「いや、普段はしっかりしているんだよ」と言われてなかなか応じていただけないことがあり、そこの判断が非常に難しい。場合によっては、司法書士や弁護士に相談して判断することもあります。

あと、仮に選任する、申し立てをすることになっても、親族の協力が得られない場合も考えられますので、事業者自らが申し立てができるようにすることが必要ではないでしょうか。

いずれにしても、収用となった場合に、成年後見人が立てられていないと収用手続が進められないということになれば、用地取得が不可能となるので、これは非常に深刻な問題です。

藤川　成年後見人制度の見直しについても、ご案内のとおり、全国用対連の要望として、関係省庁に要望を行っております。引き続き、要望活動を行っていくとともに、いろいろ掘り下げた検討も必要ではないかと思っています。

次に、高齢化の問題とも少し関連しますが、様々な社会保障制度について、補償金が支払われると所得が上がるため、負担が増えたり、サービスが低下し、用地取得の隘路になっている問題があります。このあたりについては、どうですか。

大和田　特に生活保護の受給については、個人のプライバシーに関わることで、外から明確に分かることではないし、本人に直接聞くことも結構厳しいので、対象者かどうかを判定し、対応することは結構難しいですね。

それでも、生活保護の場合は、制度内容は分かるのですが、各種社会保障制度の全部について、区市町村による違いもある中、内容をすべて把握して対応することは、極めて難しいですね。

加えて、この問題で難しいのは、補償金を支払って移転してもらった後、我々としては、話は終わったと思っているところに、苦情がくるということです。相手方も、聞いてないという感情が先に立ちますので、非常に話がこじれがちになります。

介護保険料については、全国用対連でも要望をしていただいて、厚労省の方で、税に準じた形で、負担が発生しないよう見直しを行うことになりましたが、ぜひ、その他の社会保障制度についても、同様に対応していただきたいと思います。


村上　税金については、事業者としてしっかり制度を理解した上で、地権者に適切に説明しているのですが、社会保障制度の関係は、なかなか我々では分からないところも多く、また、自治体によっても取扱いが違ったりしていて、責任ある説明をすることは困難です。

我々の作成した補償説明のパンフレットの中でも、「保険料が上がったり、年金や手当が減額されたり支給停止されたりする場合があるので、詳しいことは役所に聞いてください」という説明しかできないのが実態です。

しかし、それだけだとなかなか納得していただけなくて、事業者の方で調べてきてほしいと言われる場合もありますが、どうしても責任のある対応が難しいので苦慮しています。

この問題については、大和田課長と同意見で、介護保険と同様の見直しを、他の社会保障制度でもやっていただきたいと思います。

藤川　お蔭さまで、全国用対連の要望を受け、介護保険制度の見直しが図られるようになったことは大きな前進ですが、引き続き、その他の社会保障制度についても同様の見直しが行われるよう、要望を行っていきたいと思います。

「用地交渉」ではなく「補償説明」

藤川　これは用地業務全体に関わる問題ですけれども、説明責任、コンプライアンスが強く求められている中で、これらに関する現状・課題、取組みについて、ご紹介いただければと思います。

大和田　東京都にはもともと公文書の開示等に関する条例があって、平成12年に情報公開条例と名前を変えて今に至っています。普通の部局は、開示請求が来たら、どこまで出すかそのとき考えますが、用地についてはそれでは対応できませんので、以前から指針を作っています。

現在は、補償基準関係については、土地と物件とに大きく分けて、物件補償の関係は、開示請求が来ればフルオープンです。土地評価の関係は、財務局の方で都としての基準を持っており、それに準じて対応しています。各画地の評価については、例えば、不整形だったら何％減にするかとか、角地だったら何％加算するか等は、非開示扱いにしています。

ただ、地権者と折衝する上では、場合によっては、土地評価の具体的な内容について詳細に説明する方がやりやすい場合があろうかと思います。第三者から情報開示請求があった場合の取扱いとの整理を含め、今後、検討していくべき課題であると考えています。

藤川　当方では、地権者に対しては、必要に応じて、他の者の個人情報等に関わる不開示情報を除き、土地の評価や物件等の補償・算定の根拠資料は開示しています。

また、第三者からの情報開示請求については、情報公開法に基づき、個人情報等に関わる不開示情報を除き開示しています。

さらに、個別の土地買収価格については、最高裁判例で、類推できるのだから開示すべしとなっていますので、開示するという取扱いになっています。他方、最近の国の情報開示の審査会では、契約に至るまでのプロセスに関わる情報については、事後の用地業務に影響を与えるので、その存否を含め不開示でよいという判断が出ていますので、それらに従った取扱いをしています。

大和田　判例では、土地の価格は誰が算定しても同じという考え方ですから、東京都では、基本的に契約後は開示の取扱いです。

村上　NEXCO中日本では、まず、説明責任の関係でいうと、かつては地権者に金額さえ納得してもらえれば契約ができるという状況でしたが、最近は、プロセス重視というか、金額に納得していただくだけでなくて、補償内容を十分に説明して、それが基準に基づく適正なものだということを理解していただけないと契約ができないという面が強くなってきています。

地権者から算定書を見せてほしい、根拠を示してほしいという話も時々ありますが、基本的に開示請求が来たら見せるようなものについては、事前に見せて説明することで、地権者に納得してもらうようにしています。

この後の人材育成のところで話にのぼるか

もしれませんが、若手社員もしっかり基準の中身を理解して、算定の内容も十分把握して説明しなければなりませんので、やはり担当者の負担は昔に比べれば増えているように感じます。

それと、用地取得に伴う不祥事をきっかけに社内で用地事務の見直しを行い、象徴的なのは、以前は「用地交渉」と呼んでいたものを、「交渉」というと、地権者との交渉事で補償金額が決まるのかみたいに、対外的にも、対内部的にも誤解を招く恐れがあるので、今は「補償説明」という言い方をするようにしています。

藤川　私も着任した時から、その話を方々でしています。「用地交渉」という言葉はそろそろやめにしてはどうか、「交渉」ではなく「説明」ではないのだろうか、少なくとも「説明・確認」とか「説明・調整」とかではないのか、と言っています。ドイツ大使館に勤務していた先輩から、ドイツでは、「交渉」なんて概念はないよ、丁寧にプロセスを踏んで、地権者に十分説明して、それでも納得していただけないなら、後は「お白州」の場で決めてもらいましょう、という感じだよ、と言われたことがあります。この部分は、「欧米化」が必要なのでしょうか。

大和田　「交渉」という言葉は、本当に誤解を与えていて、東京都は説明用のパンフレットでは、「補償に関する説明」という言い方をしています。職員研修でも、地権者への対応は、起業者が適正に算定した金額について相手に丁寧に説明して納得を得ることなんだ、交渉なんかじゃないんだよと説明しています。交渉と聞くと、頑張ろうかなと思う相手もいて、最初交渉と言っただろう、全然交渉じゃないじゃないかと、トラブルになる場合もあります。最初に、金額は基準を適正に算定して出すものであり、取引で上がったりすることがないことを理解してもらうのは大変重要なことです。

村上　コンプライアンスの関係については、節度を持って地権者に対応するということを徹底しています。一昔前は地権者と親しくなって、いろいろ理解しあって契約をもらうという世界もあったかも知れませんが、やはり、今は、そういう時代ではないので、きちっと節度を持って対応することにしています。地権者の方から、移転先を探すのに宅建業者を紹介してくれとか、新しく家を建てるのにいろいろ業者を紹介してくれとか、いろんな要望がありますが、個別の業者を紹介するのは問題がありますので、業界団体の窓口を紹介するとか、業者探しの一般的なアドバイスをするなどの形で対応するようにしています。

あと、不適切な案件を防止しようということで補償金額の算定、契約・支払等の決裁権限を上部機関に上げるなど、手続を厳格化する方向で見直しました。見直し当初は、手続に時間がかかり地権者の方からクレームがきたこともありましたが、最近は、審査のチェックポイントを明確にすることで、極力時間をかけないようにしているところです。

総じて、地権者への対応については、十分な情報を開示して、真摯に丁寧に説明し、ご理解をいただくことが何よりも重要になってきていると言えるでしょう。そのことが、後々のトラブルの防止にもなり、仮に収用手続に移った場合でも重要なポイントになってきます。

藤川　おっしゃるとおりだと思います。後でトラブルになって、対応が難しくなる案件を見てみると、そのほとんどが、言った言わないの問題、コミュニケーション不足の問題です。どんなに面倒でも、漏れなく丁寧に分かりやすく説明するという姿勢が全ての基本なのではないでしょうか。

ノウハウ伝承の現状と取組み

藤川　用地取得に伴う個別課題の話は終わりにして、次は、用地行政をめぐる執行体制の課題の話に移りたいと思います。これはどこでも言われていることですが、職員数が限られてきていて、職員のゼネラリスト化も進み、民間活用もそれなりに進んでいる中で、用地部局にいる職員、特に若手職員の人材育成は、昔より一層難しくなっているのではないでしょうか。職員の人材育成における課題、取組み等についてお話ししていただければと思います。

大和田　執行体制の変化について言うと、私が役所に入った頃は、用地歴20年、30年という人が多く、各事務所にそういうベテランが2～3人はいる状態でしたが、今はそういう人がほとんどおらず、困ったときのベテラン頼みということができなくなっています。

昔は、新規採用職員には、ベテランの係長を付ける、用地が初めての係長にはベテランの担当者を付けるという形で、用地を勉強してもらっていたわけですが、現在では、そのような対応が難しい状況になってきています。現場のペア組みも、人がいないと、2年目職員と1年目職員でペアを作るとか、場合によっては、1年目職員同士のペアも作らないといけないこともあります。現場でペア組みをする課長は、結構つらい状況になってきています。

本庁サイドとしては、そういった現状の中で現場に頑張ってもらいつつも、研修の充実をしっかりやっていかなければならないと思っています。

研修については、例えば、土地評価、補償算定など、デスクワーク的なものは研修としてやりやすいのですが、地権者との折衝については、状況に応じ相手にどういうことを聞かなければならないかとか、相手がこう言ったらこういうことが問題なのではないかと勘を働かせなければならないとか、なかなか座学で行うことは難しいですね。といっても、現場でぶっつけ本番でやって、けがをしてもまずいので、研修も講義形式というよりは事例を与えて、どう対応するか考えさせる研修が重要なのかなと思っています。最近、採用2年目の職員にこのような研修を行いましたが、結構好評で、またやってほしいと言われています。

藤川　当方でも、近年、ロールプレイング研修をブロックごとに関係事務所の若手職員を集めてやっていますが、結構好評のようです。ベテランの職員が手ごわい地権者に扮して真剣にやると、相当勉強になるようです。

大和田　東京都では、木造の補償算定は、委託に出さず内部でやっていますが、算定作業を職員自らがやるのも用地の勉強にはすごくいいと思います。自分がやったものだと、担当者レベルでも、折衝で説明することができますから、それがまた1つの経験になって一般的なことも話せるようになっていきます。東京都としては、そのようなこともあり、木造の算定は、当分、自分たちでやった方がいいのかなと思っています。

村上　東京都は結構ベテランが多いというイメージを持っていましたので、意外な感じがしましたけれども、NEXCO中日本では、今、用地が最盛期を迎えているということで、全体の人員はまだそんなに大きく減っていることはありません。ただ、今後、高速道路の建設事業もいずれ終わってだんだん事業量が減少していくこともありますし、あと、人事サイドとして、若手には幅広くいろいろな仕事を経験させる方針もあるようで、最近は、用地のベテラン社員が減って経験の少ない人が多くなっているのが実情です。

ベテランの担当者が年齢を重ねて役職者になっていき、担当者クラスが若い人ばかりになってきている状況もあって、役職者と若手をつなぐ中堅層が少ない状況にあります。いわば手取り足取り教えられる人が少ないのが非常に悩みどころとなっています。

東京支社管内の現場事務所の用地担当者の人員を見ると、半分以上が用地を初めて経験する者になっていて、新入社員はもちろんのこと、入社して1カ所か2カ所用地以外の部署を経験して、初めて用地に配属された、そういった人が中心になってきている状況です。

とはいっても、若手には戦力としてやってもらわないといけないので、どうやって教育していくかが一番大事なことで、OJTは当然のことながら、やはり研修に力を入れないといけないと考えており、用対連の研修にもいろいろと参加させていただいたり、社内でも用地経験の度合いに応じていろんな研修メニューを用意しています。

研修内容としては、単なる知識の詰め込みだけでなく、土地評価とか物件算定の演習を取り入れたり、補償説明のロールプレイングを取り入れるなど、より実践的なものにして取り組んでいるところです。

補償説明のロールプレイングについては、研修生が事業者側になって説明をする役、本社や支社の経験を積んだベテランが地権者役になって研修生を鍛えるというものです。といっても、対象が用地経験1年目、2年目の者なので、基本的な内容をしっかり説明できるかということが中心になります。

あと、若手社員に対しては、そういった業務上の知識だけでなく、やはり人との接し方、特に地権者に接する上で、身だしなみから始まって礼儀作法とか、相手の立場を踏まえてしっかり誠意を持って丁寧に説明するとか、そういう基本的な人間教育のところまでやっています。また、仕事のやり方として、補償説明が終わった後に持ち帰ってきて結果をちゃんと上司に報告して、次回はどういうふうに説明していくのか考える、そういう仕事のやり方に関することも一からしっかりと教育しているところです。

だんだんと用地の事業量が減っていくということで、社内で用地のノウハウをいかにして伝承していくかが非常に大きな課題になっています。大規模な新規の建設事業は減っていくのですが、それ以外にも高速道路の大規模な改修とか、あるいは大規模災害が起こったときの用地の買収、渋滞対策の事業とか、いろいろと今後も用地取得が必要になってくるケースはまだまだありますので、体制は縮小しながらも、一定の人員を確保して、このノウハウを伝承していくことが大事だなと思っています。

女性活躍の取組み

藤川　若手職員の人材育成に関連した話として、地方整備局でもそうですが、最近は女性の採用が増えているという実態があります。そうすると、若い人に来てもらうと女性にも活躍してもらわないといけないということになります。

先般、東京都にお邪魔して、事務所の女性の課長代理の方とか専門課長の方を集めてお話を聞かせていただきました。東京都の用地部局は、4割強、ざっと半分近くが女性職員です。「用地ジャーナル」(平成26年9月号)でも女性活躍の座談会があったようですが、東京都の女性活用の取組みをご紹介いただければと思います。

大和田　まず、現状はどうなっているかというと、東京都建設局関係の用地の現場職員が全部で約400人いて、そのうちの男性が225人、女性が176人で、女性が4割を超えているのが現状です。

実は、私が役所に入った20年以上前の状況は、現場では約3割が女性でした。その後も増えてはいるけれども、その当時から既に女性は結構いました。最近になって女性が活躍できるようにとやっているわけではなくて、もっと前から、ある意味、民間との比較や国との比較で、都庁が女性にとって働きやすい職場であるということがあったのだろうと思います。

女性職員が多いとなると、用地部局にも配置しないと人事が回らないことになりますので、多分昔から、どんどん受け入れていったのではないかと思います。そして、用地部局に配置してみて、地権者だって女性も多いわけですから、女性職員の視点も重要だということになり、どんどん拡大していったのではないでしょうか。

女性活躍については、今何をやっているかということも重要ですが、一番大事なのは、女性活躍のロールモデルが近くにあるということが大きいのではないでしょうか。要するに、結婚する、子供が生まれる、子育てするというときに、近くにいる先輩にどうやっていたかを直接聞けるということです。これまでの女性活躍の歩みがあって、現在、多少問題はあるにせよ何とか回っている状況があるという気がしています。

藤川　お聞きしたところでは、現場の事務所では3月に人事異動が決まると、事務所の課長は、ワークライフバランスも考慮に入れ、ペア組みと対象地権者を決定されるみたいですね。地権者も自営業の方とサラリーマンでは説明の時間も場所も違うので、そういうことも考えて、いろいろ編成もされるとか。

大和田　農家の地権者のところに折衝に行くとなると、別に畑に行けばいいので昼間行けるのです。そういうところは通常の勤務時間の世界で勝負ができる。だけれども、地権者がサラリーマンだと昼間は会えませんとなり、結構厳しくなります。路線によって宅地が連担しているところと畑の中を抜いていくところとでは違うので、編成の仕方も子育て中の職員とか、これは男女関係なくありますが、そういう配慮をできるだけするという形でやっている課長もいます。

村上　当社では、そもそも会社として女性の採用がどうだったかというと、私が入社した道路公団時代の30年ぐらい前頃から総合職の女性の採用を始めました。ただ、当時は、女性の人数は非常に少なく、若い頃に1回は用地を経験させるようなところもありましたけれども、ずっと用地という方はほとんどいません。

女性の採用自体は、10年前の民営化以降非常に増えていて、ここ数年は、事務系だと半分ぐらいは女性になっている状況です。そういったこともあって、積極的に用地に若手の女性を配属するようになっています。これは、女性だからという理由ではなく、若いうちに1回は用地を経験させるという人事サイドの方針もあり、結果的に、現場の事務所の担当者は女性が多くて、東京支社管内の現場事務所の担当者のうち女性が2割を占めています。ただ、女性の役職者はまだいないのが現状です。

では、若手の女性が現場に配属されて地権者対応はどうかが気になるところですが、現場から聞こえてくる話ですと、大切な財産に関することを若い女性には任せられないといった昔気質な地権者がいる一方で、男性社員がずっと担当していてなかなかうまくいかなかった難しい相手のところに若手の女性が一緒に行くと、少し場がなごんで話が進むようになったとか、奥さんが実権を握っている地権者の家庭には女性社員が行った方が話がしやすいというようなこともあるようです。

さらに、東京外環のような都市部ではマンションでひとり暮らしの女性が結構多いのですが、ひとり暮らしの女性の場合は、男性社員だと警戒されて部屋に入れてもらえないことが多く、女性社員は重宝されているという声もあり、用地の仕事というのは基本的に男女に関係なくできるものだなと思っています。

ただ、ちょっと気になりますのが、結婚、出産して、育児に手がかかる間はどうしても時間外勤務ができないとか、休日出勤などが難しい等、女性には時間的制約もあるのが現実です。もちろん、女性だけに育児を任せて、旦那はどうしているんだという議論はありますが、やはり子供に手がかかる間は時間的制約があるのが現実です。ただ、育児をしながら何とかやりくりして、用地で頑張っている若い女性社員もおりますので、我々としてはしっかり彼女たちをサポートしていかないといけないなと感じているところです。処遇についても、今後、能力や意欲のある女性は、現場だけでなくて、支社や本社の用地部門とか、いずれは現場の役職者として配属していければいいなと思っています。

用地業務の魅力を若手職員に

藤川　若手職員の育成に関連した話として、残る重要な課題としては、組織の中にもいろいろな部局がある中で、用地業務も何か面白そうだから、ちょっとやってみようかという若手を少しでも確保していくことがあろうかと思います。内部における用地部局へのリクルート、場合によっては学生に対するリクルートという観点を中心に、用地業務の魅力について、お話ししていただければと思います。

大和田　私はよく若い人に、用地買収では地権者の生活の中に入っていくことになるので、東京の様々な一断面が見られますよ、ということを言っています。

　地主もいるし、借地人も建物所有者もいるし、それを借りている店子さんもいる。職業も、自営業者も、農家も、サラリーマンもいるし、いろんな人がいる。建物等の補償については、様々な暮らしの実態を見ないといけないし、営業補償については、様々な経済活動の実態を見ないといけない。

　都民の暮らしや経済活動の実態を見るということは、今後、用地業務を続けるかどうかは別として、都の職員としてキャリアを積んでいくときにすごい糧になるということ、このようなことを話すと、意識が変わる人が結構います。

東京都で行っている学生に対するインターンシップでは、用地取得に興味があるという学生もいて、1週間ぐらい職場に来ていることもあります。世の中に対しても、用地業務をPRすると、ひょっとしたら、面白いと思って、来てくれる人があるかも知れません。

藤川　国土交通省でも、少し前、漫画や映画で「海猿」という作品が人気になった時、海上保安大学校の応募者が数倍になったということがありました。そこまでいかなくても、なんかいい感じに素材として使ってもらう取組みも必要でしょうか。ただ、そのあたりのアイデアを役人がやると普通は失敗するのですが…(笑)。

村上　学生に対するリクルートでは、会社紹介の中で、用地の仕事もありますよ、こういったことを経験できますよとか、そういうことをアピールする機会はあるのかなと思います。

社内向けのPRについては、今用地を実際担当している若手社員といろいろ話をしていると、やはり意見として、用地の仕事は地権者の都合に合わせないといけないので時間の自由がきかないとか、覚えるべき専門知識が多くて大変だとか、あと、これが一番大きいんですけれども、将来的にだんだん用地の仕事はなくなっていくので、経験したって将来に生かされないのではないかとか、そういった声が多いですね。

会社としても若いうちに一度は用地を経験させるようにしているのですが、その後も希望して用地をやる者は少ないのが実情です。これに関して、私が研修等で若手によく話をするのは、用地ではいろいろなことが勉強できるということです。人との接し方、コミュニケーション、説明能力、そういったことを勉強できるし、あと法律知識とか不動産関係の知識など、そういうものはなかなか他の部署では経験できないので皆さんの強みになりますよとか、今後ほかの部署へ行っていろんな仕事をする時に役立つことがありますよという話をしています。あと、これも非常によく言われることですけれども、用地の仕事の達成感、地権者のところに通って、苦労してようやく契約をとったときの喜びとか、実績として進捗が上がっていくのが目に見える、そういう達成感というのは、事務系の仕事の中では用地の業務でないと味わえないですよと、そういった話もして、若手のモチベーションを上げるようにしています。

それに関連しますけれども、社内で毎年業務を通じて得られた成果を発表する業務研究発表会というのがありまして、どちらかというと技術的な内容の発表が多いのですが、最近では用地の関係も極力発表するようにという話をしていて、実は今年度、女性による発表が用地関係であり、これが支社の最優秀賞を受賞しました。本社にも行って発表したということで、社員のプレゼン能力の向上だけでなく、用地業務のPRにも一役買ってもらったのかなと感じました。

藤川　関東地整では、2か月に1回、事務所等に情報発信する「用地ニュース」という媒体があって、私は着任以来、毎回エッセーを書いているのですが、その1回目は、国土庁の事務次官をされ、近畿地方建設局の初代用地部長でもあった河野正三さんの話でした。河野さんのオーラル・ヒストリーに、当時の田中総理に臆しないでやり取りができたのは、用地買収のような厳しい現場経験があったからだという話が出てくるので、それをちょっと拝借して書いたのです。オーラル・ヒストリー中では、内務省には神社局もあったので、おそらく、内務省の役人は祝詞も結構唱えられたのでしょうか、大反対運動が起こっているダム建設予定地に乗り込んで、神社の祭りで祝詞を唱えたことで気に入られ、局面を打開したような話も出てきます。そして、オーラル・ヒストリーの最後では、国土交通省の職員育成の話として、最近、役人は世の中から重んじられなくなったが、昔のように厳しい用地買収の経験なんてものを積めば軽んじられることはないのではないかという言葉で締められています。また、ダムの用地買収というものをしなければ、人というものは分からないという言葉も中に出てきます。そういうこともあるのかも知れません。

ノウハウをどう承継していくか

藤川　最後の締めくくりとして、今後の用地部局のあり方とか、制度改正の要望とか、抱負とか、なんでも結構ですので、お話ししていただければと思います。

大和田　東京都は、現在、事業量的には大きいけれども、いずれは縮小するという時代が来るときに、これまでのノウハウを残していける体制をいかにつくっていくかが、大きな課題かなと思っています。

東京都建設局は、本庁に用地部があり、それぞれの事務所に用地担当がいますが、ひょっとしたら、事務所単位で用地担当を置くことができない時代が来るかも知れない。

そうしたら、区部のこのあたりは、公園用地を含めこの事務所で専ら買うという話が出るかも知れないし、あるいは、局を越えて、東京都の中で一元的な用地部局が用地取得を行うという時代が来るかも知れない。

ただ、そうなると、工事部門と離れますが、離れることで問題はないか、管理部門との関係はどうか等、ノウハウの継承という観点から、今からいろいろと考えておかないといけないのではないかと思っています。

あと、制度改善的なものについては、直近で言えば、マンションの共有地の問題とかは一部解決に向かってきているので、今後は、課税情報、住民基本台帳の活用や、成年後見制度の活用について、制度の見直しに向けた具体的な活動を行っていければと思っています。

成年後見制度については、選任しないでも裁決が出るのであれば、収用で解決すればいいのですが、そのあたりを含め収用法がまだ整理されていないのかとも思われますので、収用法を変えるか、成年後見制度を変えるか、いろいろやり方はあると思いますが、今の状態だと非常に起業者が苦労している形になっており、また、収用委員会が受け付けてくれないと言ったら何もできないわけですから、そのあたりを突破口にいろいろ考えていきたいと思っています。

村上　用地部局のあり方についてですが、将来に向けて事業量が減っていくという中で、用地社員の活躍の場を残す、あるいは、今まで蓄積してきたノウハウを生かすという意味も含めてですが、他の事業者の用地業務も積極的に支援していこうと考えており、取組みを始めたところです。我々は民間会社ですので「外販」という言い方をしていますが、そういうことを今後しっかり考えていこうと思っています。

併せて、ノウハウの方ですが、体制が縮小されて、ベテランがいなくなっていくと、それを承継することが難しくなってくる中で、道路公団時代から築き上げてきたノウハウをどうやって承継していくのか、属人的なものではなく書き物で記録として見える化することが必要だということもあり、今そういった検討を社内で始めたところです。

あと、今後の抱負ですが、若手社員のモチベーションアップということと、今お話しした用地ノウハウの伝承ということ、この2つに力を入れていきたいと思っています。用地については、大型案件や難航案件を解決するなど苦労した現場を評価することはよく行われており、それもモチベーションアップの観点から大切だと思うのですが、やって、やりっ放しで終わるのじゃなくて、やはりやった中身を、ノウハウの伝承にも関連するのですが、記録として残すということを習慣づけていかないといけないのかなと思っています。

具体的には、補償説明をどうやって進めて解決したとか、大型案件についてどういう補償をしたとか、法的手続でどのような手法で解決したとか、事例の記録を残していこうと社内で声かけをしているところです。どちらかというと、今まで用地というのは泥臭いイメージがありましたが、少しアカデミックにシステム化する方向性も持ちたいと思っています。

藤川　用地部局の体制のあり方や、ノウハウの継承については、いろいろお話ししていただきましたが、やはり、私も着任以来半年間で、20を超える事務所を回って実感することは、戦後ずっと蓄積されてきた用地取得のノウハウの重みです。そして、この蓄積は、単に社会資本の整備だけでなく、行政法学でいう損失補償のフィールドですが、様々な行政分野にも活用されています。そういった意味を含め、用地取得のノウハウが途絶えると、行政全体としても、非常に困ることになります。

行政は、お金よりも、権限よりも、もちろんそれらも大変重要ですが、最後はノウハウを身に着けた人でして、それも、ノウハウというものは、壊すのは一瞬ですが、蓄積するのには、すごい年月がかかるということです。

この座談会もしかるべくして、人の問題、ノウハウ継承の問題に行き着いた感がありますが、東京都も、NEXCOも、地方整備局も、私がいうのもなんですが、用地取得のノウハウを莫大に蓄積している主要な組織ではなかろうかと思います。今後とも、引き続き、緊密な連携を図らせていただくとともに、他の事業体の用地部局とも交流を促進していきながら、日本の用地取得ノウハウのしっかりとした継承を図っていければと思います。

本日は、長時間にわたり、ありがとうございました。

座談会②
「公共用地補償業務における今後の国・地方連携」

本座談会は、道路等のインフラ整備が重要な課題となっている県、市区の用地経験の豊富な管理者に参加していただき、それぞれの公共用地補償業務における現状・課題についてお話しいただきました。

話題の中心は、職員が減少・ゼネラリスト化する中で執行体制をいかに確保するかということでしたが、

具体的には、

- 人事配置、組織整備をめぐる課題
- 人材育成をめぐる課題
- 土地開発公社、民間コンサルタントの活用の必要性

●国、地区用対連等からの支援の必要性
等の事項が取り上げられています。
座談会の中では、関東地区用対連の功労者表彰制度や研修事業等に対して大きな評価をいただきました。このような現場からの声を踏まえ、平成31年度からは、全国用対連の功労者表彰制度も復活する運びとなりました（用地ジャーナル2018年9月号37～38頁参照）。また、平成29年度から、関東地区用対連では、これまでの研修事業等に加え、新たに、連続セミナーをはじめ様々な事業を展開することとしました（図表6、図表7、図表8参照）。なお、平成29年度の連続セミナーの議事録については、以下の用地ジャーナルに掲載されています。

第1回「用地行政に生きて」……………用地ジャーナル2018年3月号34頁～
第2回「災害リスクと闘う」……………用地ジャーナル2018年4月号42頁～
第3回「説明力をつける」　……………用地ジャーナル2018年5月号37頁～
第4回「登記の世界」……………………用地ジャーナル2018年7月号51頁～
第5回「税制の世界」……………………用地ジャーナル2018年8月号45頁～
第6回「コンプライアンス」……………用地ジャーナル2018年9月号59頁～
10月号62頁～

【図表６】

市町村等の用地取得に対する支援の取組①

関東地方整備局（全国用対連・関東用対連事務局）においては、用地行政の3アップ（スキル・ネットワーク・アピールの向上＜別添参照＞）の観点から、自治体要望等を踏まえ、平成29年度より、管内市町村等に対して、用地取得に関する支援の取組を積極的に推進。

セミナー等には、毎回定員を超える応募者があるとともに、参加者からは、非常に有意義な取組であり、今後とも積極的に実施してほしい旨の声を多く頂いた。

Ⅰ　連続セミナーの開催（平成29年度から）

用地実務に必要な知識等をトータルに習得できる連続セミナー（全6回）を開催　（平成29年度の例）

第1回「用地行政に生きて」（5月15日）
第2回「災害リスクと闘う」（6月30日）
第3回「説明力をつける」（9月13日）
第4回「登記の世界」（11月1日）
第5回「税制の世界」（12月20日）
第6回「コンプライアンス」（2月19日）

第1回セミナー（参加者283名）

第2回セミナー（参加者214名）

第3回セミナー（参加者393名）

第4回セミナー（参加者319名）

第5回セミナー（参加者294名）

第6回セミナー（参加者242名）

（国土交通省資料）

【図表７】

市町村等の用地取得に対する支援の取組②

Ⅱ　用地部長（事務局長）による用地行政入門講座の開催（平成29年度から）

初任の用地担当者を対象として、用地行政全般（業務の流れ、補償、収用、登記、税制、予算・契約制度等）を、1日で講師1人により分かりやすく解説する入門講座を試行的に開催

Ⅲ　実務講習会の開催（平成29年度から）

用地実務で即活用できる知識をテーマごとに習得できる実務講習会を開催
「補償金積算チェック講習会」
「不動産鑑定評価講習会」
「営業補償のための財務諸表の見方講習会」

補償金積算チェック講習会

不動産鑑定評価講習会

営業補償のための財務諸表の見方講習会

Ⅳ　事例発表会の開催（平成29年度から）

困難案件への対応事例（例：不明土地、複雑な補償）を基にして、関東地方整備局の用地ノウハウを習得できる事例発表会を開催

Ⅴ　その他

その他、国土交通大学校・全国建設研修センターにおける各種講座の開催、用対連における研究会の組成、補償等に関する相談への回答、市区町村に対する職員出向など、各種取組を実施

研究会

（国土交通省資料）

【図表8】

用地行政の3アップ（スキル・ネットワーク・アピールの向上）の推進

―用地行政3アップ推進会議の設置（平成28年8月）と関東用対連への取組拡大（平成29年度）―

別添

背景・課題

○ 社会資本整備の生産性向上のためには、用地業務が適正かつ円滑に行われることが必須。
○ 都市の高密度化、所有関係の複雑化（相続等）、官民連携の推進等による用地業務の複雑化・高度化　⇒「ｽｷﾙ」ｱｯﾌﾟ、「ﾈｯﾄﾜｰｸ」ｱｯﾌﾟの必要性
○ 用地業務は個々の職員のモチベーションが成果を大きく左右。用地業務がしっかり評価される環境づくりが必要。⇒「ｱﾋﾟｰﾙ」ｱｯﾌﾟの必要性
○ 技術力・ノウハウを継承していくために、やる気のある若手・女性を引き込む環境づくりが必要。⇒若手・女性活躍の観点からの横串の3（「ｽｷﾙ」、「ﾈｯﾄﾜｰｸ」、「ｱﾋﾟｰﾙ」）アップも図る必要性

取組概要

○ 上記課題の解決に向け、用地部長をヘッドとする「用地行政3アップ推進会議」（3アップ推進会議）を立ち上げ（平成28年8月）。
○ 3アップ推進会議の下に、以下の4つのWGを設置し、各々のテーマについて解決に向けた取組の提案を行い、3アップ推進会議で採用された取組を部として推進。
○ 平成29年度からは、自治体要望等を踏まえ、取組を関東用対連に拡大

具体的イメージ

用地行政3アップ（「ｽｷﾙ」、「ﾈｯﾄﾜｰｸ」、「ｱﾋﾟｰﾙ」）推進会議（用地部長をヘッドに部内幹部で構成。）

「スキル（Skill）」

用地塾WG

［テーマ］用地業務スキルの維持・向上

［取組イメージ］
□ 土地・不動産、税務、不動産評価等の講座開催
□ 学識経験者等との交流促進、制度改善検討会等の開催
□ 用地交渉講習会・体験発表会等の開催

「ネットワーク（Network）」

交流促進WG

［テーマ］用地関係者との交流、協働の促進

［取組イメージ］
□ 関係業界（不動産鑑定業、補償コンサル業、測量業等）との意見交換会の開催
□ 市町村を含めた地方公共団体、関係事業者との意見交換会の開催
□ 新技術、ICT活用等の勉強会の 開催

「アピール（Appeal）」

広報WG

［テーマ］用地業務に係るPRの強化

［取組イメージ］
□ 広報戦略の専門家との意見交換会の開催
□ 用地ﾆｭｰｽ、用地ｼﾞｬｰﾅﾙ等の積極的活用
□ 用地業務の理解促進のためのﾊﾟﾝﾌ、ﾋﾞﾃﾞｵ等の作成

若手・女性活躍WG

［テーマ］若手・女性職員が職場でいきいきと用地業務に取り組めるための環境づくり
［取組イメージ］
□ 若手職員（女性職員を含む）との意見交換会等の開催
□ 用地現場の見学会、収用審理の見学会等の開催
□ 業務相談窓口の開設検討

（国土交通省資料）

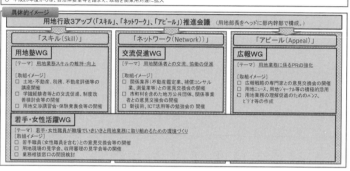

座談会②

「公共用地補償業務における今後の国・地方連携」

平成28年11月7日 開催

伊藤一則　栃木県県土整備部参事兼用地課長
小谷野雅夫　川越市建設部長
吉野　稔　杉並区都市整備部土木担当部長
藤川眞行　全国用対連事務局長（国土交通省関東地方整備局用地部長）

（順不同・敬称略。なお、所属・役職は、開催当時のもの）

〈用地ジャーナル2017年3月号掲載〉

主要プロジェクト、用地取得の状況

藤川　用地行政については、かつての右肩上がりの時代と比べて取得する「量」は減りましたが、説明責任や適正手続きの確保、個人情報の保護、さらに、高齢者対応・相続対応・共有地対応等に伴う様々な課題が増えてきています。他方、行政のスリム化の要請から、国・地方とも用地担当職員が減少してきておりますので、用地取得のノウハウを維持・向上し、次世代に引き継いでいくことが、現下、大きな課題になってきているものと思います。

このような用地行政をめぐる問題状況は、国・地方とも同様のものがあると考えますが、このような問題状況を克服していくため、これまで以上に、国と地方公共団体との連携が必要になってきているのではないでしょうか。

このようなことから、本座談会では、「公共用地補償業務における今後の国・地方連携」と題して、県、市区で用地行政に携わっておられる幹部の方々と、忌憚のない意見交換を行ってまいりたいと存じます。

はじめに、導入として、現在、それぞれの地方公共団体で行っておられる用地取得が絡む主要プロジェクト、用地取得の状況について、お話しいただきたいと思います。

伊藤　栃木県の用地取得が欠かせないプロジェクトですが、地域高規格道路として宇都宮北道路と常総・宇都宮東部連絡道路の事業を行っています。宇都宮北道路は、宇都宮の街なかと宇都宮ＩＣ間の渋滞を解消するための道路で、高規格の部分は既に完成し、現在、宇都宮を取り巻く環状道路との接合部の工事を行っています。用地取得率は、4割という状況です。次に、常総・宇都宮東部連絡道路は、常磐自動車道の谷和原ＩＣと東北自動車道の矢板ＩＣを結ぶ約100㎞の道路で、そのうち当方で今担当しているのは21㎞で、用地取得率は7割、ほとんどがバイパスであり、全部買収しないと道が全くできないという状況です。

また、スマートインターチェンジにも力を入れております。東北道のインター間の平均距離が栃木県は、隣接県と比べ10・5㎞と長く、西那須野塩原－矢板間などは19㎞もあり、とにかくインターの数を増やし東北道を有効活用できるよう、今、インターチェンジを東北道に3つ、北関東道の佐野田沼と足利の間に1つを設置する準備を進めているところです。直接の施工はＮＥＸＣＯですが、当方も連絡調整を行って、技術的な指導やインターチェンジの設置に向けた取組みを積極的に支援しているところです。その中の1つで、宇都宮の大谷スマートインターチェンジは県道とアクセスするものですから、県でも力を入れており、用地調査等を頑張っているところです。

次に、総合スポーツゾーンの整備ですが、平成34年に開催予定の国民体育大会と、その2年前の東京オリンピック・パラリンピックに貢献することを目的にしています。昭和55年の「栃の葉国体」のときに整備された施設が老朽化しているため、地熱の利用や県産材の利用を心がけ、環境に配慮した親しまれる施設として再度整備する形で、新たに必要となる用地の調査等を進めているところです。

そして、新聞等でよく取り上げられる宇都宮のＬＲＴですが、これはコンパクトシティ、ネットワークづくりなどに非常に重要な施設で、都市計画事業で県道に市と町が敷設することになっていますが、県も協力することがあるのではないかと思っているところです。

最後に災害復旧ですが、東日本大震災については、全ての復旧工事が完了しており、また、去年9月10日の関東・東北豪雨については、河川の応急修理は一応終了して、砂防施設等でまだ4カ所ほど現在も工事中ですが、今年度中に完了する見込みです。その節は、国にはいろいろご指導・ご協力をいただき、ありがとうございました。

小谷野　主要プロジェクトについては、市長もよく言うのですが、川越市は今フォローウインドが吹いている状況です。というのは、2020年の東京オリンピック・パラリンピックのゴルフ競技が川越市の霞ケ関カンツリー倶楽部で開催される予定で、その開催に合わせた事業が私どもの用地取得の大きなプロジェクトかと考えています。

特に、選手や大会関係者が移動する際の交通輸送路の有力な候補である圏央鶴ヶ島ＩＣから霞ケ関カンツリー倶楽部を最短ルートで結ぶ幹線道路の整備を現在進めているところです。

そのほか、外国人を含めゴルフ競技の観戦や観光で訪れる方々の安全と交通の円滑化を図るため、歩道の整備や交差点改良事業等も併せて行っています。

いずれにしても、オリンピック・パラリンピックまでには絶対に間に合わせなければならない事業のため、担当職員は相当なプレッシャーの中で用地交渉を行っています。

藤川　インバウンドを含めた観光客のための歩道の整備や交差点改良事業とは、具体的にどのようなイメージですか。

小谷野　川越市には最近は約600万人強

の観光客が来訪されています。例えば、自転車について言えば、以前に国土交通省から来られていた都市計画部長の発案もあり、観光ルートである川越駅や蔵造り周辺などの主要な観光地にレンタサイクルのポート場を整備して、自転車を使ってゆっくりと川越を楽しんでもらえるようにしています。

藤川　歩行者や自転車の動線も整備されているのですか。

小谷野　歴みち事業を活用し、石畳の敷設や電線地中化などを積極的に行い、快適に観光地を巡っていただくような形で道路の整備をしています。喜多院の周辺や駅からの動線について今一生懸命整備を進めているところですが、まだまだ道半ばという状況です。

吉野　都下の杉並区は、県や市のように都市計画事業というより、公共施設の老朽化や学校等の統廃合がここ数年、課題になっています。

昨年4月に、区内初の小中一貫教育校が開校しました。学校改築と合わせて施設の複合化を進める中で、今回、放射5号線と首都高4号線の高井戸ランプに近接する小学校の移転用地として、整備中の都市計画公園に隣接する企業社宅跡地（7、500㎡）を確保する予定です。

このように、区としても用地確保が難しい状況の中で、本年、夏頃から都市公園を活用して保育園用地を整備するなど、様々な取組みの他、公共施設の更新に併せて学校及び公共施設の隣接地（標準規模4haの地区公園隣接地2カ所）の買収、木密地域の道路拡幅用地等の確保を行っています。

また、ここ数年、財政状況が厳しい中で都市計画道路事業を進められませんでしたが、本年、補助第132号線という現道を道路幅員12ｍに拡幅する用地測量が予算化され、今後10年以内の着手を目指し、当面3年を目途に用地測量を実施していきます。

藤川　公園を保育園の用地に利用するという話は、どのような状況ですか。

吉野　いろいろありましたけれども、現在は、保育所を建設している状況です。これについても当初計画で1、000人規模の保育定員を確保する予定でいましたが、その後の試算でさらに来年度500人規模で待機児童が発生することが見込まれました。その段階で、資材置場や自転車の集積場も含めて区有地の確保に努めましたが、それでも来年4月に待機児童解消が実現できないということから、やむを得ず公園を保育園に転用するという苦渋の選択を行ったものです。

藤川　そうすると、なくなった公園の代替をどうするかという話が出てきますかね。

吉野　それについては、今回廃止する約3、000㎡よりも広い面積の公園整備を区全体では進めています。一方で、廃止した公園の代替地が必要な地域では、現在、鋭意、用地確保に努めておりますが、配置的な問題や相手方との交渉もあり、一筋縄とはいきません。

用地取得の執行体制の現状と課題

藤川　次に、このようにいろいろ重点プロジェクトがあるわけですが、地方公共団体の職員数の減少という全体の流れの中で、近年、用地部局の執行体制はどのようになってきているのか、職員のジェネラリスト化等を含め、お話しください。また、執行体制上の課題についても、併せてお話しをいただければと思います。

伊藤　ご多分に漏れず、栃木県も用地職員は削減されています。10年前には116名いたのが現在99名、これも平成24年から26年の間に97名まで減らされたのを頑張って2名戻しての99名です。

ジェネラリスト化はまさにそういう状況で、用地一筋という人はさすがにもういない状況です。いろいろな経験を積んで適性なり希望に応じた人事配置が一般的で、これは世の中どこでもそうだと思います。用地関係で地元からのクレームの中には、引継ぎが悪いのではないかというお叱りやご指摘もありますので、いろいろ工夫していかなければならないと思っております。

定期異動に際しては、用地経験者の配置をお願いしているところであり、それなりに配慮をしてもらっています。経験則的には、転入者の中での用地初任者の占める割合が4割くらいならば、それほどの問題は起こらないのではないかと考えております。しかし、これが10人出ていって、7、8人の全く経験のない人が来ると結構現場が厳しくなりますので、人事上の慎重な対応は不可欠と感じております。

その一方で、本庁での連絡調整等の業務と比較して、用地の仕事は、自分できちんと仕事を管理できる人であれば、自由度が高いのではないでしょうか。その意味で、ワーク・ライフ・バランスを確保しやすい面があるので、今後、女性の活躍が期待できる職場ではないかと思っています。優秀な女性に来ていただけるような働きかけも行っております。

藤川　例えば、東京都建設局の用地部局においては、女性職員の比率は5割に近いとのことです。いろいろな背景があるのでしょうが、ご指摘のように、子育てに都合がよいという要素もあるようです。

伊藤　東京都はそうなんですか。私も、女性活躍を真剣に考えた方がよいと思っています。現場事務所で女性のいない事務所はない状態ですが、もう少し増やした方がいいのではと思っています。

小谷野　川越市の用地取得の体制、特に建設部に限って言うと、以前は、例えば、道路建設課や道路街路課等、各々の課が用地買収をしていましたが、業務の効率化と適正な執行を図るために、平成25年度に建設部の中に用地課を新たに設置しました。このことによって、土地評価や物件補償の積算などが統一的な考え方になり、地権者に対してより公平に対応できるようになったと考えています。

課題としては、どこでも同じでしょうが、一般的に職員が3年から5年程度で異動になってしまい、用地業務を長年継続することがほとんどないため、業務の引継ぎや人材育成の面で苦労しています。特に、物件補償の考え方や委託調査後の成果物のチェックなど専門的な要素が相当多いですから、短い時間で職員をどのように育成していくのかが今後の大きな課題かなと考えています。

吉野　杉並区は3年前より、国交省から課長ポストの職員を派遣していただき、部内の用地担当を統括しております。都市整備部以外の用地関係については、総務部経理課の財産管理部門が担当しておりますが、基本的には土地のみの買収を行っており、また、件数も少ないので、主に係長と主査をメインに数名の人数で用地交渉をしていました。

　そちらの部門でも物件補償の対応も出てきましたので、昨年6月より、課長ポストを兼務し、対応していただいております。

　区でも都市計画道路が最盛期の時代には、土木担当部にも数多くの用地職員がおり、補償等の交渉を行ってきましたが、近年は、ほとんど公拡法での買収要望に対して対応する程度でした。

　今回、国交省から職員の派遣を受けて、用地買収を補償も含めて行うようになったのは最近のことです。今後、事業を進めるうえで、補償の知識が必要となりますので、人数は少ないですが、少数精鋭で用地担当を育成し、都市計画事業を進捗させていきたいというのが現在の状況です。

用地行政の新たな課題

藤川　次に、用地行政の業務内容の話になりますが、説明責任・適正手続の問題、高齢者が増えてきている問題や、複雑化する相続の問題、マンション等の共有地の問題など、昔に比べて難しい課題がボリューム的に非常に増えてきて、ネックになっていることがあろうかと思います。現場の用地行政で最近困っているとか、対応が難しくなっている問題について、ご紹介いただければと思います。

伊藤　昔からあった問題で、昨今ますます多くなっていると感じるのが未相続関係の問題です。最後は、収用で解決することになりますが、裁決の後も、いろいろトラブルが続くこともあります。

そもそも論を言うと、相続手続きをしなくても罰則がないので、財産価値がないような土地は、相続手続きを行う動機がないということです。ですから、相続手続きを行うように何らかの制度的な対応を講じたり、相続手続きを行うよう強力に国民に対する意識啓発を行うなどしないと、今後大変な問題が生じてくるのではないでしょうか。

いずれにしても、これまで、計画サイドでは、計画線を入れるのに、未相続の難しい土地の有無などはあまり考えてこなかったわけですが、これからは、そのようなところまで考えて事前に検討しなければ、事業の円滑な実施に支障を来すことも多く発生してくるのではないでしょうか。

あと、補償の細かい話になりますが、工作物の補償で、移設できないものには再築補償率をかけることとなりましたが、古い井戸ですと補償率が2割程度になってしまいますので、複数かかれば、1本掘ればいいのですが、1本だけかかる場合には、ちょっと厳しいかなという思いがあります。また、用材林の補償の場合には、ある程度大規模な用材林を想定して、全体の収益や経費を1本に割り戻して標準単価が作られていると思いますので、大規模にかかる場合はいいのですが、少ししかかからない場合には、これもちょっと厳しいかなという思いがあります。

小谷野　川越市においてなかなか進まない案件として、よくある話ですが、道路事業の整備で、駅に近い店舗などがかかる場合、借家人の移転希望は同様に駅から近い場所ということになりますので、移転先の選定に結構時間を要しています。
あと、数年前、相続税の控除額が引き下げ

られた影響が大きいのだと思いますが、土地所有者に高齢の方が多いものですから、相続対策について目途がたたないと協力の有無についてご回答がいただけない案件が多くなってきており、時間を要するといったことも出てきています。

吉野　杉並区は宅地が多く、都市計画道路の予定地及び駅前広場を整備する場所等では、マンション等の区分所有地が多く、関係人や地権者の対応等で、職員には相当のスキルが求められるようになってくると思っています。

話は変わりますが、杉並区においても、現在、地籍調査を実施しておりますが、実際に立ち会っていただけるのは7割程度です。残りの3割は境界未同意や行方不明で立会ができないという事案も結構多いので、今後、道路を整備するうえで支障となると考えております。というのも東京は、震災も戦災もあって、所有権がうまく移転していないものも多いと聞きます。また、相続がうまくいかずに相続登記が未済の箇所も結構あるのではないかと思われます。

人材育成への取組み

藤川　次に、用地行政の人材育成の話に移りますが、用地行政の執行上の課題として、人材育成、特に、若い人へのノウハウの継承といった課題があろうかと思います。職員の人材育成の取組みについてご紹介いただければと思います。また、併せて、各県ごとにある用対連の活動についてもお話しいただければと思います。

伊藤　用地力の向上を図る取組みとして、まず、研修関係では、初任者の研修、システムの研修、業務委託の研修を行っています。

　ガイドブック等の作成の関係では、平成元年辺りから「用地ガイドブック」を作ってずっと改訂をしてきており、直近では平成25年に改訂版を作りました。また、平成27年には、ヒヤリハット事例集も作っています。さらに、関東地整のロールプレイング方式の研修を参考に、新任用地職員を対象とする模擬用地交渉の研修を去年から行っていて、好評を得ています。

　人材育成に関する会議等の関係では、各土木事務所の中堅職員で、ガイドブック等の作成のため、用地事務のあり方の検討ワーキングを開催しています。また、若い職員と幹部職員との意見交換会も開催したりしています。

　用対連の取組みですが、用地事務研修会というのは基礎研修会で、基本は県職員が担当して説明しますが、土地評価等については不動産鑑定士協会の方に来てもらっており、今年は参加人員２２２名で行いました。

　また、関係法令研修という形で、県職員、県の顧問弁護士のほか、宇都宮税務署の方や、法務局の登記官の方にも来ていただいて、今年は参加人員３５６名で行いました。

　さらに、今年は不動産調査報告書の中身が変わったので、嘱託登記研修という形で、県の公共嘱託登記土地家屋調査士協会の方に来ていただいて、１０６名ほどで研修を行いました。

　いずれも国と県と市、東電や水資源機構など、ほとんどの会員の方に来ていただいております。

　あとは、用地取得計画書を、国、県、宇都宮市、土地開発公社、東電、水資源機構など12会員で作成し、事業が重なるエリアの取得時期、価格等の調整を行っています。

小谷野　川越市の用地職員の人材育成は、課長をはじめ各担当リーダーなどから、通常業務や用地交渉などを通じていろいろ指導してもらいながらスキルアップを図っています。

また、国から出向で来ていただいている職員を講師として、用地課内での勉強会を開催しています。

あとは、1年に7回程度開催されている埼玉地区用対連主催の研修に参加させていただいたり、建設研修センター主催の研修に参加させていただきながら、職員のスキルアップを図っている状況です。

吉野　杉並区の場合、国から課長級で来ていただいている一方、区からは、用地を経験している一般の職員を国に派遣して、国のノウハウの吸収に努めています。

また、国から派遣された課長には、他の職員に対して勉強会を開催してもらい、スキルアップにつなげているところです。まだ始めたばかりですが、今後、用地についての取組みを強化して都市計画事業、特に、道路事業を積極的に進めていきたいと考えています。

東京都の用対連の活動としては、年2回の研修会と事例発表会が行われており、そこに職員を積極的に参加させています。また、東京23区の研修所で行われている用地に関する研修にも参加して、スキルアップに努めているところです。

土地開発公社の活用

藤川　次は、土地開発公社の話に移りたいと思います。ご案内のとおり、土地開発公社については、地方公共団体の外郭団体の廃止・

縮小という行政改革の流れの中でどう考えるかという話と、他方で、用地ノウハウを持った貴重な人材を確保しておくための組織としてどう考えるかという話があろうかと思います。土地開発公社の現状について、お話しいただければと思います。

伊藤　栃木県の場合は、従来から公社の中の組織として公共用地部を設置しており、昔の右肩上がりの華やかな頃はかなりの人数を抱えていて、用地部隊として普通の土木事務所1つ分ぐらいの予算規模の用地を買っておりました。最近は、ご多分に漏れずスリム化され、平成24年には、道路公社と土地開発公社と住宅供給公社の管理部門を統合して、さらに、管理部門の削減を図って、「栃木県地域づくり機構」という組織になっております。人数は減ってはいますが、やはり土地開発公社にはベテラン職員がおりますので、用地交渉技術の継承という観点からも、土地開発公社には引き続き、用地取得の一翼を担っていただく方針で県から業務委託をしております。

藤川　県の事業の支援をされるほか、県下の市町村に対する支援等もやっておられますか。

伊藤　今後は、そのようなものも増えていくのではないかと思っています。栃木県では、LRTとか、スマートインター等のプロジェクトもありますので、できるだけ活用されるようになっていければと思っています。

小谷野　川越市の土地開発公社は、昭和49年に設立されて、市からの依頼により事業用地や代替地の先行取得を行ってきましたが、社会経済状況の変化や市の財政状態などにより、買い戻しが進んでいない状況であっためめに、平成26年3月に、土地開発公社保有物件買戻し計画を策定し、年度ごとに市が再取得している状況です。

公社による先行取得の利点は、事業用地を地権者の意向や機会を逃さずに取得できる機動性の高さにもあるので、現在でも、先行取得の必要性が生じた場合には、先行取得できる要件を判断した上で、市から取得依頼を行い、用地取得をしている状況です。

また、国庫補助金を投入して用地を取得する際などで、既に土地開発公社が先行している場合には、土地所有者の意向に関係なく補助金申請をすることができ、確実な補助金の執行が可能になるので、事業部としては、土地開発公社の存在は大きいと考えています。

吉野　杉並区も同様に、補助金を最大限活用する意味で土地開発公社は必要と考えております。これまでも、大規模な公園用地を取得する場合において、補助金を活用しており、適正な時期での予算執行を行うためには公社の活用は不可欠です。

ただ、一方で、長きにわたって、公社の未利用地についての活用がバブル崩壊後は課題になっていました。本区では、現在、未利用地の整理が進んできており、長年、あい路となっていた土地もここのところで国交省派遣職員の方の努力により解決したところです。

民間コンサルタントの活用

藤川　次は、民間活用の話に移りたいと思います。少ない職員数の中で効率的にやっていくために、従来からの物件調査や補償算定等に加え用地交渉を含めて、一定部分を民間に委託するケースが徐々にではありますすが、出てきています。用地行政における民間活用の状況について、お話しいただければと思います。

伊藤　栃木県では、従来の土地・建物調査、測量、土地評価、補償内容の検討等については全て民間に委託しています。ただ、用地説明、補償業務に関しては、今のところ、基本的には、職員が直接行うこととしています。

基本的な考えですが、１００名規模の現場職員の事務所間の異動とか、土地開発公社の活用とかで用地の基本業務はやらないと、用地技術といったものの伝承ができなくなってしまうのではと思っています。いずれにしても、人事当局になるたけご理解をいただくようにして、人をこれ以上減らさないように、我々が頑張っていくことが重要ではないかと考えています。

小谷野　土地評価、物件調査業務等については、民間に委託しています。総合補償業務については、埼玉県や他市で活用されているという話は聞きますが、市の職員との信頼関係で事業協力が得られることも多いため、現在のところ、川越市では活用の予定はありません。

吉野　杉並区も、鑑定を含めて委託できるものは委託していますが、規模が小さいですから、総合補償業務の委託については、コスト等を踏まえ、現状では考えていない状況です。

国と地方公共団体との人事交流

藤川　川越市と杉並区は国交省の関東地整から用地の職員を受け入れていただいて、こちらとしても貴重な経験を積ませていただいております。個別の事業や用対連の活用だけでなく、地方整備局としても、日頃から市町村等と幅広い接点を持って交流していくことが重要ではないかと考えていますが、忌憚のない話で結構ですので、国と市町村の人事交流について、どのように考えておられますか。

小谷野　この人事交流が始まったのは、私の前の部長からで、現在で2人目です。通算で約3年6カ月ぐらい経過したところです。交流の経緯については、都市計画道路の用地取得の関係で、どうしても収用せざるを得ない状況になったのですが、市ではそれまでに収用で土地を取得した経験がなかったために、国の職員の派遣をお願いしたもので、収用手続きを踏まえて平成26年度に土地を取得できました。

市としても、市から国へ出向している職員が国の用地買収の進め方などを直接経験することにより、今後の用地買収に対する貴重な体験をさせていただいていると考えております。また、国の職員の方に来ていただいたことにより、土地の取得ができたことはもちろん、用地交渉のテクニック、土地評価の考え方、物件補償の考え方などをご指導いただいて、職員全体の用地取得に関する知識の底上げが相当できたと考えており、人事交流は大変有意義だと感じています。

吉野　人事交流が始まったのは正確には2年6カ月前ですが、先ほどもお話ししたあい路となっていた道路事業が手詰まりの状況で、当時、国交省から当区の都市再生担当部長に派遣されていた方より、国の用地担当職員と人事交流を検討しないかとの話を提案され、これを契機に調整をさせていただいた結果、現在の形となったわけです。

初代の方が来られて、用地補償の説明をされると、区長をはじめ実際に用地交渉をずっとやってきた副区長もなるほどと言われるぐらい、目から鱗が落ちることがありました。今までであれば買収したくても難しかった土地が確保できるようになり、20年以上懸案だった交換用地を解決することもできました。また、区から国へ出向している職員も知識をつけさせていただいており、交流して非常によかったと思っています。

用対連に対する要望等

藤川　ありがとうございます。地方整備局と地方公共団体との交流については、従来からの取組みとしては用対連があり、日頃からいろいろお世話になっておりまして、感謝申し上げます。せっかくの機会ですので、用対連に対する要望等があれば、教えていただければと思います。

伊藤　関東用対連は、本県も含め各事業主体が抱える課題等を集約し、適切な方針を示していただいていると思っております。また、定例の会議や幹事会等における意見交換の場は非常に重要なもので、研究会での各事業主体の事例発表も非常に参考になっているところです。さらに、各種照会事項の取りまとめや通知の送付等の連絡調整もいろいろ行っていただき、感謝をしております。

加えて、関東用対連では職員表彰がありますけれども、これは絶対に必要なもので、現場の職員はこの表彰を1つの目標として、頑張っています。用地で苦労をしてきた職員を顕彰する意味でも、非常に大切な取組みであると思っております。

あと、今年度は、初任者研修に参加した者から、普段は話す機会がないJRやNEXCOなどの用地職員と交流ができて非常に楽しかった、貴重な体験だったというような声も聞いています。

いずれにしても、関東一円の公共用地の円滑な取得のために関東用対連が果たしている役割は非常に大きく、今後、ますますの活動内容の充実を図っていただければ大変ありがたいなと考えております。

藤川　ありがとうございました。お褒めいただいた功労者表彰は、近年やめた地区用対連もあると聞いていますが、関東は、昭和56年以来一貫して、続けております。大切な取組みとして、今後とも取り組んでまいりたいと存じます。

また、初任者研修の話がありましたが、これまで蓄積された用地ノウハウを維持・向上させるのは当然のこと、次世代にその蓄積を継承させていくことが、今後、ますます重要になってこようかと思います。そのような各種の場づくり・システムづくりを含め、今後とも、いろいろアドバイスいただければ幸いです。

これからのインフラ整備、用地行政の展望について

藤川　用地行政における国・地方の連携を中心に、いろいろお話しをうかがってきましたが、日本も成熟社会となって、昔のいわゆる右肩上がり時代のように、どんどん道路をつくれ、ダムをつくれ、やれ再開発だ、区画整理だという時代ではなくなってきましたが、これは、東北大学の生田長人名誉教授（昨年逝去）や、東京大学の神野直彦名誉教授も言っておられますが、日本の都市の公共用地の比率は欧米と比べて低いという現実があります。

例えば、道路1つとっても、別に自動車のためだけにあるのではないのであって、コンパクトシティが都市政策の大きな方向性になっているのであれば、子育て対応・高齢者対応・緑景観・防災等の観点から、街なかの道路を良質なものにしていく、例えば、歩行者・自転車利用者が安全にゆったりと使え、手入れのいきとどいたセンスのいい街路樹が美しく並んでいるような道をつくっていくことは、「成熟社会の豊かさ」を実現するうえで、とても大切なことではないでしょうか。

もちろん、予算がない、お金がないんだという面が大きいのですが、私が市にいた経験からすると、街なかの難しい用地取得を躊躇して、なかなか事業が進まない面もあるのではないかと思います。そういう意味で、成熟社会日本の豊かさの実現に向けて、用地行政としてやるべきことは、まだまだ沢山あるように思います。

最後に、本座談会の締めくくりとして、今後の都市づくり・街づくり、インフラづくりと関連した用地行政の展望、見通しについて、

何でも結構ですので、一言ずつお話しをいただければと思います。

伊藤　今後のインフラ整備に関するキーワードというか観点として3つ申し上げます。

1つは、急激な人口減少とか世界に例を見ない高齢化に対応できるようなコンパクトな拠点、ネットワークの形成、それが絶対必要ではないかということ。

もう1つは、昨今は、非常に不安定な気候変動で災害リスクが非常に高まっているので、災害の発生を未然に防ぐとか、発生時に被害を低減するような社会資本、道路、河川、砂防が非常に重要で、また、大規模な建築物については、効果的な防災とか減災の対策、耐震化等を進めていくことが必要だということ。

最後の1つは、インフラが老朽化してきていますので、県民の生活を支える基盤の施設を健全な状態で次世代に引き継いでいくために、施設の特性に応じた計画的な改築、修繕等が必要だということ。

このような事業を着実に実施していくために、関連する用地取得をきちんと行っていくことが大きな課題だろうと思います。

そして、これら事業は、従来からの人目につきやすい大規模な事業と違って、住民に必要性をきちんと説明できないと理解が得られないのではないでしょうか。我々用地職員には一層きめ細やかな説明責任が求められるということで、気を引き締めてやっていかなければいけないと考えます。今後は、国、都道府県、市町村等の用地部局がますます連携を図りつつ、対応していくことが必要となってくるのではないでしょうか。

小谷野　川越市は、都市計画道路の整備率が約45％と低いものですから、今後も、積極的に都市計画道路の整備や、既成市街地の中での交差点改良に伴う交通混雑の解消を行っていく必要があるだろうと考えています。

また、幸いなことに本市では、わずかずつながら人口がまだ増加している状況ですが、将来は必ず人口減少時代に突入するので、現在、都市計画部門で計画している立地適正化計画との整合を図りながら、最小の投資で最大の事業効果が発揮できるような事業推進も今後は必要不可欠ではないかと考えています。

いずれにしても、事業を行うために用地取得は絶対に必要ですから、国との交流もさらに深めながら、職員の用地取得に対するスキルアップを行い、積極的な事業推進を図っていきたいと思っています。

吉野　杉並区は、都市計画道路事業の進捗が低く、これを進めるという課題もあるのですが、加えて、木密地域等が多く狭あい道路の問題があり、今夏に条例を制定し、安全なまちづくりに向けて狭あい道路の拡幅に取り組んでいくことにしています。

さらに、都市計画道路と狭あい道路の間の生活道路についても、これまで大きな構想しかありませんでしたが、現在、生活道路ネットワーク計画の策定に向け、具体的な考え方や取組みの方針について、今年度末の作成を目指して作業を進めております。

これらの事業は急激に拡大できるとは考えていませんが、安全なまちづくりの観点からも、道路を整備していく上での用地取得は不可欠なものと思っていますので、今後も引き続き、国からノウハウを引き継ぐなどして、用地部門の質の向上に努めていきたいと考えています。

藤川　どれも現場行政の地に足の着いたお話しをいただき、ありがとうございました。街づくり全てに通じることだと思いますが、この時代、一挙に何か進むということは基本的にないわけですが、かといって、予算もないから、面倒くさいからといって火を消してしまったら、全く一歩も前に進まなくなってしまうと思います。長期的なビジョンとか構想を持って、足元のところは火を消さないように着実に計画的にやっていくのが街づくり、インフラ整備の基本だと思います。そして、その中で、基盤となる用地行政も着実に計画的にやっていかなければならない。

今回は、国と地方の連携がテーマでしたけれども、関東地方整備局全体というか、これは他の地方整備局も同じでしょうけれども、現在、災害時支援、街づくり支援をはじめとして、自治体との連携、支援は大きな柱として考えられているところです。用地行政については、これまでの用対連の枠組みを活用していくことはもちろんのこと、様々なチャンネルで、自治体との連携、交流を図ってまいりたいと考えておりますので、引き続き、宜しくお願い申し上げます。

本日は、誠にありがとうございました。

座談会③「公共用地補償業務における官民連携」

先に述べましたが、地方公共団体を中心に、職員の減少・ゼネラリスト化が進み、用地取得業務の執行体制が脆弱化している中で、官民連携を推進していくことが大きな課題となっています。

本座談会は、補償コンサルタントや不動産鑑定業の幹部の方に参加していただき、官民連携の現状・課題についてお話しいただきました。

具体的な事項としては、

- 官民連携を推進する上での官民の役割分担をめぐる課題
- それぞれの組織の実情に合った委託内容のあり方をめぐる課題
- ニーズを踏まえた包括的な民間委託の必要性
- 官民連携を推進する上で担当職員に求められる資質をめぐる課題
- 土地評価のあり方をめぐる課題
- 補償コンサルタントの人材育成をめぐる課題
- 用地補償業務のＰＲをめぐる課題

等が取り上げられています。

座談会③

「公共用地補償業務における官民連携」

平成28年10月4日開催

那波市郎　一般社団法人日本補償コンサルタント協会副会長
門間　勝　一般財団法人公共用地補償機構専務理事
伊藤裕幸　公益社団法人日本不動産鑑定士協会連合会常務理事（広報委員長）
藤川眞行　全国用対連事務局長（国土交通省関東地方整備局用地部長）

（順不同・敬称略。なお、所属・役職は、開催当時のもの）

〈用地ジャーナル2017年1月号・2月号掲載〉

官民連携の近年の動向

藤川　本日は、「公共用地補償業務における官民連携」の座談会に、大変お忙しい中をお集まりいただきまして御礼申し上げます。

用地業務については、国、地方公共団体、公益事業者それぞれにおいて、少子高齢化社会にあっても活力ある国・地域を担うインフラプロジェクト推進の基盤として、しっかり取り組んでいかなければなりませんが、ここ10年から15年、いやもっと前から定員削減等を背景として職員数の減少が進んだ一方、効率的な行政運営に対する期待の高まりを受けて、用地業務の適正かつ迅速な推進も強く求められてきています。

そのような状況の中で、用地の総合的な補償業務を含めて民間活用が国や地方公共団体等で相当に進んできていると思いますが、10年、15年、20年ぐらいのスパンでの官民連携というか、用地業務における民間活用の動向について、所感をお聞かせいただければと思います。

門間　確かに、行政側の職員数が少なくなってきているのは事実で、職員数だけではなく用地業務に携わるプロというか、いわゆる用地屋さんと言われた用地業務に精通した方もだんだんと減ってきています。

用地業務を大きく分けると、土地又は物件の調査業務がまず1つ、それから、それを踏まえた補償金算定業務、それから用地交渉業務の3つがあります。

国や都道府県を含めて、各起業者によって若干の温度差はありますが、外部委託という面から見ると、一番の契機になったのは、国交省と補償コンサルタント協会とで整理された補償業務管理士制度の創設です。当時7つの部門の補償業務管理士として、現場業務を中心として個別専門性の高い人材をプロとして育成していこうということでスタートしました。

この補償業務管理士制度が平成3年にスタートするまでは、土地の測量・調査とか、物件調査の特に機械等の難しいものとかを中心に外部委託をしていました。その後、補償金の算定まで全部お願いすることになり、それから、この制度ができたことによって、用地交渉の一部をいわゆる補償説明業務ということで、外部委託をする流れになってきました。

その後、平成20年度になり、国交省と補償コンサルタント協会とで整理した総合補償士という専門家が登場し、従来の補償説明業務より内容を高めた公共用地交渉業務ということで外部委託する起業者が増えてきました。

さらには、国交省のほうも、確か平成18年度頃からだと思いますが、公共用地交渉に係る用地補償総合技術業務という形での発注を全国展開したことが追い風になり、かなりの部分で外部委託が進んできたと思います。

那波　土地調査や用地測量の物件調査等を外部の民間に委託するのは、国、地方公共団体、公団等で、ずっと前からかなり進んでいたと思います。ただ、この10年、15年を民間側から言うと、小泉政権以降、特に、民主党政権の時は公共事業が相当減り、公共事業に伴う業務が大部分を占めていた補償コンサルタント業界はかなり苦しい状況になり、若い人の採用中止やリストラをした会社も多かったのです。

最近になって、総合補償士の創設が大変大きなトピックスになり、国から用地補償総合技術業務を試行的に出していただくことによって、徐々にそれが地方公共団体にも広がってきているのが現状です。

国自体は、かなり用地職員が減ってきたといっても、資質等から言えば、当然自分たちでできるキャパシティーはあるけれども、突発的な業務量の増加に対応すること等から民間にそういう市場を作るために試行的に出している面があって、それが実際に人が少ない地方公共団体等に広がってきていることは、我々の業界からすればうれしいことだと思っております。

それと、今でも量的には、土地調査や物件調査等が多かったのですが、それ以外に土地評価・補償算定とか、補償説明業務とか、収用裁決関連業務とかがあり、量はそれほど多くないけれども、バラエティーに富んだ、用地業務全体を担う一環として業務が民間に委託されてきており、その意味で、民間もだんだん総合的に鍛えられ、用地の総合業務も少しずつできるようになってきていると思います。

藤川　用地業務においては、不動産鑑定業の皆さんにも相当ご協力いただいておりますが、鑑定業務から見た用地業務の官民連携の最近の動向について所感をお願いします。

伊藤　私は不動産鑑定評価を主な仕事としています。ちょっと話がずれるかもしれませんが、不動産に関する評価の話から、入りたいと思います。

15年前となりますと、平成13（2001）年頃から不動産の市況、市場が大きく変わりました。J-REITが始まったのが15年前の2001年です。そこから不動産というものが、昔の取引事例を比較するやり方から、収益性を見ましょうという具合に変わってきました。それから、不動産の証券化市場の需要が高まってきて、2008年のリーマンショックで少し減速をしましたが、最近になって東京オリンピック・パラリンピックの話があり、また上がってきたというのが不動産の市況です。

その中で、我々不動産鑑定士の業界団体は、不動産の鑑定評価のルールとなる「不動産鑑定評価基準」をこの15年の間に大きく変えています。平成14年に、収益還元法を精緻化しようということで、取引事例比較法中心だったものから少しスタンスを変えて、不動産の証券化に合わせるように基準の改正をしました。

平成19年になって、さらに、証券化不動産についてきめ細かなルール改正を行いました。ただ、これはあくまでも証券化の話なので、用地補償、特に公共用地の補償に関する評価のやり方は、この15年間で余り変わっていないのが実情です。

現在は、東京オリンピック・パラリンピックの影響で土地の値段が少しずつ上がってきており、大分持ち直してきて、名古屋などでは、1年間で3割以上土地の値段が上がっているような状況にあります。我々の不動産鑑定業界から見ると、補償業務の需要については、民間の都心部の立ち退き等の補償については需要が拡大しつつありますが、どうも公共用地の補償について言えば余り増えているという感触はなく、どちらかというと減少していると感じています。

藤川　国だけではなく、地方公共団体からもいろいろ評価業務を受けられると思いますが、業務委託の形式とかやり方というのは余り変わっていないですか。

伊藤　そうですね。やり方に関しては、私どもは全体の委託業務の中の評価部分だけをやっているので、鑑定業界から見ていると、そういったものが変わったというのは余り実感としてはないですね。

藤川　ありがとうございました。10年から20年ぐらいの動向をまず前提でお話しいただいたので、これから本題に入っていきたいと思います。

官民連携の考え方、問題意識
(主に、国、大きな地方公共団体を中心として)

藤川　先ほど、門間専務理事からお話のあったように、職員数は現状維持が精一杯で、さらに、少子化で若い人の取り合いになってきている状況があります。また、特に、地方公共団体では、事務系も技術系もゼネラリスト化ということで、いろいろな部署をぐるぐる回るようになって、用地のプロが減ってきているという状況もあります。

そうすると、どうしても官民連携をさらに進めていかなければならないということになろうかと思います。ただ、官民連携と一言で言えば簡単ですが、やはり、お互いの持ち味を十分発揮して、うまく歯車をちゃんと回していく必要があることから、官と民の役割分担がどういうものであって、それぞれどういう連携をとってやっていくかという基本的なスタンスを再確認しなければいけないと思っています。このようなことを含め、今後、官民連携をより推進していくための考え方とか、問題意識をお聞かせ下さい。

門間　まず、官と民の連携のあり方で、ある程度用地職員が確保されているようなケースで気が付いたことを申しますと、用地補償業務は、調査部門、補償額算定部門、そして用地交渉部門と大きく枠組みとしてあるわけで、ある程度用地職員を確保している起業者においては、土地・物件の調査、補償金の算定までは外部委託をしていく一方、算定された補償金のチェックや用地交渉自体、そして、任意交渉から収用手続きへの適期をどうするかというような全体のマネジメントは、全部起業者がするというのが一般的でした。

しかし、用地職員数が減少する中で、マネジメントはきちっと行うとしても、やはり用地交渉については外部委託をして手伝っていただきたいというケースが、最近増えてきたかなと感じています。国、特に国交省の場合は、用地補償総合技術業務を全国展開するようになってから、かなり用地交渉業務についても外部委託をするケースが増えてきているようです。

もちろん、自治体によっては、調査までは外部委託するけれども、補償金算定や用地交渉を全て直営でやっていくところももちろんあります。中には、用地交渉を外部委託するのは、用地職員としていかがなものか、と消極的な反応を示されるところもあります。

今後の方向性としても、外部委託はどんどんしていこうというところと、職員だけでやっていこうというところと、ある程度用地職員が確保されているところでも温度差があると感じています。

那波　門間専務理事のお話の繰り返しみたいになりますが、国交省の直轄自体は職員が減っているとはいっても、土地・物件調査、算定等は以前から外部委託しているので、そういう中でやり抜く力はあると思うけれども、官民の連携の中で民間をある程度育成していくという趣旨もあって、総合補償みたいなもので民間の方もある程度交渉させていただいているのが現状ではないでしょうか。

ただ、地方公共団体となると千差万別で、それなりの県とか大きいところも公共事業の減少にほぼ比例して国交省以上に職員が減っているところもあります。また、職員数の動向に加え、用地の専門職員をどの程度確保しているかによっても、状況が異なってきます。

県によっては用地に余り長く職員を置かないところもあり、平均3年程度で、初任者研修を受けて、中堅の研修を受ける前に離れて、一生戻ってこない県もあります。我々民間からすると、用地職員がいないほうが民間に多く仕事が来てよいだろうと思っているわけではなくて、行政職員全体が減っていく中で用地職員も減るのはやむを得ないと思いますが、用地業務全体のマネジメントができる方、用地に関するゼネラリストというか、ある程度のことが判断でき、相談できる方が相手側にいることは非常にありがたいことです。直轄は大丈夫だと思いますけれども、県とかそういうところでは、何年かに1人ずつぐらいそういう人を意識的に育てて、用地と違う部門にも行くけれども勤めている間の半分ぐらいは用地をやっている人を、例えば、5年に1人ずつぐらいでも確保していただけるといいのではないかと思っています。

藤川　都道府県レベルでも、千差万別なのですね。

那波　以前は、ある県だと、一度用地を担当するとその後の経歴の大半が用地というところがありましたが、今はそういうことは少ないようです。特に若い層になると用地にあまり長くいない方が多くなっています。50代ぐらいだと、ずっと用地をやってきた方がまだ残っているところが多いと思いますが、どんどん定年を迎えて少なくなっていますね。

藤川 まだ50代のそういう方がいる県だと、交渉は自分たちがやるとかいう傾向ですか。

那波 いても、少し民間を育てるために民間に出そうという自治体と、用地をやる限り交渉業務は職員の仕事だと考える自治体があり、そこはいろいろです。職員がいないから出すとか、いるから出さないということでもないようです。

門間 国の場合は、大体用地部なり用地課がありますが、地方公共団体によっては、用地課がきちっと組織化されているところはある程度経験された方がおられて比較的しっかりしているし、マネジメント能力に優れているのですが、管理課とか総務課の中に用地担当が配置されたり、道路とか河川の事業担当課の中に用地担当が配置されているような場合には、ちょっと認識が違うと感じることはあります。

特に、事業担当課に用地担当が配置されているようなところは、人数が少ないので外部委託できるものはどんどん委託したり、用地交渉を行う2人ペアのうちのキャップは職員とするが、もう1人は外部委託をして民間の人が一緒に付き添っていくケースが大分増えてきています。

ただ、私の感覚では、国の用地補償総合技術業務みたいな形で、用地交渉の大部分を外部委託して民間だけの班編制でやるというのは、まだ地方公共団体では定着していないかなという感触はあります。

藤川 やはり、最後は、地方公共団体におけるこれまでのやり方とか、民間活用に対する考え方とかが反映されるということなのでしょうか。

門間　用地業務を職員に覚えさせるという要素と、あと、用地屋さんというのは用地交渉がメインなので、それを外部委託、民間に渡すのはいかがなものかという感覚を持ったベテランの方がまだいることはありますね。あと、中には、用地交渉業務を外部委託にして本当にいいのかという質問を受けるときもあります。その辺は、国と地方公共団体では若干温度差があるなと時々感じています。

藤川　ただ、地方公共団体の50才代の用地のプロの職員がだんだんいなくなっていくと、その辺もまた変わってくるのでしょうか。

那波　関連のいくつかの県では、試行的ではありますが、用地補償説明業務を民間に委託していています。これは、国交省の施策のいい意味での波及と考えております。

藤川　ただ、先ほどあったように、いくら民間活用が進むといっても、用地取得業務全体をマネジメントできる行政職員は、民間にとっても必要ということですね。

那波　さらに、小さな市区町村とかは、それを言ってもないものねだりになりますが、ある程度の規模の市以上では、人事政策的に用地のキーマンみたいな人を、ぜいたくを言えば5年に1人、どんなに少なくとも10年に1人ぐらいは育てておいていただきたいと感じています。それから、相談したときに、ある程度判断というか、こうしよう、ああしようと一緒に相談していける資質というか、そういう能力がある方がいて下さると一番いいと思っています。

官民連携の考え方、問題意識
（主に、小さい地方公共団体を中心として）

藤川　以上は、国とか、比較的大きな地方公共団体をイメージした話だと思いますが、ここからは少し、小さい地方公共団体をイメージした話をしていきたいと思います。

小さい地方公共団体は、財政的に余裕のない団体が多く、街路事業等の整備もままならないところも多いのではないかと思いますが、少子高齢社会の中でも地域の活力を維持していくためには、新しい国土計画のキャッチフレーズでもないのですが、「コンパクト＋ネットワーク」ということで、やはり、街中の空間の高質化、具体的には、例えば、街路とか、歩道とか、街路樹とか、公園・緑地とかの整備を一歩一歩やっていく必要性は小さくないと思っています。

ただ、予算の制約に加えて、小さい地方公共団体では、用地専門の職員も限られているでしょうから、街中の権利関係の複雑なところのプロジェクトをやっていくのは相当しんどいということもあろうかと思います。この辺の用地取得に関する官民連携について、どのような所感をお持ちですか。

門間　違いはありますが、市や町でも規模の小さいところは、用地担当課の組織は事実上設置されていないですね。街路も含めて割合短期間である程度のものを整備しようとする場合には、新たな組織を作るのは難しいし、そもそも急に用地の知識を持った者を育てることはできません。そこで、調査、算定から用地交渉を全部トータルにパッケージにして、起業者サポートという形で提案をしてやっている例は最近あります。そのときに、マネジメント業務だけは起業者のほうでしっかりやって下さいと前提では言うんですが、それすらできないケースでは、マネジメントも一応サポートするということで、丸ごとパッケージでする例も最近はあります。

私ども補償機構の場合は、それを「スマート用地プランニング」と言って、例えば、市町村で急に事業をやらなければいけない場合や、沖縄地区の場合、基地返還等で急に事業をしなければいけない場合など、いろいろと相談を受けて、「スマート用地プランニング」という形で受注する例が最近増えてきました。

ただ、本州も含めて全国展開したときに、用地交渉業務を含め、用地業務の大部分を外部委託して本当にいいのかという議論はもちろんあります。ただ、小さな組織で、予算執行上どうしても短期間でやらなければいけないときに、1つの判断として用地業務の大部分を外部委託をするケースがだんだん増えてきています。

那波　多分民間がやる場合は2つのやり方があって、マネジメント業務以外は全部やりますよというやり方と、もう1つは、マネジメントする人を送り込みますよというやり方です。

それと、現実を考えると、小さな地方公共団体の支援としては、国交省や県の用地のプロの職員の方が短期間その地方公共団体に派遣されて、民間を活用して最大限効率的に用地業務を重点的に推進するというやり方が一番効率的ではないかとも思っています。

藤川　下水道事業では、昔から下水道事業団という組織があって、事業団には大都市からの職員派遣を含め技術者がプールされており、山・谷が大きい地方都市の下水道の建設事業を支援するという手法が取られています。もちろん、下水道事業においても、設計、施工等は基本的に民間企業が行いますが、間に立って、計画策定、業者選定、施工管理、完了検査等のマネジメントを行う者が必要ということです。

那波　一例で言うと、東京都では、用地職員の中には60歳以上で区市に行かれる方もいます。東京都のベテラン用地職員にしかるべき立場を与えて用地の指導を行っている市区の例もあります。

藤川　いろいろ貴重なお話、ありがとうございます。これは、地方整備局のあり方に関わる話かも知れませんが、現在、災害時の支援をはじめとして、地方整備局では、市町村を含めた地方公共団体に対する支援に力を入れています。用地について、もしニーズが高いのだとすれば、どのような支援を行っていくのか、これは用対連の枠組みの中の話になるかも知れませんが、中長期的な観点からいろいろ検討していく必要があるのではないかと思っています。

土地評価における官民連携

藤川　用地取得業務における土地評価については、基本的には、不動産鑑定評価等も参考にしながら、取引事例を基に標準地の評価を行い、各画地へは国土法の比準表等を活用しながら比準するという手法ですが、近年の地価の多極化の状況の中で、相当丁寧な判断が必要となる場合も出てきています。
特に、比準の具体的なやり方については、例えば、面積が大きな土地など特殊性があるものの評価を中心に、地価の相場に知見を有する鑑定士の方々にいろいろアドバイスを求めていくことも重要になってきているのではないかと考えています。そのあたりの所感はいかがですか。

伊藤　鑑定評価をしている立場として、不動産鑑定のあり方の見直しの中で、鑑定士は説明責任を果たさなければいけないということが明確になりました。以前はちょっとふんぞり返って鑑定評価書を出して、「これで終わりだよ、後はお金を下さい」という仕事をしていましたけれども、今はそうではない。鑑定評価が終わっても、鑑定評価の途中段階でも説明することが必要になっています。やったことに対してちゃんと責任を持ちなさいということです。ですので、公共用地の補償に関して言えば、市なり県なり、また、国の担当者の方からよく相談を受けるようになりました。
それは、用地のノウハウを持つベテランの担当者が少なくなったということもあるかもしれないし、地権者が勉強して詳しくなったこともあるかもしれないけれども、我々のほうも基準を変えたりして、より距離を近くしようとしたことが理由かもしれません。少しずつお互いにやりとりをして、相談しながら進めていこうという感じになっていますので、アドバイザリー業務は、必ず不動産鑑定士となじむ仕事であると思いますし、これからどんどんやっていかなければいけないと思っています。

那波　伊藤先生がお話になったのは、地方公共団体はほとんど鑑定業務を不動産鑑定士に出されて、後は自分たちで土地評価はやっていて、その過程の中では多分いろんなことを先生たちにご相談されているのだと思います。

伊藤　適正な土地評価を行うためには、まず、同一状況地域のようなエリアを適正に設定することが重要です。エリア設定の段階から、我々鑑定士がアドバイスできれば、後で悩むことも少なくなるのではないでしょうか。

また、藤川部長からありましたように、同じエリアの中でもどうしても画地比準にはなじまない特殊な画地というものがまれに出てきます。そういったものに関して鑑定士のノウハウが相当生かせるのではないかなと感じています。

取引事例方式のあり方

藤川　標準地の評価本体の話になりますが、損失補償基準上、取引事例を基にすることが基本となっています。しかしながら、最近、現場では、標準地の評価に活用できる取引事例の入手が相当困難になってきて、非常に苦労しているという話があります。このあたりについて、何か所感はありますか。

伊藤　取引事例の入手が困難になってきているという話ですが、この背景には個人情報保護法が2005年に施行されたことがあります。その後、国交省で不動産取引価格情報を整備しようという動きが始まります。なお、少し後になりますが、不動産鑑定士協会連合会で、取引事例に関する個人情報の取扱規程も策定しています。

個人情報保護に関する法律に基づいて取引事例も扱わなければいけないということで、取引事例がどのような仕組みになっているかというと、国交省と、国交省の中にある地価公示法に基づいて公示価格を判定している土地鑑定委員会と連合会、この3者でアンケートをとって、それを回収して、実際どういう場所でいくらの取引が行われたかという情報を作成しています。

回収率については、登記の異動があったもの全てに対して、国と土地鑑定委員会と連合会の3者で共同してアンケートを出して、戻ってくるのは概ね3割です。

使い道としては、地価公示とか都道府県地価調査の価格の判定のため、それから、国交省で2005年から始まった不動産取引価格情報の提供のため、あと1つは、公共用地の取得あるいは調査研究に使いましょうということです。また、連合会もアンケート調査に協力しているので、鑑定評価業務についても共同利用ということで使わせていただく形になっています。

個人情報の取扱いは、非常に厳重で、連合会の中でも厳しい規制を設けています。それから、インフラも整備されて、取引事例の閲覧は紙ではなくコンピュータで情報の管理をしています。ですから、全国の鑑定士の誰がどの取引事例をダウンロードしたか、誰がどの取引事例を作成したか等は全て管理できるようになっています。

当然のルールとして、取引事例を他の人に譲ったり、交換したりしてはならないことになっています。それにはペナルティがあって、余り違反がひどいと閲覧ができなくなります。その前段階として、業者に対しての立入調査の実施もあり得ます。この制度を維持するために、研修制度を設けて不動産鑑定士に講習を受けさせ、閲覧できるのは、研修を受けてから3年間の期間限定として、非常に厳しくやっています。

いずれにしても、個別の取引事例の取扱いは、近年非常に厳格になってきていますので、取引事例の情報を安易に共有するようなことはできません。

用地取得業務における土地の評価額の算定について、不動産鑑定士協会連合会としましては、鑑定評価を中心に使っていただきたいというのが要望です。この点、一番参考になるケースは、固定資産税の評価です。各市町村が賦課している地方税の固定資産税には土地と建物がありますが、そのうち、土地の評価についてはとても参考になると思います。

固定資産税の評価は、地方税法において「固定資産評価基準」によって価格を決定することが定められています。公共用地の損失補償基準と同じような言葉が使われていて、標準宅地の価格を出して、そこから固定資産税の場合は、路線価をそれぞれ比準表を使って査定するのですが、標準宅地の鑑定評価について、固定資産評価基準の中の経過措置として地価公示の7割を目途とすることが決められており、それは不動産鑑定士の鑑定評価の価格を活用することが規定されています。

固定資産税については、全国で40万地点ぐらい標準宅地がありますが、全てを不動産鑑定士が鑑定評価をやっていて、そこから先の路線価なり各画地の計算については、市役所がやるとか、あるいはコンサルタント会社に依頼することは可能ですが、標準宅地の価格に関しては鑑定士が行うことになっています。各標準宅地ごとに鑑定評価をバラバラにやっているので、バランスの悪い価格が出る可能性もあるのですが、各都道府県が主導的に市町村をグループに分けて、鑑定士を集めて会議を開き、標準宅地の価格の均衡化をはかっています。

したがって、土地評価額の算定のあり方については、ぜひ損失補償基準の中の土地評価事務処理要領の第10条、第15条あたりの見直しを検討していただくことが、現実的にうまく回るアイデアではないかと考えています。

門間　伊藤先生のお話の後半の部分は、やはり考えなければいけないと思っています。現在、国も用対連もそうですが、実務上は、原則としては、標準地比準評価法で行うと一応基本線が出ている中で、では、標準地はどうやって評価するのかというと、これもやはり、基本的には、取引事例比較法でやりなさいと。さらに、起業者が独自評価をしたものを不動産鑑定士から鑑定評価をとって、それを突き合わせて、開差はどれぐらいあるのかないのかを検証して標準地価格を決定していくという実務が、国も用対連も実施されていると思うんですね。これはかなり前からの実務ですから、その後に個人情報保護法とか非常に厳しい制度の中、実務のやり方と実態が合っていないのかも知れません。

過去に多少緩やかな時代には、不動産鑑定士に標準地を評価していただいて、その中身を分析して、実務上着手しているケースがよくあったんです。今それができないとなった場合には、やはり標準地の評価、取引事例だけでやるのはなかなか難しいとすれば、他の方法でいいじゃないかとも思います。実務上は、収益還元法とか原価法を使ってやるのは非常に困難だとなると、今の土地評価事務処理要領をはじめ国、用対連の実務の運用について、少し立ちどまって見直してもいい時期に来ているのではないかなと思っています。

要するに、標準地さえ決めてしまえば、あ

とは土地評価比準表とか物差しがあり画地計算がいろいろできますが、標準地の評価については、どうしても事例収集ができないということであれば、やはり、不動産鑑定士にお願いして標準地を決めて、あとはそれをベースにしてやっていくのが一番時代に合っているのかなという気はしています。

取引事例比較をやれといっても、我々は、取引事例を収集することが事実上できないし、不動産鑑定士にお願いしても事例をいただくこともできないとなると、やはり、今の実務の運用を少し緩和するなり、何か工夫が必要なのではないかと感じています。

藤川　用地取得業務における土地評価については、一方で、職員の土地評価に関する能力を維持していくためには、ある程度の負担は必要ではないかとの意見もあります。個人的には、やはり一番重要なのは、万一収用裁決に際して評価額に争いが生じた場合でも、実勢と比較して問題ないとしっかり主張できるような仕組みを官民連携で効率的に維持していくことだと思っています。時代の変化等を踏まえ、土地の評価のあり方についても、いろいろ具体的に議論していくことは大変重要なことでしょう。

那波　我々は今でも、土地評価を受注した場合には、鑑定された鑑定士と密接に打ち合わせをしながら、キャッチボールをしながらやらせていただいているのが実情です。

鑑定士との関係について言えば、先ほど伊藤先生がおっしゃった用地アセスぐらいの段階から鑑定士のアドバイスを受けて、全体を見通してどう鑑定をしていくかを最初に考えるというのが一番重要なことであろうと思っています。多分一番苦労しているのはそこだと思うんです。地方ではまだ地価が下がっていますので、上がっているときと同様苦労をしています。そのあたりはもっと鑑定士と相談させていただきながらやっていくのが一番いいのかなと感じています。

藤川　鑑定士からいろいろアドバイスをもらうに当たって、契約方式とかの課題はありますか。

那波　用地アセスメントの段階に鑑定士も参加していただくためには、アセスの中にそういうことを盛り込んでおいていただくとかはあるかも知れません。

門間　そうした場合には、補償と鑑定と業務内容が一体化してきますので、用地ＪＶについても本格的に検討していく必要があるでしょう。

伊藤　例えば、都市再開発の業務の中では、設計会社とのＪＶは実現している話です。一部分だけ入って、その場面だけ作業に参加するというのはよくなくて、最初から全体の中で仲間に入ってやるという扱いであれば、対応は可能ではないかと思います。

若手の人材育成をどうするか

藤川　ここからは、用地行政における環境整備のような話に移りまして、まず、若手の人材育成の話をしたいと思います。若い人が少なくなっていく時代で、例えば、地方整備局でも少し前よりはしっかり若手を採用するようにしているけれども、そうはいっても、昔のようにたくさん採用するわけにもいかなくて、少数の若い人をどうやって育成していくかが大きな課題となっています。

用地に関しては、女性職員も含めまして、まず用地はおもしろそうだと思ってもらうことが重要でしょうし、職員から職員への伝承だけでは最近の若い人はちょっとついていけない部分もあるでしょうから、業務のシステム化・マニュアル化等の推進も必要ではないかと思っています。行政の用地職員の人材育成についてコメント等があればいただきたいのと、それぞれの業界における若手の育成についてどう考えておられるのか、お聞かせいただければと思います。

門間　行政側の人材育成について言えば、外部委託がかなり進んできて、分野によってはかなり定着してきており、これから、直営で全部やっていく時代はもう来ないと思います。すると、これだけの外部委託が定着した中で、行政の用地業務はどこに力点を置くのかというと、外部委託した成果品というか、例えば、移転の考え方だとか、機械設備の補償の考え方、特に、最近は、非常に用対連基準とか細則がきめ細かくなってきて、減耗分の話とかいろいろ新しい考え方がどんどん入ってきていますから、そういう専門的なところでコンサルタントから出てきたものを分析する、この精度監理能力を高めることがあります。

また、用地業務全般のマネジメントをする能力を高めることがあります。いわゆる調査、算定などは外部委託でやっていますから、それをベースにしていかに適正で円滑な用地取得をマネジメントしていくかということです。

補償コンサルタントとしての人材育成ですが、やはり現場業務を中心とした個別専門性の高い人材育成ということで、日々の自己研鑽はもちろんですが、せっかく補償業務管理士という資格制度ができているので、今全部で8つの部門があるようですから、これらを全部取得できるような研修も含めた職場環境を整備していきたいと思っています。
また、今年からスタートした補償コンサルタント協会が創設した補償コンサルタント継続教育、いわゆるCPD制度があります。確か5年に1回でしょうか、更新するときまでにある一定のポイントがないと更新を受けられないという非常にプレッシャーのかかるものですが、それを1つの目標にして職場環境を整備して、研修とかいろんな自己研鑽も含めてやれるようにしていきたい。日々の仕事をやりながらですから、時間の配分とか意識改革等々も含めてやらなければいけませんが、これからは、そういう新しい制度を視野に入れながらいろいろやっていきたいと思っております。

那波　補償コンサルタント会社の人材育成ということでは、まず、補償コンサルタント協会の資格制度はあると思います。この業界では、実務をやっていると物件調査とか土地調査には詳しくても、収用法とか、いわゆるゼネラリスト的な全体の知識がえてして乏しくなるものですから、資格制度は、かなりきちっと勉強しないと受からないですから、自己研鑽、個人の資質を上げていくという意味で大変よい効果があります。
他方、当協会も年に数回は全員を集めて用地研修を実施していますが、やはり、一番ノウハウと事例がたまっているのは、地方整備局の用地部だろうと思います。やはり、この世界は、自分が経験していなくても、過去の事例なり、経験なりのノウハウを持っている方から教えていただくことが重要ですので、可能であれば、行政とコンサルタント協会との合同の研修会のようなものができたらいいのかなと思っております。

それから、担い手という意味では、このところ新人を採用する会社は少なく、この十数年間は毎年1歳ずつ平均年齢が上がってきている状況です。他方、最近は、景気の回復傾向が見られるようになり、逆に、募集してもほとんど人が集まらないという状況になっています。こういう中で、中間貯蔵施設、熊本での建物の解体、それからコンパクトシティなど、いろいろ補償コンサルタントに関して新たな業務が出てきている、補償コンサルタント会社がいろいろ活躍しているというPRをもう少し積極的にしていかないといけないのではないかと思っています。

もう1つ、女性の活用では、この業界は極端な男社会で、工期の前ともなると、昼夜・土日休日も関係ないという状況になるため、子育て中の女性はなかなか居付いていただけないので、そこは経営者として改善しなければと反省しております。これからはもっと女性を活用していかないと、若い男の人だけを採ろうとしても無理に決まっているわけで、若いだけではなくて、それなりの年齢の、それから、主婦から再就職するような女性も含めて活躍していただかなければいけないので、そのあたりは、我々も自戒を込めて労働環境を変えなければいけないと思っています。

伊藤　那波副会長が指摘された合同研修には全く同意見で、お互いに切磋琢磨するなり意見交換することがとても大事だと思います。実際に、関東地方整備局の用地担当と鑑定士協会の関東甲信会とは意見交換会、勉強会を継続的にやっているところで、こうした会合を全国で広めていけばよいと思います。

担い手についても、私どもの業界も全く同

じような悩みを抱えており、将来を考えるといろんなアピールをしなければと思っております。

「用地」を発信する

藤川　貴重なご指摘をありがとうございました。若い人、女性にも入ってきていただかなければなりませんから、アピールとかは一挙にすごいことができるわけではありませんが、官民が連携して一歩一歩着実に取組みを進めていくことが重要ではないかと思っています。用地交渉は、事業が動いているときはあまり目立つというのは難しいかも知れませんが、少なくともプロジェクトが終わった後に、こんなに頑張ったとかいう体験談も含めて、いろいろ世の中に発信するという余地があるのかなと思います。

最近、業界雑誌の「日経コンストラクション」で用地業務の特集が組まれましたが、関連行政分野、関連業界等とも連携して、さらに、一般誌的なメディアにも紹介されるようにやっていきたいものです。私たちの世界で常識となっている、「公共事業で用地が終わったら8、9割方が終わったものだ」ということも、世の中の人は知らないのではないでしょうか。最近は、特に、適正かつ円滑な用地取得が行われていると思いますが、こういうことも情報発信しないと世の中には知られないでしょう。

門間　昨今、我々は用地交渉なり、権利者とお相手をするときに、高齢者や女性が、特に、賃貸マンションなどでは独身女性が権利者になるケースが非常に増えてきています。その際に、武骨な男が2人でピンポンではプレッシャーがかかりますから、せめてペアの2人のうち1人は女性がいるといいなと思います。起業者の方から、できれば女性に会うときは女性職員を同行するようにと要望されることもあります。だから、私は女性の用地交渉チームが1班なり2班できるような形になれば非常によいなと思っていて、今、まさに女性活躍社会というときにこそ何か工夫をしなければいけないないなと思っています。

ただ、用地交渉の時間等は、どうしても権利者の都合で、休日とか夜の不規則な状況であることは多分変わらないと思うんですね。そうすると、女性の働き方からすると非常に難しい面はあるのかなと。だったら、きちっと代休をとるとか、フレックスタイムを導入するとか、そういう工夫をしながら知恵を出して女性を活用することが、非常に今必要なのかなと思っています。

そのためには、本誌平成26年9月号でも取り上げましたけれども、用地に携わった女性だけの座談会とか、若い人にだけ集まっていただいて雑誌で紹介をするとか、そういう企画をするなどPRをやっていきたいと思っています。

藤川　東京都の用地部局は、女性職員が4割以上いて、バリバリ働いておられます。先般、いろいろお話しをうかがったのですが、非常に長い歴史があって、女性が半分程度いることが当たり前という状況のようです。このような状態になるまでには、様々な工夫も講じられておられますので、機会があれば、様々な用地部局が横串で、若手、女性参画について、いろいろざっくばらんに意見交換してみるのもいいことではないかと思います。

門間　それから、これは何度も要望されている補償業務管理士の国家資格化の話ですが、いろんな難しい課題があることは承知していますが、これからの女性も含めた若い人に、夢を与えていく観点からも、大いに議論していくべきではないでしょうか。

那波　私は建設業界全般を絡めて、もう少し世の中にアピールしていくのがよいのではないかと考えています。例えば、世間が興味を持つ中間貯蔵施設の中で何をやっているのかとか、高台移転の中で何をやっているのか、熊本の大震災復興では今何をやっているかなど、直接、用地をということではないけれども、補償のノウハウを使ってこういうことをやっているとかが少しでも記事に取り上げられれば一番いいですね。

この業界は地味にやってきた面があり、そういう努力というか発想が余りなかったのではないかと思いますので、行政とも連携しながら、女性とか若い方に対してアピールをしていくことが、今大変重要になってきていると思っています。

官民連携についての要望、抱負

藤川　ぜひ、官民が連携して、用地について世の中に発信していければと思います。

最後になりますが、座談会の締めとして、行政に対する要望や、今後の抱負について、お話しいただけますでしょうか。

門間　まず、要望としては、我々が今、用地業務で国とか地方公共団体のお手伝いをしていて、権利者の方の高齢化という課題に関して2つ悩ましいことがあります。1つは、補償金が入ったことに伴って福祉サービスの制限が出てくることです。医療費の問題あるいは介護保険料、介護施設の利用料とか、それらの負担が増加するケースも多々あって、用地交渉の中でそれが非常に隘路になってきています。いわゆる公共的な事業に協力したのになぜ福祉に関する負担が増えるのかということです。これは多分、業界だけではなくて、各起業者からも要望が出ている話ではあると思いますが、特に最近、高齢の権利者が多くなってきていることを踏まえると、喫緊の課題になってきています。

もう1つは、高齢化に伴って、どうしても意思能力の低下が避けられないということです。用地交渉で、意思能力が低下している方を相手にするとなかなか難しいということで、当然、成年後見制度を活用することになるのですが、ここで悩みなのは、やはり成年後見制度を活用するためには、裁判所に申し立てをするとか、専門家にお願いをするとなると当然費用がかかるということです。通損補償においてこの費用をどのように整理するか。特に、都市部で補償金がある程度入る場合は説得できるんですが、地方の場合には、土地価格が低ければ補償金が少ないわけですね。そうすると、ますます費用の負担は厳しいという話がよく出ますので、ぜひ整理をお願いしたいと思っています。

それから、高齢化社会とは別に、所有者不明の土地を買収するときには、どうしても財産管理制度なり、あるいは相続関係が絡むと相続財産の管理制度になりますが、これも同じように手続きの費用がかかるので、その費用をどう整理するかという問題もあります。

さらに、今たまたま東北の復興絡みで事業促進のＰＰＰと言われる官民連携のものをやっています。これは事業管理とか、調査設計とか、用地取得とか、施工とかを民間のプロ集団でやっていくというものですが、これからも日本列島はいつ災害が起きるか分かりませんので、災害とか、その他の例えば、次期オリンピックのような大型プロジェクトが入ったとかいろんな要素があったときには、ぜひ事業促進ＰＰＰをできるだけ活用していくことをお願いしたいと思います。

加えて、先ほどちょっと話題になりましたが、我々補償コンサルタント業界は、現場を中心とした専門性の高い個別分野ごとの集団が多いので、土地調査に強いところ、機械に強いところ、あるいは土地評価の悩みがあるときは鑑定士にも一緒に入っていただくという形で、用地関係のＪＶの活用を幅広くできるようなことを少し工夫していただくとよいのではないかなと思っています。

最後に、国交省は用地アセスメント業務ということで、マネジメントの重要施策として大分ＰＲされましたが、思ったより発注が少ない状況です。地方公共団体のほうに用地アセスメントの話を持っていきますと、非常にすばらしい、よいことだとはおっしゃるのですが、何せ環境アセスと違って用地アセスは定着していないがゆえに、補助対象にまだならないようです。事業認可の前にやるものですから、なかなか補助対象にならないという話も聞きます。ぜひ補助対象にして、どんどん用地アセスメントが推進される環境を作ってほしいものです。

那波　まず、成年後見人は、門間専務がおっしゃるように大変重要な、特に、都市部でお金がある程度ある方に関しては比較的、直接頼むのでも、裁判所云々でもやり方があるけれども、地方ではなかなか難しいので、これはやっぱり全体で考えていくべきだと思います。たまたま当協会のＯＢ

で、ボランティア精神がある方は、補償業務管理士だけでは裁判所は認めていないから、最低限、行政書士とか司法書士とかの資格を取って、引退後に半分ボランティアでやられている方もいます。ただ、全体で考えると高齢者が非常に増えていますので、かなり真剣に対応を考えていかないと、そこが、今後の用地の大変な隘路になってくる可能性があると思っております。

伊藤　要望として1点だけ。取引事例の取扱いについては、個人情報保護法の施行に伴って非常に厳格化されており、私どもの連合会の中でも非常に厳格なルールに基づいてやっています。公共用地取得の土地評価の損失補償基準、特に、土地評価事務処理要領における標準地の評価に当たっては、鑑定士の鑑定評価をより活用できるように見直しを検討していただければと思っています。

藤川　いろいろ具体的なご提言をいただき、ありがとうございました。私が事務局長をしております全国用対連では、ご指摘のあったご提案に関連する事項を含め、毎年度、要望を取りまとめて、関係省庁に要望活動を行っておりますが、引き続き、的確に対応していきたいと思います。

少子高齢社会の中にあっても、活力ある経済社会を担えるインフラ整備の基盤として、用地業務は、本座談会で縷々お話があった官民連携の推進を含め、時代の変化に的確に対応していかなければなりません。今後とも皆様のご支援、ご協力をお願い致しまして、本座談会の締めとさせていただきます。本日はどうもありがとうございました。

座談会④

「市町村の公共用地補償業務に対する支援」

本座談会は、座談会③を発展するものとして、市町村の公共用地補償業務に対する支援に焦点を当て、土地開発公社、補償コンサルタントの幹部の方々に参加していただき、市町村に対する包括的な支援、人材育成支援等の現状・課題についてお話しいただきました。

具体的な事項としては、

- 厳しさを増す市町村の現場の生々しい実態
- 土地開発公社の包括的な市町村支援の現状と課題
- 補償コンサルタント会社の包括的な市町村支援（包括的な民間委託等）の現状と課題
- 市町村職員の人材育成支援の現状と課題

等が取り上げられています。

前記の座談会③と本座談会④では、補償コンサルタント会社が先導的に取り組んでいる包括的な業務受託の実績の進展等から、市町村によっては、包括的な民間委託等に対するニーズが高いことが確認されました。

その後、市町村等に改めてアンケート調査を実施したところ、ニーズは高いものの、優良事例や発注方法等を分かりやすく解説するガイドブック的なものがないので困っているとの声を多くいただいたことから、関東地区用対連では、現在、そのようなガイドブックの作成に向け検討を行っています。

なお、包括的な委託の推進に当たっては、ＪＶや再委託のルール化など、地元会社の能力を発揮してもらえる環境づくりも重要となるでしょう。

座談会④

「市町村の公共用地補償業務に対する支援」

平成29年12月14日 開催

荒井 英俊 埼玉県土地開発公社企画主幹兼用地課長
門間 勝 一般財団法人公共用地補償機構専務理事
藤岡 富夫 株式会社セントレック用地部長
藤川 眞行 全国用対連事務局長（国土交通省関東地方整備局用地部長）

（順不同・敬称略。なお、所属・役職は、開催当時のもの）

〈用地ジャーナル2018年6月号・7月号掲載〉

市町村の用地取得業務の現状

藤川　ただいまより、「市町村の公共用地補償業務に対する支援」をテーマに座談会を開催したいと思います。

市町村における公共用地取得については、近年、職員数の減少、職員のゼネラリスト化等により、経験豊富な用地担当職員が減ってきているということが、全国的な流れとしてあります。

実際にも、例えば、関東地区用対連の活動を行う中で、市町村から、経験がない、または、経験の浅い職員が用地担当になっていることが多いので、ぜひ、人材育成事業をはじめ、各種支援を積極的に展開してほしいとの声を多く頂戴しています。本日は、市町村の用地取得業務への支援にも携わっておられる土地開発公社と補償コンサルタントの方にご参加いただき、このような課題に関する現状、取組み、今後の方向性等について、様々な角度から意見交換をしていきたいと思います。

まず、最初に、それぞれ業務を行われている中で、市町村の用地取得業務の現状についてお話をいただきたいと思います。

土地開発公社の取組みの現状

荒井　埼玉県土地開発公社での市町村の用地取得業務への支援は、用地取得に関する相談・助言や、交渉業務の代行が中心ですが、中には事業を立ち上げるに当たっての体制づくりに対する助言等を求められることもあります。

その中で感じるのは、今日の市町村には、用地交渉経験が豊富な職員が少ないためか、用地の進め方を実際どのようにすればよいのかとか、権利者等に対してどのような話し方で臨めばよいのかなど、基本的な点に不安を感じての支援依頼が多いことです。また、用地の専従者や経験者が在籍されていても、用地交渉業務をすぐに行える人数が少ないことから複数事業を同時並行で進めることに対応するため、当公社に対し支援依頼が来ることも多いようです。

そのことにも関連しますが、もう一つ、市町村をめぐる予算の手続きについて補助事業では、埼玉県の場合、県から9月末から10月上旬にかけて予算執行の可否判断が求められるため、市町村の担当者からすると国や県と比べ当該年度の予算が執行できるか否かの判断をするための期間が短いように思います。また、やむを得ず当初予算の増額変更が必要となった場合、箇所ごとに承認を得ているため、財政課との協議や議会の手続が必要となり、時間を要します。

大きな事業は交付金を活用していますが、事業費が不足しても単独費の補塡が難しく、そのような厳しいタイムスケジュールで用地行政を行っています。

例えば、物件調査に入った時に、相手がどのような場所に移転を希望されているか、場合によっては構外移転という認定で予算取りをしたとしても、隣地に三者契約で代替地を取得するような話になると、補償内容の変更はもとより、調査自体ももう一度必要となる場合があり、新たに予算を集めなくてはなりません。また、補正予算の対応を含め大変な作業が必要となります。市町村に用地交渉経験が豊富な職員の方が、不足しているのは確かですが、このように、市町村の用地取得については、予算設定時においてもより先の結果を見据えた対応が必要になり、地権者対応に不安を感じることにもつながっています。そうしたことも含め相談に来られることが多くなっています。

藤川 予算管理を含めた用地取得のマネジメント業務が、非常に大変になってきているということですね。

荒井 また、人手不足は市町村だけではなく、補償コンサルタントも同様に感じております。市町村では、補償コンサルタントが調査・積算した金額を踏まえて予算要求を行い、予算が確保されると「公社さん、今回この事業でこれだけ予算が確保できたから、この地権者に行ってください。」と成果品を渡されるのですが、成果品を見て精査したときに、内容が不明なところが出てくることもあります。そのため、業者さんに説明を求めても、なかなか明確な回答が得られず、場合によっては、再積算となり、予算執行が難しくなることもあり得るわけです。

藤川 用地補償は非常に複雑ですが、これまで、官民を含め、経験者に支えられてきたものが、もし経験者が欠けてくると、場合によっては、大きな混乱が生じる恐れもあるということでしょうか。

荒井 市町村事業で計画的に迅速な用地取得を行うためには、官民を含め経験者育成の必要性を強く感じております。

藤岡 市町村は、業務委託で物件調査・積算とか土地評価に関する業務を発注されていますが、その成果品を受け取ってから、その内容について十分なチェックをされていないのではないかと思われることがあります。

チェックを実施する必要を感じておられないみたいで、成果品を受け取ると、算定された補償額を契約書に記載して、そのまま契約をしてしまうことがあるようです。そして、会計検査を受けるときになって、「どのように対応しようか」ということになり、当社で受注した業務の中には、会計検査を受ける前になり初めて成果品のチェックを実施するというものもあります。

それは、補償の内容についてチェックすることのできる技術者が少なかったり、チェックする時間がなかったりという場合が多く、これをカバーし、正確な補償を行うには外部の技術者により確実なチェックが実施できるような発注システムも整えていく必要があると思っています。

藤川　国土交通省の直轄事業では、事務所の執行体制を踏まえ、必要な場合には、調査点検業務も発注し、成果品のチェックをしっかりやっていますが、市町村ではあまりやっていないのですね。

藤岡　はい。当社では、用地補償総合技術業務を受注すると、まずは、補償額算定書の照合（補償額全般のチェック）を行ってから用地交渉に行きます。よって、実施させていただいた用地補償総合技術業務は、当社で補償額全般のチェックをしています。

門間　公共用地補償機構でも地方公共団体、市町村をお手伝いするケースもありますが、全体的な体制を見ると、国交省の最近の調査では、約6割の市町村には用地専門の部署はなく、さらに、人口規模5万未満の市町村では、8割以上が用地担当課あるいは用地職員が配置されていない実態があります。私どもでいろいろサポートしている市町村でも、用地担当課が設置されているところはほとんどなくて、道路とか河川とか、事業担当課に案件ごとに技術の方が1人配置されるというケースがほとんどで、それで用地業務を行っているのが一般的です。

土地や物件の調査算定業務は、地元の補償コンサルタントに委託し、用地交渉は機構に委託することが通常ですが、困ることは何かというと、交渉前に、当然ながら補償の考え方・補償額について適合審査、精度監理を行って、疑問点があると、市の方に修正等をお願いするのですが、それがなかなか戻ってこなくて、交渉に入れないことがあります。用地の工程管理がなかなかできないのです。

また、補償機構では、比較的都市計画事業の街路事業をお手伝いする機会が多くありますが、その場合に、補助をもらうために事業認可という手続きを取り、その時点で収用権が付くわけです。技術担当の方は、補助金が付いてやれやれと言ってスタートするけれど、収用権があることを知らないケースもあり、時々、収用法上の支払請求とかが出てくるとあわてて駆け込んでくるといったケースもあります。さらに、首長が、土地収用の手続きはしないと宣言した事業に限って難しい案件が残るケースがあります。実際に起業者が収用手続には消極的であったんですが、支払請求、いわゆる逆収用があった例もあります。

以上のように、いろいろ課題があって、市町村の用地取得の現状には非常に厳しいものがあると常々感じています。

藤川　生々しい実態ですね。土地収用法の事業認定と、都市計画法の事業承認・認可との関係については、実務としても非常に興味深いテーマですが、意外と、学識経験者ですら、都市計画法の事業承認・認可の意味合いを知らない人が多いですね。

藤岡　門間さんが話されたとおりで、私も県や市町村にお邪魔をするときには、できるだけ現状を説明するため手づくりのパンフレットを持参するようにしていますが、地方自治体では、専門技術力のある用地の担当者不足が共通した悩みのようです。

併せて、用地補償総合技術業務のような支援業務を発注するための測量及び試験費の予算確保は、地方議会の承諾が得られにくいようです。なぜかと言うと、市町村には、すでに用地課があったり、用地の担当者がいるではないかといった理由から、支援業務を発注する必要がないとされ、測量及び試験費予算の確保が非常に難しいという話を聞きます。このように、専門職員が少なく、かつ、外注も難しいことから、市町村では、事業用地の取得が円滑にできないという悩みもあります。

ある市町村では、技術の担当者が自ら関係権利者と用地交渉を実施して土地を取得し、自分で工事を施工する等、用地交渉から工事施工まで一括してやるみたいなやり方をされている市町村も結構ありました。

さらに、これまでは厚生とか福祉、教育等の業務に長く携わっていた方が、「つい最近用地課へ配属されて来ました。用地の仕事をやらされているけれど、よく分かりません」とおっしゃる方も多くいらっしゃいました。「損失補償基準」はご存知ですかとお聞きしても、「損失補償基準」って何ですかと全くご存じない方もいらっしゃいました。そんなわけで、市町村を訪問するときには当社のパンフレットと、「用地補償実務六法」を持参して市町村の担当者の方に御紹介しています。そうしないと、「用地補償実務六法」があることすらご存じなく、損失補償基準をご理解いただけないこととなってしまいます。

当然のことながら、補償額算定書を成果品として受け取ったにもかかわらず、算定内容が分からないのでチェックすらしないで用地交渉を実施し、売買契約まで締結してしまうということもあり、果たして関係権利者に十分な説明ができるのかなと危惧されます。

藤川　個別の補助事業については、会計検査院から補償に関して指摘を受けることも結構多いようですね。また、最近、不慣れな職員が収用手続をやったら、手続きを誤り、やり直すことになって、処分を受けたケースもありました。

藤岡　中部地方の自治体では、数年前まで公共補償の事例とか建物の移転工法認定の関係とかで会計検査院からの指摘を受け、その処理方法について相談を受けたことがありました。県市町村の用地担当の方々も会計検査に直接対応され、困ってしまう場合もあるようです。

藤川　国土交通省の地方整備局は、各種補助事業も担当しているわけですが、補助事業の適正な執行という観点からも、市町村支援は重要と言えるでしょう。

土地開発公社の支援・業務受託の取組み

藤川　全国的に見て、土地開発公社は、バブル崩壊後の塩漬け土地の問題への対応や、自治体の外郭団体の改革の流れの中で、廃止・縮小されたものが多いのではないでしょうか。

他方、用地取得ノウハウを持った職員をかかえ、行政の公共用地取得を補完する組織としての意義は、引き続き、非常に大きいものがあると思います。例えば、当方の関東地方整備局の直轄事業について言うと、都県により、土地開発公社がしっかりあるところと、そうでないところがありますが、本日来ていただいている埼玉県を含め、しっかりした土地開発公社がある都県では、事務委託方式で一定の協力をお願いすることができるので、やはり、用地取得の推進力が違ってきます。

埼玉県土地開発公社では、国や県からだけではなく、市町村からの業務受託も積極的に行っておられますが、市町村からの支援のニーズや、ニーズを踏まえた具体的な取組みについて、ご紹介いただけますか。

荒井　埼玉県土地開発公社では、平成23年から市町村支援の積極的な取組みを始めており、市町村の事業計画や用地職員の有無などを踏まえて、用地取得の一連の事務手続や用地取得上の課題等の助言を行うなど、市町村事業の補完・支援を行っております。

こうした当公社の取組みを理解していただくために、最近、市町村長をはじめ事業担当部署の職員に対して、個別に説明を行っています。また、市町村道路・街路事業担当課長会議や県土整備部の県土整備部合同市町村等派遣職員の連絡協議会の場を使って、公社業務内容の説明を行っています。

主な業務としては、公社資金を活用して、用地測量、物件調査、用地交渉、契約事務、土地登記、土地引渡し、支払い等を行う一連の業務を代行買収者として実施し、次年度以降の起業者による買戻しまでの一連の用地取得業務です。国土交通省から受託している国庫債務負担行為による先行取得もこれに当たる業務です。最近多くなってきているのが、起業者の用地取得予算で契約するあっせん業務という形です。これは、市町村が予算を措置して、公社が市町村から受託して用地交渉を行い、契約等の事務手続書類を揃えて市町村に納める。引渡しについても、支払える条件かどうかを確認して報告するといった業務です。

また、土地開発公社を廃止した市町村、土地開発基金や用地特会といった枠がない市町村から、予算措置が間に合わないなど、緊急に用地取得が必要となった場合に、公社の資金を使って支払いのみを行う支払債務履行引受業務もございます。

10年程前は、1～5市町村と協定を結んで事業を行っていましたが、平成23年から公社業務内容の説明を始めたところ、公社の取組みをご理解され、各市町村や一部事務組合から多く問い合わせをいただいております。公社では、できる限り支援や補完を行いたいと考えており、あっせん業務に重点を絞って、機動力を持って取り組んでいます。現在では、市町村の関係だけで12市町1組合と協定を結び、用地取得業務に関わっています。用地取得業務の一環として、用地測量や物件調査も含めて依頼をいただくことがありますが、公社がその業務に携わると、内部事務で時間を要してしまい、用地交渉にアプローチできないところもあるので、その辺は公社状況を理解していただき、起業者側で行っていただくことをお願いしています。これらの業務の発注にあたってどのように積算すればいいのかといった質問等がある場合は、企画担当や、用地担当がそれぞれ相談対応させていただいております。

さらに、土地収用法の関係のお話がありましたが、公社は、現在、あっせん業務に特化しているため、収用に対する収用図書作成等事務は行っていませんが、「調査の立会いや、何かあったときの権利者対応のために同行してください」とか、「収用裁決の直前までの任意交渉等、状況が変わっていないだろうかというところも確認してほしい」という要望もございますので、収用対象者への交渉には従事させていただいています。それから、用地取得業務以外にも道路築造工事等も一緒に委託したいという相談を受けることが間々あります。当公社は、平成17年から埼玉県道路公社と事務局を統合しており、技術的なノウハウも備えているので、対応を検討させていただいております。

近年の市町村支援の中で多くなってきている業務として、現在、埼玉県では、平成27年10月の埼玉県内の圏央道全線開通を受け、その交通網や地域性を生かして、埼玉県企業局が一定面積規模の産業団地整備計画を進めております。市町村は、事業用地の用地交渉を企業局から受けて、公社は、市町村の依頼に基づいて支援を行っております。市町村職員と公社職員で1ペアを組み、相互に補完しながら交渉を行っております。市町村職員は、土地利用に関することや、産業団地整備事業についてなどの計画や事業部分について説明を担当し、公社職員は、土地売買に関することや、税制面、代替地のルールなど、土地の売買に係る優遇制度等の説明、難航者に対する説得を担当するといったような業務を行っております。

藤川　その産業団地の事業は、あっせん業務で話された12市町1組合の外ですか。

荒井　内になります。あっせん業務の13件のうちの4件が産業団地関係となっています。通常の公共事業の買収とは違い、事業施行者は埼玉県企業局ですが、事業用地の取りまとめは各市町村が行います。アンケート調査等の意向を踏まえ、買収計画を絞り込み、関係権利者から合意書の取りまとめを行います。その上で市町村と県で協定を結び、県の予算により土地売買契約を締結し、土地を取得するといった手法により行っております。市町村では、当該整備計画を産業団地による雇用創出や地域の活性化等になる重要事業としており、公社としても支援している状況です。

藤川　収用権が付いた事業ですか。

荒井　付された事業でないため、事業用地を絞り込む以前に行う意向調査時に用地取得時の諸問題の把握が重要となっています。

藤川　一番中心のあっせん業務ということですが、場合によっては、川上段階の用地マネジメント等から、いろいろお手伝いをされることはありますか。

荒井　現在、主要となっている業務形態は、あっせん業務ですが、実際、業務に着手してみますと補償の内容であったり予算上の問題があったり、また、各市町村の個別事情もあったりと思うような進捗ができないケースもあります。

藤川　できれば、早目に相談してもらった方がいいのでしょうか。

荒井　公社の用地担当が現場に入る前年には、市町村等で公社委託事務費等の予算が計上されると思いますので、用地取得年度に進捗がスムーズに行えるよう、協定締結を行う前年度の打ち合わせ等で、早めに相談いただけたらと考えています。

藤岡　国交省でいう事務委託みたいな制度ですか。

荒井　そうですね。

藤川 用地補償総合技術業務にも近いですか。

藤岡 そんなに変わらない。だけれども、用地補償総合技術業務は、関係権利者の特定とか補償額算定書の照合等用地交渉のもう少し前の段階から実施します。国交省の事務委託は、基本的に用地交渉が中心になっていますよね。

藤川 用地説明業務プラスアルファですかね。

藤岡 そんな感じです。国交省の用地補償説明業務に近いのかもしれませんね。

藤川 少しフィーをもらって、もう少し川上からアドバイスするということは、しないのですか。

荒井 事業の内容を把握する上で、用地測量や物件調査等から事業に係わる公社用地職員も平成29年度現在、10人体制で30以上の業務を受けておりますので、用地担当の業務としては、主に用地交渉業務が主体となっております。

藤川 先程、用地測量とか物件調査の発注に関するアドバイスもされるとのことでしたが、これは、単発的な相談への対応ですかね。

荒井 公社に用地取得の依頼がある市町村等から、物件調査の発注について相談を受ける場合もあります。その場合は、協定締結のための事前準備打ち合わせとして企画担当が対応し、アドバイスをさせていただいております。できる限り多くの市町村等の事業を支援させていただきたいと考え、用地担当を用地交渉業務に従事させることができる体制を整えております。

藤川　収用のアドバイスの方は、どのようなものですか。

荒井　収用手続の開始前から行っている用地交渉の延長として関係権利者との対応等について引き続き依頼を受け支援を行うこともございます。

藤川　事業認定や、裁決申請の支援みたいなものまではやっていないのですか。

荒井　それはしていません。

藤川　アドバイスを求められることはありませんか。

荒井　収用図書作成等を受託することはしておりませんが、関係権利者との対応等に携わらせていただいておりますので、収用委員会事務局や収用図書作成等の打ち合わせに同席をすることもあります。

藤川　公社さんの市町村支援の内容については、だいたい理解できました。他の方から、何か質問等があれば、お願いします。

藤岡　今のお話で魅力を感じたのは、資金の機動力をお使いになって、支払債務という業務を実施されているということでした。一時期、先行取得を幅広く行ったため、土地開発公社に保有土地が増加し、一般に言う「塩漬け土地」みたいな話がありました。土地価格の上昇変動の少ないこの時期に、資金の機動力を生かして先行取得をするというのは、昔と違って効果が求められるのでしょうか。

中部地方でも、土地開発公社という組織の縮小や廃止が図られ、その結果、各県には残っているけれど、多くの市町村には公社組織が存在していないような状況です。また、中部地方の県土地開発公社は、市町村の事業用地の取得にあまり関与されていないと思います。しかし、埼玉県土地開発公社のように、県の土地開発公社が市町村の事業を支援することのできるシステムがあれば参考にされればと思います。土地価格の上昇が見られない時期であっても、資金力を活用されて事業用地を一括取得するなど特別の事情がある場合には、事業に要する資金の準備がされていない事業用地を事前に買っておくことも決して不合理ではないので、うまく支援業務として活用できればなという感じがします。

荒井　公社資金を活用していただいている市町村の事例としては、市町村でも土地開発公社がないところもあり、都市計画区域内においての相続や自己都合での土地の買取希望の申出があった場合や、補助事業での安定した予算執行のための先行取得として公社資金を活用していただいております。また、公拡法の買取団体に公社も手を上げることができますので、事業の必要性を検討した上で公社の用地担当に余力がある場合は、取得一連業務で受けることも可能かと思います。

藤岡　それは開発基金から借り入れるのですか。

荒井　開発基金という形ではなく、一般の市中銀行から借入れにより調達することになります。

藤川　いずれにしても、この話は、交渉とかじゃなく資金の話で、土地が出たのをぱっと機動的に買うということですね。

荒井　支払債務としての依頼には、市町村に予算がなく買取希望の申出等があった場合の緊急的な対応が多いようです。

土地開発公社の今後の課題

藤川　そのような市町村支援の積極的な取組みをされていて、今後とも、公社の事業の柱の1つになっていくのではないかと思いますが、今後、展開を図っていく上での課題などについて、お話いただけますか。

荒井　土地開発公社は、全県下が対象であり、行動範囲が広く、移動時間も多くかかるのですが、それを用地職員10人で対応している状況です。担当をなるべく地域分けで効率的に事業に当たれるように配置しており、用地職員の勤務体制については、フレックスタイムを導入して職員の健康上の配慮も行っています。しかしながら、最近、事業が急激に増えてきていることもあり、様々な団体の働き方とか制度を参考にしながら、変えられるところがあればと考えているところです。

公社の用地担当の用地経験年数も20年前後というベテランで構成され、その反面、平均年齢は50歳を超えているのが現状で、今後の業務執行体制の整備や用地取得のノウハウの継承が課題となっています。市町村も用地職員が少ないと言っている中、公社でも高齢化が進み退職する職員が出てきていますので、今後の職員の育成について考えなければいけないところに差しかかっている状況です。

また、組織を考える重要な要素として、公社は特別法人のため、毎年、企業会計によって決算を行っている点があります。黒字決算と市町村支援は中期経営計画の柱の1つという形になっていますが、以前は大規模事業も多かったため、用地補償費の3％程度の事務費でも十分採算が取れていましたが、市町村の現道拡幅や小規模事業では、なかなか採算が取れないのが現状です。一方で、黒字を多く確保することが私どもの使命ではないため、赤字でなければ問題ないというところもあり、できる限り頑張っているところですが、独立採算性を求められているため、今後は、採算の取れていない事業について実費分の負担をお願いすることも検討しているところです。

藤川 関東地整の直轄事業でもいろいろお世話になっていますが、市町村支援事業はやはり細かいのがたくさんあるという感じですか。

荒井 やはり国事業や県の事業と比べると規模は、小さくなります。

藤川 産業団地関係の大がかりな取得事業以外で多いのは街路事業ですか。

荒井 街路事業も多く受託しています。市町村の事業ですと、一路線で400mから1km規模の業務を7事業受けております。

藤川 予算の上限がだいたい決まっていて、その範囲内で徐々にやっていくみたいなものが多いのでしょうか。

荒井 補助事業となると当初6,000万円の用地補償費を要求しても、補助額が確定する年度当初には決定されて内示された予算額が、3分の1といったこともありますので、予定していた地権者にあたることができきず、予算ありきの交渉になっているところもあり、事業期間が長く必要になります。説明会を行ったのはよいが、なかなか事業が進まないこともあります。

藤岡　そのようなあっせん事業の場合の事務費は、事務費率で決まっているのではなく、その都度、事務費を決定されているんですか。国交省で実施されている用地国債や事務委託の場合は、先行取得者による事業用地取得の出来高に対し事務費率を掛けた上で決定することとなっています。

荒井　公社の業務方法書により定率で定められています。

藤岡　国債による先行取得の場合は、そのような形で事務費を受け取っていらっしゃると思いますが、市町村はそうではないのですか。

荒井　公社の事務費は、原則、用地取得等に係る一連の業務で事業費の合計額の3%〜7%、支払業務のないあっせん業務で、事業費の合計額の2・5%〜6・5%、支払債務履行引受事務で、事業費の合計額の0・5%〜0・7%と事務費率が定められています。現在の協定では、事務費率の幅はありますが、一連で3%、あっせんで2・5%と料率の最低の事務費で受けております。

藤岡　やっぱり事業用地取得の出来高に対して何%という事務費率で事務費が決まってくるわけですか。

荒井　そうですね。

藤岡　出来高を上げないと全くだめなのですね。

荒井　そういうことになります。国事業や県事業のような大規模事業や市町村等の新設事業ですと出来高が見込めるため、低率での受託も可能ですが、残件の対応や現道拡幅になると難しいのが現状です。

藤川　その他のいろいろなアドバイスとかは、概ねボランティア的に対応されているということですか。

荒井　いずれにしても、用地取得をめぐる問題点や取得方法等についての相談を受けることも中長期的な観点から重要であると考えています。

藤川　アドバイス部分について、少しでもフィーを取っていくというのは、難しい感じですか。

荒井　市町村支援を行っていくに当たって、今後の課題になりますが、事業内容によって見直しの必要性を感じております。

藤川　まあ、本来業務の方でトータルで赤字にならなければいいわけですから、先を見据え、人材育成の観点も含めて、ボランティア的なアドバイザリーもやっていくということですか。

荒井　そうですね、可能な限り両輪で行っていきたいと考えています。

藤川　あと1点、市町村支援事業を含め事業を行っていく執行体制についてですが、基本的には、プロパー職員でやっておられるのですか。

荒井　基本的には、プロパーで構成していますが、2年程前から県OBの方に職員として在籍していただいております。用地経験の豊富な方に来ていただいていることもあり、即戦力として業務に取り組んでいただいております。公社業務では、国、県、市町村、また、一部事務組合等、様々な事業主体と関わらせていただいておりますので、基本的な用地業務の進め方は、変わらないようですが、予算や用地取得に対する考え方に違いを感じておられるようです。

藤川　地域ごとにいろいろ難しい話があるのでしょうから、職員の方々は大変ですね。

非常にスリムな組織で、市町村のニーズに応える形で、ボランティア的な部分を含め、市町村の公共用地取得業務を支えておられる姿勢に、改めて敬意を表したいと思います。

補償コンサルタントの支援業務の取組み（補償機構）

藤川　ここまで、土地開発公社における市町村支援の取組みを伺ってきましたが、一方で、市町村支援については、補償コンサルタントに対する期待も大きいのではないかと思います。

昔から、調査算定業務は、補償コンサルタント等の方で担われていましたが、国土交通省の直轄事業で言いますと、近年、補償説明業務、用地補償総合技術業務等、一定の用地交渉業務を含む業務の民間活用が進んでいます。このような状況の中で、市町村支援について、最近の市町村のニーズや、ニーズを踏まえた取組みについて、具体的な事例にも触れながらお話しください。

門間　補償機構で行っていることをベースにしながらお話しして、あとは藤岡部長の方からご説明いただければと思います。

補償機構では、円滑な公共用地の取得を目的としていて、包括的な用地取得支援業務、名付けて「スマート用地プランニング」と言いますが、これを行っています。

用地業務の流れとしては、用地アセスメント、それから土地の物件調査、補償額の算定、公共用地交渉、あと場合によっては、収用手続という一連の流れがありますが、これをトータルパッケージとして包括的に支援していくことを提案しています。もちろん単発で用地交渉だけ、収用手続だけでもお手伝いはしている状況ですが、比較的最近、市町村では、小さいところになればなるほど事業が急に入ったときに、用地職員を育てるのはなかなか難しいですから、簡単に言うと、用地課丸ごと外注みたいな形で行うプランを提案しているのが今の実態です。

用地交渉業務にある程度特化しますと、今の補償コンサルタント登録規程では、用地交渉業務に関係するものとしては、補償説明業務と公共用地交渉業務と大きく2つあって、補償説明業務は、ある程度一定の範囲内で説明をして、発注者によって若干濃淡はあるかもしれませんが、調書の説明、確認とか、補償の協議書、ある意味の交渉ですね。1人当たり2～3回、ある一定の枠組みの中で補償を説明する。また、公共用地交渉業務は、もう少し補償説明業務の内容を高めた、極端に言うと、ある程度契約をもらえるところまで熟度を高めるような形で分かれています。

この中で一番困るのは、補償説明業務は、2～3回説明をして不調に終わると、場合によっては収用に行くかもしれないという場合でも、全額精算してもらえるのですが、熟度を高めている公共用地交渉業務は、不調に終わった件数が多いと減額という形で精算され、汗をかいた割には非常に厳しい状態になることがあります。国土交通省の直轄事業の場合は、地方整備局によって運用はあろうかと思いますが、公共用地交渉プラスそれに関連するいろんな業務を総合的に行うということで、一般には、用地補償総合技術業務という形で発注をしているのが実態ですかね。

また、事業反対で厳しい状況にあり、将来収用に行くのが明らかな区間では、補償説明業務で出してもらうと、受託者の立場ではありがたいのですが、中にはそういう厳しい状況であることが事前に分かっている地域でも用地補償総合技術業務で出すケースもあります。いろいろ工夫してほしいという要望は出しますが、なかなかうまくいかないところもあるという状況です。

一方、市町村レベルでは、実質は公共用地交渉業務、用地補償総合技術業務でありながら、お金は補償説明業務の歩掛りでやっているケースも見受けられます。したがって、歩掛りが安い上に実績が落ちることになると、かなり厳しい状態になるところもあり、できるだけ受託者の立場でいろいろと工夫してほしいといろんな場面で要望はしていますが、市町村は予算的な枠組み等、いろいろな情勢がなかなか厳しく、困難なケースがあります。

機構では、市町村レベルは、ほとんど地元補償コンサルタントの方で調査算定されて、それを受けて用地交渉に入るパターンと、パッケージで全部丸ごと受けるというパターンの2通りでやっているような状況というのが今の実態です。

藤川　まあ、市町村については、先程も出たように、予算制約がきついとか、いろいろローカル・ルールもあるのでしょうから、いろいろと難しい面はあるのでしょうね。

ところで、「スマート用地プランニング」は、パッケージでやるのが一番典型的なイメージですか。

門間 はい。最近は、用地アセス、課題整理、例えば、事業に入る前に大型工場があると困るケースもあり、そういう事前のリスク調査から、物件調査、補償額算定、用地交渉、あとは収用まで全部丸ごとお手伝いしますよということにしています。

もちろん、用地交渉業務だけとか、あるいは用地交渉と収用をパッケージにするとか、いろんなパターンがあります。あと、市町村になると、どうしても地元の補償コンサルタントに調査算定だけをお願いしてほしいということがありますので、調査算定の精度監理、適合審査と、その後の交渉は機構の方でお願いしますというパターンがかなり多いですね。

藤川 調査算定業務を分離発注するかについては、自治体の判断があると思いますが、相当包括的な支援業務の受注状況というのは、どのような感じでしょうか。

門間 機構では、沖縄地区に現地事務所がありますが、沖縄地区の特色としては、基地返還等で社会資本整備が急がれており、概ね市町村単位で、例えば、公園整備、住宅造成、街路整備といったものが出てきています。事業実施について、急に計画が前倒しすることもあり、包括的な用地取得手続でお願いしますというパターンがあります。本州は、比較的全部丸ごと外注というのは多くないですが、最近では街路事業で、物件から交渉、収用まで、それから代執行のお手伝い等をし、3～4年のパターンで仕上げたという例もあります。

藤岡　その場合、複数年契約ですか。

門間　最初は施策年度の事業実施に対する用地取得の企画提案をして、入札後、初年度の契約を締結し、2年目からは随意契約という形です。

藤川　一番川上の用地アセス業務あたりから入るケースもあるのですか。

門間　用地アセスは、国交省がここ4～5年、精力的に推していますが、公共団体レベルでここの部分は結局補助対象になっていないから、単費対応になっているのが実態ですね。

もう少し、国交省の担当部局が音頭をとって、用地アセスもどんどん明確に補助対象にするようにしていただければ、リスク案件の戦略を事前に練るのにはかなり役に立つかなと思っています。

藤川　でも、初めにしっかりやっておけばトータルでは安上がりになりますよね。

門間　一応、私どもは、事前に用地アセスをやれば、工期がこれだけ短縮しますよとか、企画提案しています。やはり初めから、都市部だったらマンションがあるとか、地方だったら工場があるとかいった場合には、実際に現地に入らなくても、事前にある程度課題を把握できていると、かなり工程管理が違いますよね。ですから、明確に補助対象にしていただきたいですね。

藤川　門間さんがおっしゃるように、用地取得については、工程管理が大変重要ですよね、工程管理を行うに当たっては、事前に戦略計画を作るのが当たり前ですよね、みたいなアプローチで、実際の具体事例も入れて、普及啓発していくことが重要なのかもしれません。

門間　おっしゃるとおりです。ですから、用地アセスの内容をもう少し、起業者特に技術担当の方にも、なるほどと言わせるような努力をしていく必要がありますね。

藤岡　計画担当者が事業の計画立案を行うとき主に考慮するのは、公共施設、大型物件等の視覚的に確認できる物件であり、土地自身の持つ、目に見えない性質、つまり、共有地とか、相続人多数土地等で、将来の用地取得に苦慮するであろうことについては、考慮されていないと思われます。

例えば、墓地として使用されている土地等では、土地の名義人が明治時代の数十名の共有地というケースがあります。その相続人の数は700人、800人にものぼり、用地の取得に長期間を要し苦慮することとなります。計画段階で墓地を避け隣接地の大規模工場敷地に道路を計画した方がより早く用地取得ができ、供用ができたのではないかと思われるケースもあります。このように隠された土地の性質そのものを用地アセスとして用地職員の目で調査することが必要なのではないかと思います。

しかし、一生懸命用地アセス調査を行っても、それを事業計画に反映していただかないと何の意味もないですね。用地アセスの役割は、用地職員の目で見た隠された土地の性質等を計画担当部課に確実に伝達して、それを計画に反映させることであり、そうしないと用地アセスの効果が上がらないのではないかと思います。

藤川　おっしゃるとおりだと思うのですが、現実問題としては、まあ、なかなかいろいろある部分でしょうか。

ただ、そうは言っても、実際、少なくとも、災害復旧関連で大規模かつ大至急やらないといけないものは、やっている場合が多いのではないでしょうか。そのあたりから、解きほぐして、どうやって、一般の理解を得ていくようにするかですかね。

加えて、そのようなルート・形状決定前のいわゆる「第1アセス」と同様に、ルート・形状決定後のいわゆる「第2アセス」、即ち、しっかりした用地取得の戦略、工程表の策定と言っていいと思いますが、そのような第2アセスも重要でしょう。第2アセスについては、運用の改善程度の話であるので、用地の円滑な取得の観点から、どんどん推進していくべきでしょう。

補償コンサルタントの支援業務の取組み（セントレック）

藤川　次は、セントレックの藤岡さん、どうぞ。

藤岡　当社では、平成20年から、国交省のみならず、県市町村の用地補償総合技術業務も受注しています。近年、業務の枠を広げ、事業認定申請図書等の作成や精度監理業務等も行っています。

最近の業務受注状況を割合的に出してみると、全体受注量に対する国交省以外から発注された業務の受注割合は、平成28年が金額で約31％で、件数で約50％。平成29年は、金額で約28％で、件数では約57％となっており、件数割合に比して金額割合が小さいのは、地方自治体からの業務発注は、1件当たりの発注額が小さいためです。当社では、用地補償総合技術業務を中心にやっていて、門間さんが話されたような包括的な用地業務を受注するという取組みは、行っていません。先に述べましたとおり、用地補償総合技術業務、精度監理業務、事業認定申請図書等作成業務を個別に実施しているのが現状です。

藤川　精度監理業務とは、具体的にはどのようなものですか。

藤岡　ほとんどが県から受注している業務で、大規模工場等の敷地の一部が事業用地となり、同工場の補償額算定書の内容をチェックするものです。1件約10億円の補償案件で、もう1件は約30億の補償案件であり、その移転補償額について調査算定した成果品を発注者自らでチェックすることができないため、精度監理業務として発注していただいているものです。

藤川　特殊物件を対象とする調査点検業務と考えていいですか。

藤岡　そうです。大型特殊物件等の移転補償額の調査算定書の精度監理、いわゆるチェック業務です。用地の専門職員がどんどん減少していく中、専門技術力がなくなっている現状が市町村でも問題になっています。多くの市町村では、この問題をカバーするための方策として、地方自治体職員だけで何とかならないかと考えてはおられるものの、人員削減やゼネラリスト化が進んできている中で、自組織のみで改善していくのは難しいのではないかと職員の皆さんは言っています。

そのような状況ではありますが、できれば一括・総合的に用地業務を発注できるような制度が確立できると、市町村に対してより充実した支援体制が構築できるのではないかと感じています。

藤川　今後、市町村支援業務は増えていきそうな感じですか。

藤岡　各市町村へ当社のパンフレットを持ってお邪魔するんですが、支援業務に対する発注意欲はかなり高いと思われます。

現在は、主に国交省から発注される用地補償総合技術業務を受注していますが、国交省の事業展開にも波があるので、受注リスクを回避するためには、国交省以外への市場拡大が重要な課題だと思っています。

藤川　パイの拡大による業務量の平準化ですね。

藤岡　数少ない発注者の中で業務の平準化を図るよりも、数多くの発注者の中で平準化を求める方がより安定的な営業としての効果があります。

市町村には、発注したい支援業務が、まだまだ無尽蔵にあると思っていますが、まだ未発注の市町村には重点的に支援業務発注に向けた働きかけをしたいと考えています。

藤川　門間さんは、今後の見通しについて、どう考えられていますか。

門間　包括的な用地取得支援業務は増えてくると思いますが、そうすると、どうしても全体のコーディネートをする人が必要です。我々補償コンサルタント業界は、いわゆるゼネコンと違って、調査業務、測量だとか、物件調査に強い会社、それから機械に強い専門の会社、あとは用地交渉も全般的にやるところといろいろあるんですね。そして、ごく例外を除けば、通常のゼネコンとか建コンと違って規模が小さい。そうすると、やはりそういう得意のグループが用地ＪＶを組むとか協力関係に入って、そして、包括的に対応していくというのがこれから目指すところでもあり、そうすべきかなと思っています。

やはり、包括的に受けて、コーディネーターがいて、そして、機械に強い会社、あるいは用地交渉に長けた会社、そういうところが用地ＪＶでやっていくのがいいのではないでしょうか。今も用地ＪＶは確かにあるんですが、使い手の悪い用地ＪＶですよね。

藤川　これまでの用地ＪＶの問題点は、どのようなところですか。

門間　どこもそうですが、業務委託契約では、再委託禁止条項があり、それが足かせになりますので、包括的な業務については、各会社がそれぞれの得意とする分野を用地ＪＶの形でドッキングして進めないとなかなかうまくいかない。福島等の復興ではＰＰＰという異業種ＪＶを組んでやりましたけれども、あれを発展させるイメージで、実質的な用地ＪＶを行える環境づくりをしていく必要がありますね。

藤岡　当社でも過去に一度ＪＶを組んで業務を受注したことがありますが、ＪＶとして発注する業務のあり方については整備局といろいろ打ち合わせを行いました。受注するまでには大変難しい問題もありました。ＪＶの要件とは、各企業それぞれに優れた技術を有する分野を分担するものであり、単なる用地補償総合技術業務だと業務の分野が分離していないため、要件を整えることが難しいのです。ＪＶは、それぞれの技術力を有する企業の特長を生かすことが必要となります。

補償機構の場合のように、発注される業務の内容が、用地調査と用地交渉業務とに技術的に分かれていれば、ＪＶでの受注が可能かもしれませんが、用地補償総合技術業務のみでＪＶを組み受注するのは非常に難しかった経験があります。それでやむなく、技術的な分担はなくても、号線、工区で区分された発注業務について、ＪＶを組み受注したことがあります。発注される業務が、ＪＶの要件を満たさないと、ＪＶを組み受注しにくいのです。

門間　やはり補償コンサルタント業界は、規模が小さいところが中心ですから、包括的なスマート用地みたいなものをやっていくとして、やれる人は全部揃っているのかというと、協力会社の応援をもらわないとやれない。だから、そこがこれからの工夫なんですね。補償コンサルタント業界としては、そこがネックになっています。

藤川　本格的に包括的な契約のあり方については、いろいろ議論すべき課題が残されているのでしょうが、官民連携が叫ばれる今日、具体的な検討に着手すべき時期に来ているのかもしれません。ＪＶのあり方以外の課題はありますか。

藤岡　用地補償総合技術業務を受注し、実施しているという観点から申しますと、前にも述べましたとおり、地方自治体からの需要は非常に高いのですが、これを地方自治体に波及させていこうとしても、担当者からは、「用地補償総合技術業務共通仕様書」がありません、「用地補償総合技術業務積算基準」もありませんと言われることがあります。

地方自治体には積算基準がないため、国交省の積算基準に基づいて積算をしないと、発注予定価格が決まらず、予算確保ができるような資料が整えられないという問題があります。この問題を解消するために、できるだけ早く「共通仕様書」、「積算基準」を県用対等を通じて地方自治体に周知をしていただきたいと思います。そうなれば、支援業務がもっと積極的に活用されるのではないかと思っています。

藤川　国では当然とされている知識が、市町村の世界ではあまり知られていないということはよくありますよね。

また、そもそも論として、一定の用地交渉業務を外に出すことすら、想定外となっているところもあると聞いたことがありますが。

門間　実際現地に入ると、市町村レベルでは、「用地交渉業務というのは大変だけれども、自前でやります。だから、調査算定のきちっとしたものさえ作ってもらえばいいです。交渉業務を外注するという文化がまだ育っていないんです」とか、「こういう業務を補償コンサルタントに外注して制度上、本当に大丈夫なんですか」とか、おっしゃる首長さんも結構おられます。一定の用地交渉業務については何ら外注することは問題はなく、ともかくできるということをもう少し説明しなければいけないという気はしています。

また、これまでと違う業務については、内部の財政当局から了解が得られないという話も結構あります。

藤岡　それは結構多いですね。

藤川　私も、10年以上前、市の理事をしていたのでよく分かるのですが、財政部局は、これまでと違う委託業務の予算要求というだけで、ダメといいがちですね。まあ、小さい組織で、森羅万象を査定しないといけないので、やむを得ない部分もあるのですが（笑）。

門間　だから、やはり「共通仕様書」、「積算基準」等について、市町村に提示してあげるのが大事であると思いますね。

藤川　そうですね。そういうものも含め、分かりやすい概要・フローや、予算額の相場観、優良事例等が掲載されたガイドブック的なものを作っていく必要がありますね。そういうものがあれば、内部の財政当局に対しても、変わったものじゃなくて国でもやっているもので、機動的な事業実施の観点から、むしろ必要なものであると説明できますね。

藤岡　こういう業務があるんですよ、こういう発注方法があるんですよ、というのを周知していただくと、需要がさらに増加していく感じはしますね。

門間　今、所有者不明土地問題への対応の議論の中で、市町村支援もクローズアップされてきているので、グッドタイミングではないかと思います。

藤川　関東用対連でも、市町村等から、官民連携のガイドブックの作成をはじめ具体的な要望を多数いただいております。国土交通省がこれまで培ってきた官民連携の契約類型については、どちらかと言えば、直轄事業を専ら念頭に置いて、啓発普及も直轄組織内部が主な対象であったのかもしれません。門間さんのご指摘のとおり、世の中的にも、市町村支援がクローズアップされていますので、少なくとも、関東用対連においては、具体的な取組みを開始できればと思っています。

市町村等の職員の人材育成の取組み

藤川　公社、補償コンサルタントによる市町村支援の環境が整備されたとしても、事業主体・発注主体たる市町村の職員は、用地取得に関する基礎知識、発注に関する知識等は、最低限有しておく必要があります。関東用対連では、現在、市町村を含めた人材育成の取組みを推進していますが、公社、補償コンサルタントにおける取組みについてお話しください。まず、セントレックの藤岡さん、どうぞ。

藤岡　自治体職員の人材育成については、自治体独自で職員研修を実施しておられるところも数多くあります。また、地区用対、県用対でも実施され、それぞれで努力されています。

当社では、地方自治体の職員研修に講師を派遣する事業も実施しており、自治体の研修等では会社のパンフレットを配ったりして、「市町村単独で、かつ、小規模な研修への講師派遣も行います」とコマーシャルをさせていただいています。

その結果、年間当たり十数回程度県市町村の研修に講師の派遣要請があります。講師派遣という事業は、受講者に教えるだけでなく、講師自身の勉強にもなりますので、若手職員に講師を割り当て派遣しています。これからも講師派遣事業は継続していきたいと思っています。また、当社では、併せて、相談助言という事業も展開しています。

藤川　これらは、フィービジネスですか、ボランティアですか。

藤岡　講師派遣や相談助言事業では、お金はいただいておりません。

派遣された講師は研修の場で、「用地業務に関する問題や相談事があれば当社へ電話をください」とお伝えしていますので、年間20件程度の相談を受けています。相談を受けますと、なるべく相談者の市町村にお邪魔して、顔を突き合わせて生のお話をお聞きするようにしています。併せて、現地へも出向き、その相談の内容を少しでも把握するようにしております。研修への講師派遣事業と相談助言事業を展開して、少しでも地方自治体職員の人材育成に寄与できればと思っています。

先にも述べましたが、研修講師を行うことにより、当社職員の人材育成にもおおいに役立っているのかなと思っており、今後もこの2事業は継続して実施していきたいと考えています。

常日頃には、地方自治体の方々と接する機会がありませんので、このような機会をつくることによって、地方自治体職員のニーズ、特に、支援業務等のニーズを把握したいと思っています。

藤川　埼玉県土地開発公社の荒井さん、何かありましたら、どうぞ。

荒井　土地開発公社は、市町村職員の方と日々の用地交渉業務を通じて、補償内容、交渉の進め方、実際の用地交渉において感じたことや今後の展開等について打ち合わせを行い、市町村等の窓口業務や行政手続での対応とは違う用地交渉の対応について理解してもらえるよう努力しております。また、困難案件になると市町村内部と現場の考え方を1つにして進めなければ解決が難しいこともありますので、打ち合わせ等の回数を増やし、用地業務のノウハウを伝えられたらと考えております。

藤川　公共用地補償機構の門間さん、何かありましたら、どうぞ。

門間　市町村の方に対しては、要請があれば研修を行っています。従来の研修だと、ややもすると一般補償基準や公共補償基準の解説とかは、不評が多かったんですが、今は、必ず職員の経験年数を聞いて、タイムリーな話とか、会計検査で最近話題となっている話を中心に説明するなど、メニューもいろいろ変えています。去年も全国で10ぐらいの要請があって、手分けして行っています。また、建設研修センターと年に1～2回共催で公共団体職員の研修を実施するというようなこともやっています。

経験豊富な用地職員が減少する中で、我々補償コンサルタントの方でも、社会貢献という形で、お手伝いをしなければいけないと思っています。

市町村業務の推進に向けた抱負と要望

藤川　長時間にわたり、ありがとうございました。最後に、市町村支援業務の推進に向けた抱負とか、行政に対する要望とか、何でも結構ですので、お話しいただければと思います。

門間　市町村の用地取得についての何が課題かというと、キーワードは2つあって、ノウハウ不足とマンパワー不足、これに尽きるんですね。この課題にどういうお手伝いをするのか。

ノウハウ不足に対しては、当然研修などいろいろありますが、やはり、国とか県レベルの用地屋さんというか用地のプロが現地でいろいろと相談を受けたり、あるいは講師等で派遣に赴くということが重要になってくるのではないでしょうか。ただ、今、用地職員が少ない状況の中で、本当に派遣できるかなということはありますが。あと、マンパワー不足については、補償コンサルタントと地区用対連等で協力し合って、仕様書とか、歩掛り等の情報提供も含めて、市町村を支援していく、いろんな困り事にも相談を受けるというようなことが必要なのかなと思っています。

それから、用地アセスメントといった新しい手法については、ぜひ積極的な導入が必要だと思いますが、導入に当たっては、市町村レベルでは、補助金が入るか入らないかということは非常に大きいものがありますから、ぜひ補助金の取扱いを明確化することが必要ではないでしょうか。

荒井　国では用地部門でも専門組織があって安定した用地行政を行っているのを見てきております。他方、地方公共団体にはゼネラリスト化に伴って用地取得に長く従事している専門職員が少なくなってきていますので、公拡法により設立された特別法人として、業務執行体制を整備し、積極的に、補完・支援をしていきたいと思っています。

藤岡　中部地方では、今後想定される南海トラフ地震等への備えの観点からも、これまでに培ってきた用地の技術力の保持・継承が重要です。

これからも、市町村支援業務等を通じ、地域の用地の力の確保・育成に向け頑張ってやっていきたいと思っております。

藤川　貴重なご意見をいただき、ありがとうございました。

地震の話が出ましたが、例えば、木造密集市街地の延焼防止対策が大変重要な課題であり、対策として木密地域での街路整備が大きな切り札になるのですが、昔に都市計画決定された事業でさえ、用地取得の困難性から、全国的になかなか進んでいない実態があります。これは一例ですが、戦後の右肩上がりの時代が終わって、概ね必要なインフラ整備が終わったという意見もあるのですが、現実を見ると、用地取得の困難性など一番難しいインフラ・プロジェクトが残されたままになっているという実態があるのではないかと思います。孫子（まごこ）の代まで安全と豊かさを享受できる国土を形成していくためには、まだまだ用地の出番があり、行政のスリム化という厳しい現状の中にあっても、国地方連携、官民連携をフル活用して、頑張っていく必要があるのではないでしょうか。

皆様方のさらなるご活躍を期待して、本座談会を閉めさせていただきます。本日は、どうもありがとうございました。

第3章 用地担当職員に対するきめ細かい支援

座談会⑤「用地担当職員の人材育成―様々な研修プログラムの取組みを中心に―」

前記の座談会①～④のどの座談会でも、話題に上ったものは、用地担当職員の人材育成の課題です。用地担当職員の人材育成については、国土交通大学校の研修制度、（一財）全国建設研修センターの研修制度、各地区用対連の研修制度、都道府県用対連の研修制度など、様々な研修制度があります。

本座談会は、国土交通大学校、全国建設研修センター、地区用対連（関東）・都道府県用対連（埼玉県）の担当者に参加していただき、用地担当職員に対する人材育成の現状・課題についてお話しいただきました。

具体的な事項としては、

- 各種の研修事業に対するニーズの高まりの実態
- 体系的な教材開発をめぐる課題
- 適任の講師の確保をめぐる課題
- ニーズを踏まえた多様な研修カリキュラムの整備の必要性
- ロールプレイング等の実践型研修の必要性
- 市町村の研修費用に対する支援の必要性

等が取り上げられています。

本座談会⑤では、それぞれの機関における研修に対してニーズが高まっていることが確認されました。先にも触れましたが、関東地区用対連としては、地方公共団体からの要望を踏まえ、セミナーをはじめ様々な研修事業の充実を図っています。

座談会⑤

「用地担当職員の人材育成
―様々な研修プログラムの取組みを中心に―」

平成30年4月26日開催

中村 嘉伸　国土交通大学校計画管理部管理科長
穴澤 正治　一般財団法人全国建設研修センター調整課長
水越 正宏　国土交通省関東地方整備局用地部用地企画課用地官
池田 真一　埼玉県県土整備部用地課指導・管理担当主幹
藤川 眞行　全国用対連事務局長（国土交通省関東地方整備局用地部長）

（順不同・敬称略。なお、所属・役職は、開催当時のもの）

〈用地ジャーナル2018年10月号掲載〉

はじめに

藤川　ただ今から、「用地担当職員の人材育成―様々な研修プログラムの取組みを中心に―」というテーマで、座談会を開催させていただきます。

今回の座談会の問題背景ですが、基本的に、市町村を中心に、行政のスリム化が進んできて、用地の担当職員の数が相当減ってきているとともに、現在の用地担当職員もゼネラリスト的になってきております。昔なら、この道20年、30年のベテラン職員が仕事をやりながら、経験の浅い職員に対して、ＯＪＴで用地取得関係の知識とかノウハウを伝授するというのが基本パターンだったと思いますが、現在では、経験の浅い職員でもある程度即戦力で用地取得に当たってもらわないといけない状況になってきており、研修プログラムの強化を中心に、用地担当職員の人材育成に真剣に取り組んでいかなければいけないのではないかとの声を多く頂戴しております。

このような中で、関東地区用地対策連絡協議会（以下、関東地区用対連）では、従来の数日間の実務研修に加え、昨年度（平成29年度）には、自治体からのご要望に応えるため、1日1テーマ、4時間程度で、気軽に参加でき、用地取得の基礎や雑学が学べる「連続セミナー」、用地担当1年生職員に対して1人の講師が1日で用地取得全般の基礎知識を教える「入門講座」、補償金額の積算チェック等の「実務講習会」等を、開催しました。

関東地区用対連については、構成メンバーは、行政機関で言うと、国の機関、都県、政令市であり、基本的に、その他の市町村は、それぞれの都県用対連の構成メンバーであるわけですが、都県用対連の研修活動にも制約があることから、これらの研修の場については、都県用対連の事務局である都県の声も聞きつつ、市町村を含めて、幅広く募集しました。

お陰様で、毎回200～300人の定員を上回る応募があり、自治体における用地担当職員の人材育成に対するニーズを実感しました。このようなことから、本年度（平成30年度）においては、取組みを拡充する形で引き続き実施させていただいています。

このように、地区用対連、都道府県用対連における実務・実践型の研修は大変重要であると思いますが、各地方整備局、各都道府県担当部局等も、多くの職員がいるわけではなく、通常の業務の合間を縫って実施しているものですから、どうしても、研修の場の充実にはおのずから制約があります。研修期間がある程度長期にわたる研修は、やはり、本格的な研修機関で対応していくべきものではないかと思われ、研修機関における研修の充実ということも大変重要でしょう。

そこで、本座談会では、全国的な研修機関である国土交通大学校（以下、国交大）、全国建設研修センター（以下、研修センター）の担当者と、関東地区用対連事務局、埼玉地区用地対策連絡協議会（以下、埼玉地区用対連）事務局の担当官に集まっていただき、用地担当職員の人材育成に向けた研修プログラムの現状、課題等について、話していきたいと思います。

人材育成又は研修に寄せられるニーズや要望

藤川　まず、最初に、先ほども触れました、自治体で経験の浅い職員が増加している状況のもとで、用地担当職員の人材育成に対する最近の自治体のニーズや要望等について、簡単にお話しください。

中村 国交大の研修は、国交省の職員と自治体の職員を対象としております。国交省の用地経験の比較的長い職員のニーズにも、自治体の用地経験の浅い職員のニーズにも応えられる構成にしていく必要性があり、なかなか悩みの多いところです。

最近、特に、用地取得マネジメントとか、所有者不明土地の取扱いとか、比較的新しい情報について重点的に講義をしていただけると助かるという意見をよく聞きます。また、研修生のレベル感が全然違ったりするので、ある程度研修生のレベル感に合ったカリキュラム構成にも配慮してやっていただけると助かるという要望をいただいています。

穴澤 研修センターの用地関係の研修では5コースほど実施していて、受講者から高い評価をいただいています。受講者からの要望としては、事例に基づく講義や、演習を取り入れた実践的な研修を望む声が非常に多くなっています。

具体的には、未相続の土地とか所有者不明土地について触れてほしいとの要望が多いと思います。また、近年、傾向のゼネラリスト化ということで、市の職員の受講が特に増えていることが顕著です。これは、ゼネラリスト化が進み、用地担当以外から用地担当部署に来る方がかなり増えていることが要因で、このような方は、研修では基本的なコースを利用されていると思います。

水越 関東地区用対連の従来からの研修では、初級者向けと中級者向けの2コースを設けています。

初級者向けの研修において要望が多いのが、補償事例などをグループで討議する実務演習、用地交渉のロールプレイングなどです。中級者向けの研修でも、だいたい同様でしょうか。

その他としては、収用関係とか所有者不明土地問題がクローズアップされている中で、土地収用制度、認可地縁団体制度、不在者財産管理人制度、成年後見制度に関する研修なども要望として多くあります。

池田　埼玉県では、県の職員に対する研修と、埼玉地区用対連の会員向けの研修を行っています。これらを実施している中で、座学よりも実践的なフィールドワークとかグループ討議という形の研修を望む声が多いと感じています。

藤川事務局長が指摘されたとおり、人員削減などによって会員の市町村も職員数が少なく、余力がない中で、新規採用とか未経験の職員に対して、なるべく早く戦力になるような研修をしてほしいというニーズが結構多いです。毎年、県の職員では10人前後が未経験者、埼玉地区用対連の市町村等の会員では正確な数字は把握していませんが100人程度の未経験者がいるような印象を持っています。

もう1つ、市町村においては、区画整理事業を施行していることが多く、研修に参加している方の4割ぐらいが区画整理の担当者であったりします。私たちは、基本的には、土地収用法に基づく事業を展開していますから、土地区画整理法の事業特有の補償理論については、研修内容に入れておりません。ただ、研修を受ける土地区画整理担当の職員から、区画整理事業に特化した研修をやってほしいといった要望を受けることもあります。

藤川　やはり、市町村等の組織のスリム化という課題については、大体共通した話だと思いますし、トピック的なものとしては、相続関係、所有者不明土地とか、あと、より円滑な用地取得が求められているということで、土地収用制度の研修とか、高齢者の増加ということで、成年後見人制度の知識なども求められているのだと思います。

私は、昨年度（平成29年度）、1人で丸1日がかりで、用地担当1年目の職員を対象に「用地行政入門講座」を開催しましたが、その時に受講生に手を挙げてもらって確認したところ、事務系・技術系の区分では、概ね7割程度が技術系であり、また、事務系の中でも、民法や行政法の知識がある人はあまりいないという状況でした。また、講義終了後、いろいろ教えてほしいと受講生が私の周りに集まってこられましたが、中には、市有地の売却を行わなければならないが、どのように売却手続を行ったらいいのかという質問もありました。想像するに、組織として、道路建設課の用地係、河川整備課の用地係とか、財産に関わることをまとめて担当する管財課とか、そういったものになっていることが多いのでしょう。

各機関における研修の取組み

藤川　研修に対するニーズ等がだいたい分かったところで、次に、それぞれの機関で行っている研修の概要等について、お話しいただければと思います。

国交大

中村　国交大では、用地関係で3カリキュラム4コースの研修があります。

まず1つ目に用地のⅠ期、Ⅱ期という研修があって、対象は国交省、内閣府沖縄総合事務局、都道府県、政令指定都市、特別区、中核市等の市、独立行政法人等の職員も対象としています。地方整備局の係長クラスをイメージして、90名の定員で期間は17日間という、かなり長期間の研修です。カリキュラム的にはかなり内容の濃い研修になっており、特に、この研修で売りになっているのがゼミナール形式の模擬収用委員会というものです。東京都の収用委員会の方を講師に招いて、実際に収用委員会、起業者、土地所有者、関係人等、それぞれの立場になって班ごとに分かれて、収用委員会をイメージした形で議論し合って、最終的にどういう形で判断を下すかという直前のところまでをやる研修になっております。普通に班別に分かれて討議するだけではなくて、実際に議論を戦わせるところが結構珍しくて良いのかなと思っています。

次に、用地Ⅰ期、Ⅱ期研修よりも経験年数の多い方を対象にした研修として用地指導研修があり、こちらも国交省、内閣府沖縄総合事務局、都道府県、政令指定都市、特別区、中核市等の市、独立行政法人等の職員を対象としています。地方整備局の課長補佐クラス、事務所では用地官・建設専門官・用地対策官クラスの方をイメージしており、定員が約40名で10日間の研修になっています。内容は、渉外交渉のあり方とか不正防止対策の話で、より高度なマネジメントを担当している方を中心にして高度な研修を行おうとしているもので、用地Ⅰ期、Ⅱ期研修を経験した方が多いです。課題研究の内容、レベル感についても、より高度な難しい案件を選ぶなどして差別化を図っております。

最後に、土地収用の事業認定研修があり、国交省、内閣府沖縄総合事務局、都道府県、独立行政法人等の職員で、土地収用の事務を担当している係長級の職員が対象です。こちらは用地の担当者だけでなく、事業認定を行う側の立場の方からも参加いただいている研修になっています。課題研究のところで、実際の事例に対してグループ討議も行い、それ以外に、実際に事業認定の申請書を書く演習とか、事業認定理由を書く研修もカリキュラムの中に含まれていて、こちらも好評を得て比較的参加率も良く、定員は60名、研修期間は5日間という研修になっています。

藤川　定員は、それぞれ、90名、40名、60名といったように、毎年このような規模で行っているのですか。

中村　定員は随時見直しており、用地Ⅰ期、Ⅱ期研修は、もともとはⅠ期50人、Ⅱ期50人の計100人でしたが、平成29年に10名減らしました。実際の参加人数は、大体8割前後の感じです。ただ、最近は、国交省の職員も減ってきているという話も聞いていて、用地Ⅰ期、Ⅱ期研修だと、既に受けている方が大半になって、人員の確保には結構苦慮しているところです。

藤川　自治体の方の割合はどれくらいですか。

中村　用地Ⅰ期、Ⅱ期研修で、大体3分の1ぐらいです。用地指導研修で、5分の1ぐらい。土地収用研修で、3分の1ぐらいです。

藤川　申請の担当者と認定の担当者の割合は、どれくらいですか。

中村　半分ずつ、くらいです。

藤川　用地Ⅰ期、Ⅱ期研修に参加される方は、経験の浅い人ですよね。

■国土交通大学校（平成30年度）

研修機関	研修名	対象者	内容（項目）	期間	時間	経費（単位：円）	定員
国土交通大学校	用地（Ⅰ期・Ⅱ期）	国土交通省、内閣府沖縄総合事務局、都道府県、政令指定都市、特別区、市町村、独立行政法人等又は団体の職員で、次のいずれかに該当する者 ① 用地事務に関する業務を担当する地方整備局等の係長 ② ①と同程度の職にある者	・公共用地取得業務の現状と課題 ・憲法 ・土地収用法 ・損失補償の法理 ・事業認定事例研究 ・不動産鑑定評価の理論と実務 ・訟務事例 ・公共用地取得の税務 ・不動産登記法 ・一般補償 ・事業損失補償 ・公共補償 ・生活再建措置 ・用地取得事務とコンプライアンス ・用地取得マネジメント・情報公開 ・説得の技術 ・民法演習 ・借地借家法演習 ・ゼミナール（補償問題・模擬収用委員会）	（Ⅰ期） 5/23～6/8 （Ⅱ期） 10/10～10/26 （17日間）	83.5	実費	90
	用地指導	国土交通省、内閣府沖縄総合事務局、都道府県、政令指定都市、特別区、市、独立行政法人等又は団体の職員で、用地事務に関する業務を担当し、次のいずれかに該当する者 ① 地方整備局又は北海道開発局の課長補佐 ② 地方整備局等の事務所の課長及び北海道開発局の開発建設部の課長補佐 ③ 用地官、建設専門官、用地対策官 ④ ①～③と同程度の職にある者 ⑤ 都道府県、政令指定都市、特別区、市、独立行政法人等又は団体の職員で、①～③に相当する者	・講話 ・憲法 ・不正防止対策 ・用地取得マネジメント・情報公開 ・土地収用法 ・損失補償の法理 ・渉外交渉のあり方 ・課題研究等	7/18～7/27 （10日間）	49.5	実費	41
	土地収用〔事業認定〕	国土交通省、内閣府沖縄総合事務局、都道府県又は独立行政法人等の職員で、土地収用法の事業認定の審査等に関する業務を担当し、次のいずれかに該当する者 ① 地方整備局の係長又はこれと同等の職にある者 ② ①の者と同程度の能力を有すると認められる者	・事業認定庁の実務 ・事業認定事例研究 ・河川事業 ・道路事業 ・鉄道事業 ・希少動植物の保護 ・公共事業と文化財等 ・訟務実務 ・講話 ・課題研究	5/7～5/11 （5日間）	33.5	実費	60

中村　とは言いつつも係長クラスですから、10年程度経験している方もいます。

藤川　1～2年の経験という人は余り来ないですか。

中村　自治体の方だと、1～2年の経験の方も結構います。

藤川　1～2年の経験の方のニーズに応えながら、10年の経験の方のニーズにも応えないといけない。

中村　非常に難しい。ある程度経験がある方は、今までの基礎知識のおさらいという意味合いで聞いていただければと思っています。ただ、実際に経験されている方でも、今まで理解していたものとちょっと考え方が違っていて、それが修正できてよかったという意見が出ています。あと、新しい知識が習得できてよかったという声もあります。

研修センター

藤川　研修センターは、どうですか。

穴澤　私どもでは用地関係の研修を5つ実施しており、用地担当職員のための法律実務研修以外は全て基礎コースということをうたっております。

用地基礎研修は、まさに用地取得の基礎です。日数も11日間と少し長く、広く浅く網羅的に話をして、知識を深めて帰っていただこうということで取り組んでいます。

用地事務（建物・営業・その他補償）は、土地以外の補償に関する研修で、用地事務（土地）は、土地の評価に特化したものです。用地交渉のポイント・演習研修は、ロールプレイング形式で、模擬用地交渉を、それぞれの役割分担を決めて行うというものです。

研修センターの研修は、基本的には、基礎が中心ですが、用地担当職員のための法律実務研修は、用地業務の基礎的知識をある程度有している方を対象に、幅広く法律実務の知識を教えるものです。

経験年数で言いますと、用地基礎研修は1年未満程度、用地職員のための法律実務研修は5年程度、他の研修は1～2年程度の方が対象です。

藤川 それぞれ、定員はどれぐらいですか。

穴澤 用地事務（建物・営業・その他補償）研修が定員50名、その他の研修が定員40名となっております。市町村の方が7～8割で、近年、市町の方が非常に増えている傾向にあります。

藤川 定員の充足率はいかがですか。

穴澤 ここ10年ぐらい定員オーバーが結構増えてきており、お断りしている研修も幾つか出ています。

藤川 1年目の方は、用地基礎研修を受講して、1～2年目の方は、3つの研修を受けられる方もいますか。

穴澤 そういう方もいます。補償別に分かれているので、欠けている分野を勉強しようという方もいます。

藤川 研修期間で、配慮されていることはありますか。

■全国建設研修センター（平成30年度）

研修機関	研修名	対象者	内容（項目）	期間	時間	経費（単位：円）	定員
全国建設研修センター	用地基礎 —若手用地職員のための基礎講座—	国、地方公共団体、独立行政法人等及び民間企業等の用地業務に携わる実務経験の浅い職員	• 特別講話 • 用地事務概論 • 土地の評価（講義・演習） • 損失補償の法理 • 不動産登記の実務 • 土地収用法 • 用地取得に係る税制 • 事業損失の補償・生活再建措置 • 土地・建物と民法（不動産民法の演習講義） • 公共補償 • 工作物・立竹木の補償（講義・演習） • 建物の補償（講義・演習） • 営業の補償（講義・演習） • 用地取得マネジメント • グループ討議（ゼミナール課題討議） • ゼミナール（発表等）	5/8〜5/18 （11日間）	58.5	118,000	40
	用地事務 （建物・営業・その他補償）	国、地方公共団体、独立行政法人等及び民間企業等の用地業務に携わる実務経験の浅い職員	• 公共用地業務の課題と取組み • 一般補償と公共補償 • 建物の補償（講義・演習） • 工作物・立竹木の補償（講義・演習） • 機械の補償（講義・演習） • 営業の補償（講義・演習） • ゼミナール課題検討 • ゼミナール（発表等）	7/9〜7/13 （５日間）	34.5	72,000	50
	用地事務 （土地）	国、地方公共団体、独立行政法人等及び民間企業等の用地業務に携わる実務経験の浅い職員	• 民法（契約・相続・その他） • 公共用地業務の現状と課題 • 公共用地取得に係る税制 • 土地評価について（理論・演習） • 土地収用法 • 不動産登記の実務 • ゼミナール課題検討 • ゼミナール（発表等）	11/26〜11/30 （５日間）	33.0	76,000	40
	用地交渉のポイント・演習	国、地方公共団体、独立行政法人等及び民間企業等の用地業務に携わる実務経験の浅い職員	• 公共用地交渉概説 • 公共用地交渉共通仕様書 • 補償額算定の照会 • 危機管理 • 公共用地交渉の技術（課題説明、グループ討議） • 公共用地交渉の技術（模擬用地交渉） • グループ討議 • 全体討議・質疑応答	7/18〜7/20 （３日間）	19.5	65,000	40
	用地職員のための法律実務	国、地方公共団体、独立行政法人等及び民間企業等において、用地取得業務に関する基礎的知識を有する職員	• 土地・建物と民法　—不動産民法の演習講義— • 公共用地取得に係る税制 • 不動産登記の実務 • 用地取得の法律実務	8/29〜8/31 （３日間）	16.5	69,000	40

穴澤　なるべく短い期間でということで、3〜5日でやっています。3日より少なくすると、詰め込み過ぎになってしまいます。

関東地区用対連

藤川　次に、関東地区用対連の研修の紹介をお願いします。

水越　関東地区用対連では、平成29年度に用地経験3年未満の初級者対象の用地事務職員研修と、3年以上を対象とした土地評価実務研修を実施しています。その他、冒頭でご紹介がありましたように、連続セミナー、用地行政入門講座、実務講習会等を実施しており、市町村も含めた用対連の会員の方に来ていただいております。

まず、初級コースの用地事務職員研修は、損失補償制度の初歩から、土地・物件、その他通損関係などの一般補償、それから土地収用制度といった用地の全般的な研修内容で5日間、人数は50名を対象として実施しています。基礎的な研修ですが、建物の移転補償に関しては実務的な演習を入れて、座学だけではなく、ちょっと手を動かすようなところは参考になったという意見をいただいております。

土地評価実務研修は、用地実務経験3年以上の職員が対象で、前半に土地評価の理論の部分を座学で行い、後半には、外へ出て町の中を歩き、実際の土地評価において、どのような視点で現地を見るのかを体感してから、実際に評価書類を作成するという、まさに実務の部分を行う研修になっています。非常に参考になったという意見が多い研修です。期間は4日間で、人数は同じく50名が対象です。ただ、用地経験3年以上と言っても、土地の評価に関しては、ほとんど初めてという人も

■関東用対連（平成29年度実績）

研修機関	研修名	対象者	内容（項目）	期間	時間	経費（単位：円）	参加人数
関東地区用地対策連絡協議会	用地事務職員	用地経験３年未満初心者	損失補償の法理と補償制度	6/12～6/16（５日間）	29	実費	60
			用地事務のあらまし				
			土地評価理論				
			建物移転補償				
			収用制度の概要				
			不動産登記法				
			建物移転補償実務演習				
			営業補償				
			工作物・立木補償				
			公共用地取得の税務				
			通常生じる損失補償				
	土地評価実務	用地経験３年以上の職員	補償基準と土地価格	11/7～11/10（４日間）	23	実費	32
			不動産鑑定評価概論				
			土地評価の実務（AM）				
			土地評価実務演習（一日目）PM				
			土地評価実務演習（二日目）AM				
			土地評価実務演習（二日目）PM				
			土地評価実務演習（三日目）				
	連続セミナー	国土交通省関東地方整備局用地担当職員、関東地区用地対策連絡協議会会員及び管内市町村の用地担当職員	第１回「用地行政に生きて」	5/15	3.5	0	283
			第２回「災害リスクと闘う」	6/30	2.5		214
			第３回「説明力をつける」	9/13	2.5		393
			第４回「登記の世界」	11/1	2.5		319
			第５回「税制の世界」	12/20	2.75		294
			第６回「コンプライアンス」	2/19	2.5		242
	用地行政入門講座	初任の用地担当者	用地行政全般（業務の流れ、補償、収用、登記、税制、予算・契約制度等）	6/21	7	0	81
	実務講習会		補償金算定チェック講習会	7/21	3.5	0	470
			不動産鑑定評価講習会	1/9	4.25		425
			営業補償のための財務諸表の見方講習会				
	事例発表会		困難案件等への対応事例（６事例）	11/15	3	0	221

（参考：国土交通省関東地方整備局（内部職員向け）（平成29年度実績））

研修機関	研修名	対象者	内容（項目）	期間	時間	経費（単位：円）	参加人数
関東地方整備局	（専門研修） 専門Ⅰ （用地・基礎）	①新たに用地を担当する係長クラス ②用地事務担当で実務経験1年以内（一般職員） ③当該研修が必要と認められる職員	損失補償の法理と補償制度 用地事務概論 収用制度の概要 建物の補償 不動産登記 工作物・立木の補償 営業補償 公共用地取得の税務 事業損失・生活再建対策措置 公共補償・特殊補償 その他通損の補償 土地の評価 業務委託 調書・台帳等の作成、契約支払事務・情報公開制度 不正防止・説明責任 効果測定	6/13～6/16 （4日間）	26.5	0	25
	（専門研修） 専門Ⅱ （用地・土地評価）	①用地を担当する係長クラス ②用地を担当する1年以上の一般職員 ③当該研修が必要と認められる職員	不動産鑑定評価と概論 土地評価の手順・現地調査のポイント、現地踏査資料の確認 現地踏査内容の検討 現地踏査 評価方針の検討・試算価格の算出・土地評価書の作成 ゼミナール 不動産鑑定評価理論 効果測定	7/18～7/21 （4日間）	25.5	0	9
	（専門研修） 専門Ⅲ （用地・土地収用）	①収用事務を担当する係長クラス ②収用事務を担当する実務経験1年以上の職員 ③当該研修が必要と認められる職員（技術系含む）	土地収用制度の概要 事業認定手続きの概要 演習―事業認定申請書の作成 裁決申請手続きの概要 演習―裁決申請書・明渡申立書 訴訟事務 行政代執行の実務 効果測定	7/12～7/14 （3日間）	18.0	0	6
	（実践研修） 用地事務Ⅰ （建物移転工法の認定の実務）	専門Ⅰ（用地基礎）を受講済みの用地事務担当の係長クラス及び用地事務経験1年程度の一般職員	建物移転工法認定の実務 建物移転料算定の実務	6/19 （1日間）	5.5	0	18
	（実践研修） 用地事務Ⅱ （営業補償算定の実務）	専門Ⅰ（用地基礎）を受講済みの用地事務担当の係長クラス及び用地事務経験1年以上の一般職員	営業補償算定の実務	7/24 （1日間）	5.5	0	14
	（実践研修） 用地事務Ⅲ （公共補償・事業損失（費用負担）の実例）	専門Ⅰ（用地基礎）を受講済みの用地事務担当の係長クラス及び用地事務経験1年以上の一般職員	公共補償・事業損失（費用負担）の実例	10/13 （1日間）	5.5	0	12
	（基礎研修） 用地（基礎）	①用地業務未経験者（技術系含む） ②用地事務を担当する実務経験1年以内の職員 ②当該研修が必要と認められる者	用地部の取り組み 用地事務 用地補償	10/16 （1日間）	4.0	0	13

中にはいて、経験がある人と未経験の人が同じグループの中にいる場合、初めての人はついていけないところがあって、研修生全員のスキルアップをどのように行うのかといったことが課題となっています。

次は、連続セミナーですが、平成29年度から始めた6つのトピック的なテーマについて外部講師をお招きし、教科書的な話だけではなく、基礎的あるいは実態的な部分を含めてご講演をいただき、業務の参考にしてもらうというものです。

用地行政入門講座は、藤川事務局長が午前・午後の丸1日、用地担当職員1年目の人を対象に用地行政全般について講義していただいたもので、一連の用地業務の全体の位置づけが分かりやすかったと非常に好評でした。

実務講習会は、補償金算定書のチェックポイントについて、関東地整用地部の係長が講師になって、講義を行ったものです。内容のボリュームに比べ、時間が短く、大分駆け足になってしまった部分があり、もう少し、じっくり行ってほしかったという意見が多かったです。

次に、不動産鑑定評価講習会は鑑定士の先生をお招きし、不動産鑑定の考え方をご講義いただき、また、営業補償のための財務諸表の見方講習会は、税理士の先生をお招きし、営業補償に関係する部分で財務諸表の見方について、ご講義いただきました。

事例発表会は、発表者は関東地整の各事務所で抱える難航案件等を事例として、案件の解決に向けた取組み方、処理方法について発表いただき、業務の参考としていただくものです。これは、中断していた関東地整の用地補償事例発表会を再開するとともに、地整の職員だけでなく、関東地整管内の用対連会員等の方々にも、情報発信するという取組みです。

埼玉地区用対連

藤川　次に、埼玉地区用対連の研修の紹介をお願いします。

池田　埼玉地区用対連の研修では、未経験者をすぐに実践部隊として育ててほしいという要望があるものですから、未経験者を対象に早期に研修を実施する取組みを行っています。

まず、早い時期に用地事務の流れとか、ある程度専門的な言葉を覚えていただくという趣旨で、4月の2週目に用地概要研修を行っています。

この研修では講義形式と、後半で、用地事務を1年経験した、用地2年目の職員6名に自分たちの経験談等を座談会形式で、受講者の前で話をしていただき、参考にしてもらうということを行ったところ好評でした。

用地概要研修に続いて、1カ月半経った頃に基本研修を行い、補償基準とか代替地制度、税制などといった基礎的な講義を行い、実践的な知識を身に付けていただくという2段構えで、未経験者の育成を行っています。

それ以外に、税務研修、専門研修は昔から毎年行っていて、税務研修は、国税局の職員の方に講師をしていただいております。専門研修の内容は、農業振興地域制度とか農地転用許可制度、開発許可制度などで、埼玉県の担当部局の職員が講師を務めております。これらの専門的な研修は毎年やっていても、制度の改正があったり、制度自体に難しいところがあるので、3年に1回ぐらいの頻度で、全員が受けて、用地職員として必要な知識の水準を保つ、そういうふうに活用してもらえているのではないかと思っております。ですから、継続して行っている割には、受講者

■埼玉地区用地対策連絡協議会（平成29年度実績）

研修機関	研修名	対象者	内容（項目）	期間	時間	経費（単位：円）	参加人数
埼玉地区用地対策連絡協議会	用地概要研修	用地未経験者	・予算の仕組み（公共・単独費、繰越制度）【全て県用地課職員】 ・用地事務（特徴、取得の方法） ・用地事務の流れ（事業説明会～契約・支払） ・１年流れ ・用地交渉（準備、交渉態度、スケジュール） ・用地事務の主な規定	0.5	3	実費	128
	基本研修	用地実務経験１年未満	・土地評価、残地補償【全て県用地課職員】 ・建物等移転料、動産、仮住居、家賃減収、借家人 ・祭祀料、移転雑費、立木、営業補償 ・税制度、不動産登記制度、委託制度 ・代替地制度、公共補償	3	17.1	実費	375
	税務研修	用地事務担当職員	・公共事業における譲渡所得等について【国税局職員】	0.5	2.5	0	177
	特別研修１	用地事務担当職員	・オンラインによる嘱託登記手続き【全て地方法務局職員】 ・相続に関する嘱託登記及び法定相続証明情報制度の概要 ・表示に関する嘱託登記の注意点	0.5	3	0	195
	特別研修２	用地事務担当職員	・公共嘱託登記業務運用基準の解説【土地家屋調査士】 ・所有者の所在の把握が難しい土地への対応とガイドライン及び解決事例の紹介【国土交通省職員】 ・所有者の探索と財産管理人制度【司法書士】	1	4.5	実費	206
	専門研修	用地事務担当職員	・農業振興地域制度の概要【以下 県農業政策課職員】 ・農地転用許可について ・農地中間管理事業【県農業ビジネス支援課職員】 ・開発許可制度の概要【県都市計画課職員】 ・土地収用制度の概要【県用地課職員】	0.5	3.5	0	100
	補償事例研修	用地事務担当職員	・補償事例をもとにグループ討議及び発表【県用地課職員】	1	5	実費	23

〔参考：埼玉県〈内部職員向け〉（平成29年度実績）〕

研修機関	研修名	対象者	内容（項目）	期間	時間	経費（単位：円）	参加人数
埼玉県	初級研修	用地実務経験１年未満	・土地評価、残地補償【全て県用地課職員】 ・建物等移転料、動産、仮住居、家賃減収、借家人 ・祭祀料、移転雑費、立木、営業補償 ・税制度、不動産登記制度、委託制度 ・代替地制度、公共補償 ・移転工法、模擬用地交渉	4	23.1	0	104
	実務研修	用地事務担当職員（主任、主事）	・土地評価理論【全て県用地課職員】 ・土地評価実務演習	3	16.5	0	22
	中級研修	用地担当職員	・建物調査に用いられる建築用語等の解説【補償コン業者】 ・補償説明業務委託の活用方法【以下県用地課職員】 ・補償説明業務委託の実態（座談会）	1	5.3	実費	23
	新任未登記担当職員研修	登記担当職員（登記嘱託職員ほか）	・未登記土地処理の流れ【全て県用地課職員】 ・第三次未登記土地処理５か年計画 ・未登記土地管理システム	0.5	4	0	12
	検査員研修	委託業務を検査する職員	・物件調査成果物のチェック項目【補償コン業者】 （精度監理業務からの視点）	0.5	2.5	0	30
	委託研修	用地経験１年未満	・土木積算システム（物件調査等業務委託料）操作研修【県用地課職員】	0.5	2.5	0	21

が多く、毎年それぞれ200人近くいます。

特別研修は、なるべくタイムリーなテーマにしようと心掛けています。最近では、相続に関する嘱託登記及び法定相続情報証明制度とか、あるいは所有者不明土地について、司法書士や、国土交通省の職員の方に説明をしていただきました。

補償事例研修は、座学ではなく、グループワーク形式で、昨年度初めて取り組んだものです。受講者同士で話し合いながら補償に対する知識を深められると好評なのですが、グループワークはどうしても人数が限られてしまいます。埼玉地区用対連の会員の用地担当職員は1、000人を超すため、受講者規模や主催者側の体制を考えると、わずかな人数でしかできないことが今後の課題ではないかなと思っています。もっと多くの人を対象としたいのですが、難しいところです。

テキスト開発に関する課題

藤川　一概に研修と言っても、いろいろな切り口があると思いますが、テキストというか、教材というか、コンテンツの重要性は大きいと思います。

先ほど水越さんから、私が講師をした用地行政入門講座の話がありましたが、その際、テキストとして、相当苦労して、パワーポイント版の分厚いものを作ったのです。

数日後、受講した方の会社の方から、これまで入門用のよいテキストがなかったので、社内研修用のテキストとして使ってもいいかと問合せがあって、いいけれども、私も仕事の合間を縫ってバタバタで作ったので、暫定版くらいのイメージでどうぞと答えたことがありました。

何を言っているかと言うと、私もパワーポイントのテキストを作ってみて初めて実感したのですが、用地取得のそれぞれの分野の細かいことを書いたものは沢山あるのですが、初心者が用地取得の全貌を容易に理解できるテキストとなると、これがなかなかなくて、一から作るしかない。そうは言っても、様々な事項について漏れがないかを確認する必要があるので、作成の過程で、頭の整理を兼ねて、都県の用対連の網羅的なテキストを集めました。いろいろ苦労して大作を作られているところもありましたが、いかんせん職員不足で改訂が大幅に遅れているところもありました。やはり、テキストづくりは大変な作業ですね。

そういうことで、私も、パワーポイントのテキストくらいでお茶を濁しておけばよかったのですが、そのテキストを見た自治体の方々から、仮に、藤川さんが異動になって入門講座も終わってしまうことになってはもったいないので、ぜひ、読めば分かるようなしっかりとした書籍の形にしてほしいという声をいただきました。

ぜひという声に気をよくし、安請け合いをしたのですが（笑）、パワーポイント資料を、しっかりとした文章の書籍の形にするのも、これまた大変でした。四苦八苦して、ようやく、本年（平成30年）2月に、「公共用地取得・補償の実務－基礎から実践まで－」（藤川眞行、ぎょうせい）を発刊しましたが、こういう作業を、家庭で、ボランティアとして、1人でやるのは、ちょっとむちゃなことかな、とも思いました。

いずれにしても、それぞれの機関においても、テキストの作成は、頭の痛い大きな問題だと思いますが、どのような状況なのでしょうか。

中村　そうですね。私どもは、各講師がそれぞれでテキストを作っているので、同じ内容になるのではないかとか、重複する部分が結構あるのではないか、との指摘があります。その点について、テキストの中身を横断的に見て、ある程度のクオリティーコントロールは必要ではないかと、最近、私どもの幹部が言っています。ただ、ご指摘のように、なかなか対応が難しいのですけれども…。

藤川　クオリティーコントロールされたものを、一体、誰が作るのかという問題がありますね。

中村　私どもの幹部は、国土交通本省の担当部局がある程度やらないとまずいだろう、との認識ですが、本省の方は、いろいろお忙しいでしょうし…。

藤川　やはり、人材育成を大切な政策として位置づけて、組織的に取り組まないといけないということでしょうか。

ところで、テキストを作る講師の方は、毎年同じ方ですか、変更がありますか。

中村　新たなテーマが生じない限り、同じ方にお願いしています。

藤川　そういう意味で、他の講師のテキストとの関係という課題はありますが、その講師のテキストとしては、大体、継続して品質管理がなされているということですか。

中村　そうですね。

藤川　研修センターは、分厚い「用地取得と補償」を出されていますが、他に、いろいろテキストを作られているのでしょうか。

穴澤　「用地取得と補償」も使いますけれども、基本的には、講師に一任しているのが現状です。ただ、講義に関するアンケートを取っているので、受講生の方からこのような内容をもうちょっと聞きたいという要望があると、講師の方にその結果を持っていって、次の年には、その内容を追加していただくことをしております。

藤川　講師のテキストがある程度蓄積してきたら、将来的には、パワーポイント資料から文書にして、研修センターによる定番テキストみたいなものにしていく考えはありませんか。

穴澤　内容についての見直しも必要になると思われ、今のところは考えておりません。

藤川　関東用対連でも、テキストは、講師ごとに作っていますか。

水越　カリキュラムはほとんど変わらないので、その年度に講師として割り当てられた職員が前年度のテキストを確認し、修正が必要なところは見直しをしている程度で、そんなに大きく変わるものではありません。

藤川　研修センターみたいに、フィードバックはされているのですか。

水越　こちらも同じように、アンケートを取っているので、講師の方に、要望を伝えて、それに応えるような形で、できるところは改良してもらったりしています。

藤川　先ほど、私が書籍を執筆するに際して、都県の用対連の網羅的なテキストを集めたと言いましたが、埼玉県のものは、相当の力作で、細かい点を含め、非常に網羅的に書いてあり、とても感心しました。

池田　400～500ページのものですが、「用地マニュアル」という本です。用地に関連する様々な規程を集めた例規集は別に作っています。

このマニュアル本は、実務を処理する上での必要な知識について、図や絵を織り混ぜながら、なるべく分かりやすく解説しているものです。昭和60年代頃に作りはじめて、それを7～8年おきに改訂しています。

基本研修ではそのマニュアルに従って、それぞれ担当する講師が研修用にアレンジしながら講義で活用しています。

藤川　一番初めにこれを作った人は、すごいですね。

池田　これを作るために、プロジェクトチームを設置して、1年かけて議論したと聞き及んでいます。

藤川　メンテナンスも大変ですね。税とかも含めて、チェック、修正しないといけない。

池田　はい。それを6人の職員で、7～8年に1回ぐらいの割合で確認し、修正をしております。

ロールプレイングによる研修の実際と課題

藤川　先にもありましたが、座学も必要だけれど、いわゆるロールプレイングとかグループ討議方式などのニーズが高いということで、関東地整の若手職員の研修でも、ブロック別に事務所が集まって、そのような研修も行っています。

ロールプレイングによる研修について、もう少し、実態や課題について、お聞かせいただけますか。

中村　国交大については先ほども申し上げましたように、東京都の収用委員会の方を招いて模擬収用委員会もやっていますし、カリキュラム的に事例研究、班別討議に重点を置いたカリキュラムになっています。ただ講義を聞くという形ではなく、自ら考えさせるような形の研修のカリキュラムにしています。

先ほどの用地Ⅰ期、Ⅱ期の研修の中に説得の技術という講義があって、こちらが一応、心理学を背景にしたもので、説得のためにどういうことをすれば良いのかという形の講義になっています。この講師は外部講師ですが、淡々と講義で説明するだけではなく、隣の人とペアを組んで、実際にいろいろと話をさせる。1つの事例で言うと、相手に話すときに課題を1つ決めて、その課題に対して話すときにリアクションをとるパターンととらないパターンでどれぐらい話しやすいかなどの確認を行う実践的な講義を行っていて、結構評判が良いです。

藤川　適任の講師の方がいらっしゃるということですか。

中村　そうですね。この研修につきましては、かなり古くから講義を行っていただいております。

藤川　研修センターのロールプレイングについて、もう少しお話しいただけると…。

穴澤　先ほど紹介した用地交渉のポイントがロールプレイングだと思います。それぞれ役割分担を決めて用地交渉を行うということでやっていただいております。

藤川　講師はどなたが。

穴澤　民間の企業の方にお願いしています。

藤川　関東地区用対連では、ロールプレイングとかはやっていないのですか。

水越　ニーズはありますが、関東地区用対連ではやっていません。直轄においては、ブロック毎に事務所が集まって、用地交渉のロールプレイングをやっています。

用地交渉のロールプレイングについては、テキストづくりが大変なのと、少人数のグループでやるので、起業者役を若手に担当してもらうと、地権者役としてベテラン職員が何人も必要になるという課題があります。関東地区用対連でやろうとすると、そのあたりが大変ではないかと思います。

藤川　埼玉県は、先ほどあった補償事例研修でのグループ討議とかは、具体的にはどういうやり方でやるのですか。

池田　グループ討議については、埼玉地区用対連会員が持つ困難事例などを題材にして、どのような補償を考えるかという討議を行っています。

ロールプレイングも、埼玉県の職員に対しては何十年も前からやっていますが、水越さんが話されたことと同様で、埼玉地区用対連会員向けとなると、やはり役割分担がネックになってくると思います。実施できれば、好評だと思いますが、現状では難しいところです。

藤川 本格的なロールプレイングですと、そのような問題があるでしょうから、用地交渉のやり方をロールプレイングも交えて教えるようなＤＶＤを作るということは、考えられませんか。

池田 確か、昔、ある都県でそういうビデオを作られたのではないかと思いますが、今、都道府県レベルでやられているとすれば、とても大変な作業だと思います。

藤川 これも、テキストの開発と同じく、政策として位置づけて、組織的に対応する課題でしょうか。

研修の充実に向けた課題について

藤川 それぞれの機関の研修について、いろいろお話をお聞きして、なんとなく、それぞれの機関の役割分担についても、見えてきたようにも思いますが、今一度、全体を見渡して、役割分担を再確認しつつ、自治体への情報提供等を含め、連携してやっていくことが考えられるのではないかと思いますが、いかがでしょうか。

中村 確かに、交通整理という意味ではやられていないような気がします。

他方、国交大として、全体でこういう研修のメニューがありますということは、当然のことながら、自治体の方には提供しております。
もっとも、それぞれの自治体の中で、情報共有がなされているかという問題はあろうかと思います。

藤川 研修センターは、市町村への研修のPRは、どのようにやっていますか。

穴澤 市町村の窓口へのお知らせや、ホームページでの案内という形で、アナウンスしております。

藤川 市町村などは、研修の窓口は、国土交通系のところですか、それとも、総務部人事系のところですか。

中村 多分、人事系のところが窓口になってくれていると思いますが、よく分からない部分もあります。

藤川 あと、私も10年以上前に、市にいたことがあるのでよく分かるのですが、現在の市町村の厳しい財政事情を考えると、研修の費用負担の問題も、大きな話ではないでしょうか。

中村 旅費とかを国交大で負担してもらえないかみたいな話はちょこちょこありますね。地方整備局の職員だと、国交大で職員旅費という形で負担することが可能ですけれども、自治体の方々は大もとの財布が違うので、なかなか難しい。そういった意味では、総務省等に働きかけて、そのためのお金をつけてもらうようなところまで考えないと、いけないでしょうね。

藤川 研修センターの方は、どうですか。

穴澤 私どもの多くは、全国の市町村の方々が対象です。旧自治省関係ですが、市町村振興協会というものがありまして、市町村に対して幾らか助成を出すところもあるようです。この助成制度を活用して、来られる方もいらっしゃいます。

藤川 旧自治省の世界でなく、何らかの補助事業の対象とするなど、俎上に載せるなんて話はありませんか。

中村 研修費用の話が俎上に載ることはないですね。

藤川 現状はそうなのでしょうね。ただ、現実に目を向けると、会計検査院の検査結果を見ていても、用地取得に関係する過補償等の不当事項の指摘は結構ありますね。

もちろん、会計検査院がモグラ叩き的と言っては語弊がありますが、事後的に是正することも重要でしょうが、事前予防というか、不適正な補償が発生しない体制を構築することが何より重要でしょうし、現在の自治体の執行体制の現状を踏まえると、補助事業の適正な執行という観点から、人材育成のための研修等について何らかの支援を位置づけることは、全く不可能ということになるのか否か。

穴澤 そうですね。いずれにしても、研修経費の問題は大きいですね。支援が充実していくようになると、人材育成をめぐる環境は大きく変わっていくと思います。

まとめ

藤川 いろいろなお話、ありがとうございました。それでは、座談会の締めとして、用地担当職員の人材育成に向けた研修の充実について、今後の抱負など、何でも結構ですから、順にお話しいただければと思います。

中村　国交大としては、できるだけ多くの人に研修を受けていただくことが、重要な課題の一つだと考えています。

用地取得関係の研修について、魅力あるカリキュラム作りに一生懸命取り組んでいきたいと考えておりますので、研修内容の自治体への情報提供等について、協力をお願いします。

穴澤　今後、皆様方とは、用地取得に関する講師の方々の情報等について、情報交換させていただければと思っています。

また、研修カリキュラムについては、自治体の方々から、長い期間より短い期間でという要望も出てきておりますので、ぜひ短期間での研修も考えていきたいと思っております。

水越　関東地区用対連としては、例えば、昨年度（平成29年度）から始めた「連続セミナー」について、内容の拡充を図る形で、本年度（平成30年度）も実施することとしています。自治体の方々の声を引き続きお聴きしつつ、限られた体制の中でも、より充実した研修が開催できるよう、取り組んでまいります。

池田　埼玉県内の市町村の中で、比較的規模の小さな所では、1桁の用地職員しかいないというのが現状です。そのような環境においてノウハウ等が承継されるというのはなかなか難しいので、県としては、今後もこのような市町村を支援していきたいと思っています。

ただ、我々県職員も人員削減が図られてい

るので、できることに限界があります。本日の座談会で、皆様方がいろいろ市町村の支援をしてくださっているということが十分に分かりました。今後とも、市町村の支援について、さらにご協力をいただければありがたいです。

藤川　人材育成に向けた研修の充実は、一見、地味な話に聞こえるかも知れませんが、ある意味で、適正かつ円滑な公共用地取得を図るための一丁目一番地の政策と言ってよいのではないでしょうか。

この座談会を一つの契機として、各機関の連携を深め、カリキュラム体系の構築や、テキスト等の開発を含め、一歩一歩進んでいくことができればと思います。

本日は、長時間にわたり、ありがとうございました。

座談会⑥
「公共用地補償業務における不当要求への対応――弁護士会との連携を中心に――」

公共用地補償業務における不当要求への対応策は、人材育成の重要な部分に入る話ですが、それに加え、組織全体としても、しっかりとした体制を構築しておくべき重要な課題です。暴力団への対応については、暴対法等の整備により、警察当局との連携が強化され、昔よりも適切な対応が図られているのではないかと思いますが、様々な不当要求はなくならないのが実態です。

なんといっても、現場で汗をかき苦労をしている用地担当職員が、何かのきっかけで不当要求に巻き込まれ、組織的な対応がないまま心身とも疲弊してしまう事態は避けなければなりません。

本座談会では、日本弁護士連合会、東京弁護士会で、民事介入暴力対策の権威としてご活躍しておられる弁護士の方々と国の担当者に参加していただき、公共用地補償業務における不当要求への対応の現状・課題についてお話しいただきました。

具体的な事項としては、

- 行政対象暴力の現状
- 国土交通省のこれまでの経緯と取組みの現状
- 国土交通省関東地方整備局、中国地方整備局の取組みの現状
- 用地担当職員の教育訓練のあり方
- 弁護士相談のタイミング
- 用地交渉への弁護士の立合いのあり方

等が取り上げられています。

座談会では、日本弁護士連合会民事介入暴力対策委員会委員長でもある中井克洋弁護士、東京弁護士会民事介入暴力対策特別委員会副委員長でもある髙橋良裕弁護士から、不当要求への対応に関する貴重なアドバイスをいただきました。公共用地補償の現場をよくご存じの法曹関係者や警察当局等とも連携を図り、日頃からしっかりとした体制を構築しておくことが何よりも重要でしょう。

座談会⑥

「公共用地補償業務における不当要求への対応
―弁護士会との連携を中心に―」

平成30年5月23日開催

中井克洋　弁護士（広島弁護士会、日本弁護士連合会民事介入暴力対策委員会委員長）

髙橋良裕　弁護士（東京弁護士会、東京弁護士会民事介入暴力対策特別委員会副委員長、関東弁護士会連合会民事介入暴力委員会委員）

梅木勇治　国土交通省中国地方整備局用地部用地補償管理官

市川史正　国土交通省関東地方整備局用地部用地調査官

藤川眞行　全国用対連事務局長（国土交通省関東地方整備局用地部長）

（順不同・敬称略。なお、所属・役職は、開催当時のもの）

〈用地ジャーナル2018年12月号・2019年1月号掲載〉

はじめに

藤川　申すまでもありませんが、用地取得業務において不当要求に対し適切な対応を図ることは、業務の適正かつ円滑な実施に不可欠なだけではなく、インフラ整備事業全体に対する国民の信頼を確保する上で欠くことのできないものです。

国土交通省（以下、国交省）の直轄工事における不当要求への対応については、いくつかの事案が発生したこともあり、国交省本省から、平成21年度には、弁護士会、警察等との連携を図る旨の通知が出され、また、平成23年度には、用地取得業務の各段階において、組織としてチェックすることとする、「多段階チェックシステム」の導入を徹底する旨の通知が出されています。

このようなこともあり、お蔭さまで、昨今、暴力団が関与した不当要求事案は耳にしないところですが、暴力団以外の方々からの限度を超えた激しい要求、これも不当要求に当たるわけですが、そういったものは、やはり、依然としてあるという状況ではないかと思います。

一方、世の中全体の動きとして、コンプライアンスに対する要求水準は非常に高まってきており、官民問わず、事業体が世の中の信頼を得て事業を実施していくためには、コンプライアンスの確保を図る徹底した取組みが不可欠になってきていると思われます。

本座談会では、このようなことを踏まえ、平成21年度から継続されてきている弁護士会との連携の取組みを中心として、用地取得業務における不当要求への対応の現状、課題等について、話し合っていきたいと思います。

行政対象暴力の現状

藤川　用地取得業務における不当要求は、大きく見ると、行政対象暴力というジャンルの1つに位置付けられるものだと思います。

弁護士会におかれては、様々な行政対象暴力に対する取組みをされておられますが、近年の行政対象暴力の現状について、東京弁護士会の髙橋弁護士と広島弁護士会の中井弁護士から、お話をいただきたいと思います。

髙橋　東京三弁護士会の取組みとして、用地取得業務以外では、毎年10月頃に東京法務局で行われるえせ同和行為対策東京連絡会で、2月には都庁で行われるえせ同和行為排除のための講習会で、それぞれ講演を行っています。また、東京都との関係では、都営住宅からの暴力団排除にも取り組んでいます。

近年における行政対象暴力の一般的状況としては、少子高齢化とか格差社会が背景にあるのかなと感じていますが、保育とか教育行政におけるモンスターペアレントの問題とか、生活保護等の福祉行政に対する不当要求や公共サービスに関わる不当要求等が目立っています。

東京弁護士会では、東日本大震災のときに社会における行政の役割が非常に大きいことを再認識して、行政にかかわる取組みを活動の柱の1つにしています。そして、行政対象暴力については、これを許すと行政目的や公益が損なわれることになる一方、セオリー通り、杓子定規に対応するとかえって行政目的や公益を損ないかねないなど、重要で難しい問題が多いことを認識しています。最近は、そのあたりも意識して、本格的に取り組んでいます。

中井　一般的な行政対象暴力については、いわゆる反社会的勢力、具体的には暴力団関係者によるあからさまな不当要求は減っているという感触を持っています。

もともと行政対象暴力という言葉は、平成13年に、日弁連民暴委員会主催の民事介入暴力対策島根大会が松江市で開催されたときに遡ります。

「行政は権力を持っているから不当要求に対して強いのではないか、とされているけれど、本当にそうか」という問題意識を持って、中国地方の全自治体からアンケートを取ったり、全国の事件を調査したところ、機関紙購読を強要されるとか、ひどいものになると、反社会的勢力と絡みがあるブローカー的な人が長年に渡って官庁に影響力を持っており、その力で長年不正に多額の融資を受けているといった実態が、判明しました。

そのような実態をその島根大会で「行政対象暴力」と名付け、それに対して、日弁連や各都道府県弁護士会の民暴委員会、警察、各地の暴追センターが啓蒙活動や事件対応を行ってきた結果、少なくとも反社会的勢力によるそういう活動は、平成13年頃の実態に比べると少なくなってきたと思います。

実際に、平成27年7月に、日弁連民暴委員会と警察庁、全国暴追センターが共同で行った行政機関へのアンケートでも、平成23年頃よりも反社会的勢力による不当要求が減っているという結果が出ています。

それよりも今では、むしろ主体が反社会的勢力ではない人の方がよほど遠慮のないことをする時代になった、という印象を持っています。

広島弁護士会民暴委員会では、毎年、県下

の全自治体の管理者の方を対象とした不当要求対応研修会の講師を出していますが、そこでのアンケートでも、「一般の人に対する対応方法を教えてほしい」とか、「一般の人だけれども、怒鳴るわけではないもののずっと居座る人に対してどう対応したらよいか」といった声が多くなっています。

このように、反社会的勢力による不当要求にいかに対応するかという時代から、むしろ、不当要求一般にいかに対応するかという時代に移りつつある感じです。

国土交通省直轄工事における取組みの経緯

藤川　そのような全体的な動きを踏まえて、ここからは用地取得業務について話を移していきたいと思います。

冒頭で、平成21、23年に、弁護士会等との連携や、多段階チェックシステムの導入徹底といった動きがあったことを申し上げましたが、それらのポイントについて関東地方整備局（以下、関東地整）の市川用地調査官から、当時、国交省本省に出向されていたので、本省の動きも含めてご説明いただければと思います。

市川　警察、弁護士会等との連携の発端は、平成12年に発覚した旧建設省のある地方建設局の案件です。国道事業の用地買収に際して、脅迫、監禁等を伴った不当要求によって、職員が耐えきれず土地面積の水増し等が行われたものです。

この事案を受けて、国交省本省からは、不当要求行為に対して、警察との連携の強化と、多段階チェックシステムの導入を図る旨の通知が発出されました。

ただ、不当要求がその後も多く報告されたことから、平成21年には、国交省本省から、警察との連携の強化に加えて、弁護士会との連携の強化を図る旨の通知が発出されました。

具体的な内容としては、

・警察、弁護士会との連携体制の確立・強化
・定期的な情報交換の場の設置
・講師を招聘しての研修会の開催
・都道府県公安委員会主催の不当要求防止責任者講習の受講

等です。

この通知を受けて、例えば、関東地整では、毎年度、管内の都県単位で、警察の組織犯罪対策部門、暴追センター、そして、弁護士会の方をお招きし、意見交換会を実施しています。警察当局からは、現在の反社会的勢力の状況についてご説明をいただくとともに、弁護士会からは、不当要求事案に対して、的確な助言をいただいています。また、各種研修会の開催や、不当要求防止責任者講習会の受講等を通じ、日頃から、用地担当職員に対する意識啓発も行っています。

もう1つの多段階チェックシステムの導入の徹底ですが、これは、架空物件に対する虚偽の補償といった事案が発生したことから、平成23年に、国交省本省から、その旨の通知が発出されました。

具体的な内容としては、

・補償基準、手順の遵守
・用地担当課長のチェックの徹底
・交渉担当者相互のチェックの徹底
・契約に直接携わる職員以外の第三者（原則、事務所副所長）によるチェックの確立
・事務所長決裁後の相手方への提示

等です。

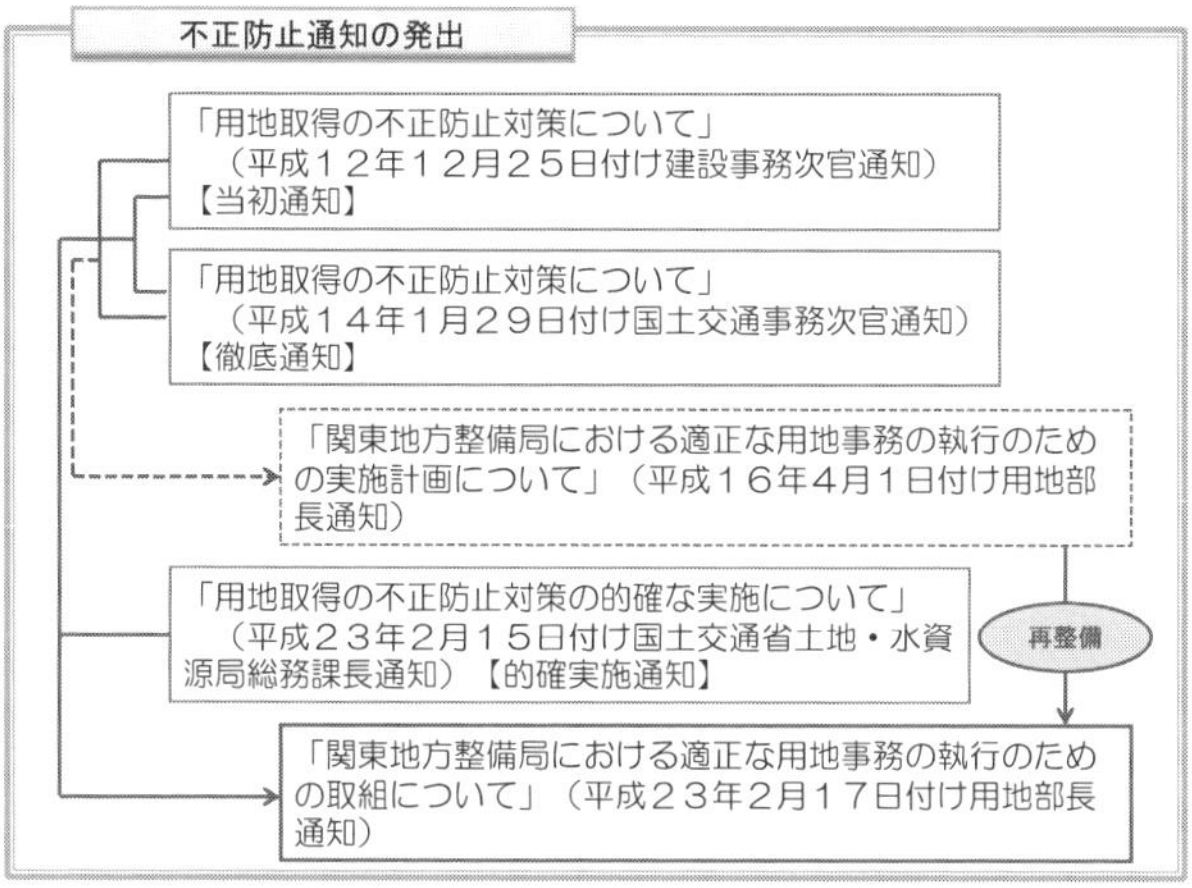

参　考

警察及び弁護士会との連携

1. 本省通知（要旨抜粋）

「用地取得業務における不当要求行為に対する警察及び弁護士会との連携について」
（平成21年6月1日付け国土交通省土地・水資源局総務課長通知）

①警察及び弁護士会との連携の強化
→ 警察、弁護士会との不当要求行為等に関する定期的な情報交換の場の設置や講師を招聘し、不当要求行為等への対応についての研修の実施など、警察及び弁護士会との連携体制を確立、強化すること。

②用地担当職員の意識啓発
→ 用地担当者に①の研修を積極的に受講させるほか、都道府県公安委員会が実施する不当要求防止責任者講習における不当要求への対処方針を習得させるなど、用地職員の意識啓発に努めること。

2. 関東地方整備局での取組

①警察及び弁護士会との連携の強化
→ 毎年度、管内の都県単位で、警察（都県警察組織犯罪対策部門・都県暴追センター）、弁護士会（都県弁護士会）と意見交換会を実施。
→ 弁護士会から不当要求事案に対し迅速かつ適確な助言をいただく仕組み

②用地担当職員の意識啓発
→ 各種研修、講習会等においての意識啓発
→ 用地担当者の不当要求防止責任者講習等の受講

多段階チェックシステム フロー図

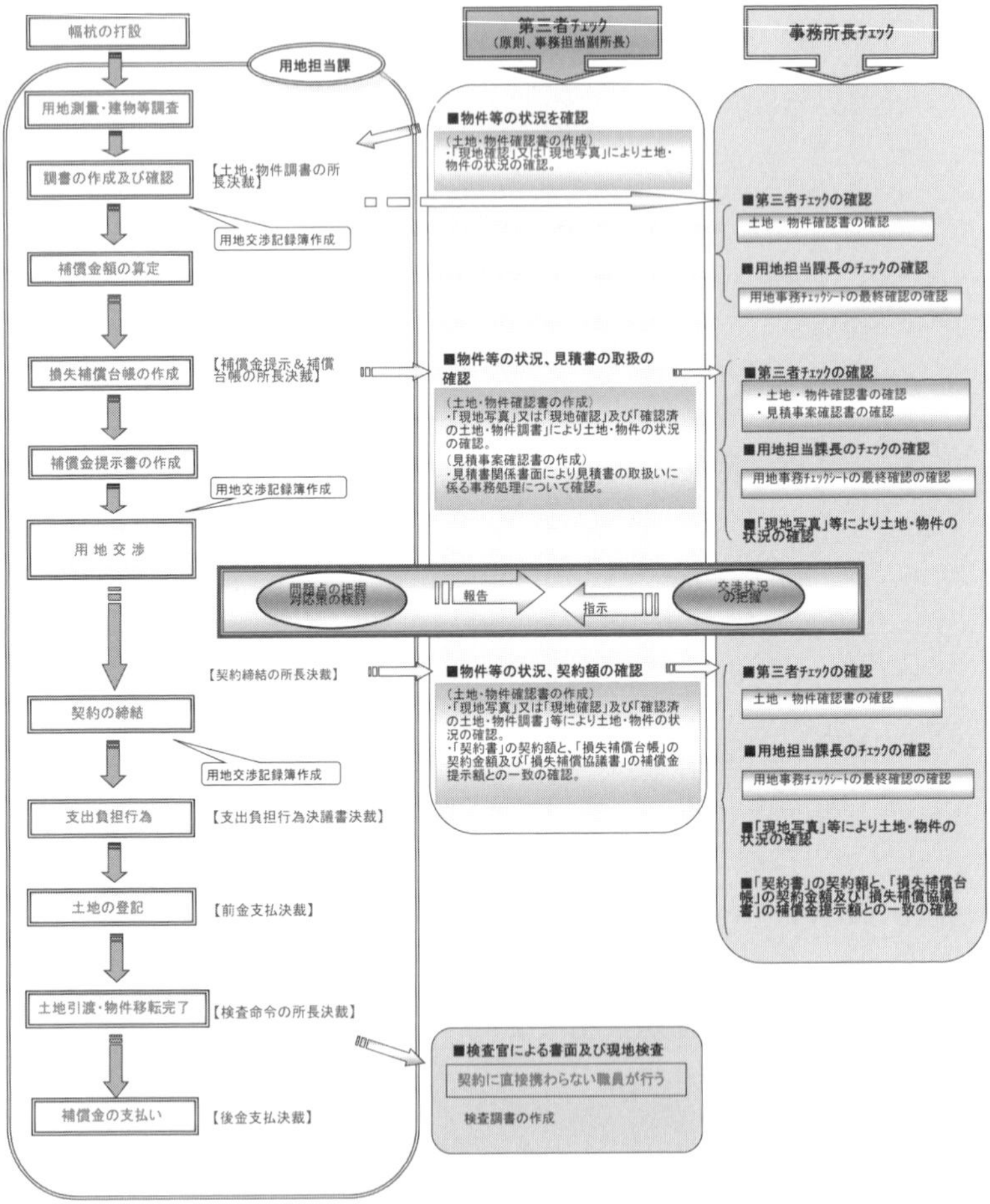

　この通知を受けて、例えば、関東地整では、多段階チェックシステムの徹底を図るための用地事務チェックシートを作成し、契約締結まで3段階でチェックを行っています。具体的には、土地物件調書の作成・地権者の確認、補償金の提示、契約の締結の3つの段階で、地権者ごとにチェックシートを作成し、交渉担当者による相互チェック、用地担当課長のチェック等の徹底を図っております。

関東地整の取組み

藤川　それでは、次に、弁護士会との連携について、関東地整と中国地方整備局（以下、中国地整）を事例として、見ていきたいと思います。

　関東地整の取組みについては、先ほど若干紹介がありましたが、例えば、都下では、東京三弁護士会等との間で、私も参加しておりますが、毎年度、意見交換会を開催しております。意見交換会1回だけでなく、意見交換会の前に、事前勉強会が複数回開催されるなど、非常に熱心に対応していただいており、全国的に見ても、最も精力的に取り組まれているものの一つであると思います。

　東京三弁護士会との連携について、関東地整の市川用地調査官、東京弁護士会の髙橋弁護士の方から、ご紹介いただけますでしょうか。

市川　東京三弁護士会の方からは、年に一度の意見交換会の場で、直近の事例を題材として、不当要求への対応のあり方について、いろいろ法的なアドバイスをいただいております。

　東京三弁護士会とは、日頃から、個別事案

参　考

警察及び弁護士会との連携

不当要求対応に係る意見交換会　【構成メンバー】
- 都県警察組織犯罪対策部門
- 都県暴力団追放センター
- 都県弁護士会
- 関東地整用地部・事務所用地担当課

平成29年度意見交換会等の開催状況

都　県	平成２９年度幹事事務所	開催時期	内　容　等
群馬県	高崎河川国道	6月7日 2月7日	各機関における取組状況等の報告、意見交換、弁護士講演等
長野県	長野国道	6月30日	各機関における取組状況等の報告、意見交換、「精神疾患と不当要求」講演等
神奈川県	横浜国道	10月25日	各機関における取組状況等の報告、意見交換等
栃木県	渡良瀬川河川	11月9日	各機関における取組状況等の報告、意見交換等
山梨県	甲府河川国道	11月30日	不当要求防止に関する弁護士講演等
東京都	東京国道	1月11日	各機関における取組状況等の報告、事例研究（パネルディスカッション）、用地部長講演「公共用地取得の実務」等
茨城県	常陸河川国道	1月24日	各機関における取組状況等の報告、意見交換等
埼玉県	荒川上流	2月8日	各機関における取組状況等の報告、意見交換、「精神疾患と不当要求」講演等
千葉県	千葉国道	2月28日	各機関における取組状況等の報告、意見交換等

への対応については、連絡・相談の体制が構築されていますが、このような意見交換会があるお陰で、何か問題が発生した場合には、弁護士会から、速やかに適任の弁護士を紹介していただける環境が整っています。

不当要求への対応については、様々な法的な問題が出てくるわけですが、弁護士から法的な助言を受けられることで、用地部局としても助かっているところです。

髙橋　意見交換会は毎年秋から冬の時期に行われています。関東地整からは、多数の事務所の担当職員の方々が出席され、東京三弁護士会からは各会の担当委員長と副委員長、準備委員が出席しております。また、警視庁からは、組織犯罪対策課の管理官、暴追都民センターからは、代表理事にも参加いただいております。

内容的には、組織犯罪対策課から、近年の

暴力団情勢について、また、暴追センターからは、不当要求に関する相談受理の状況について、報告があった後に、実際の事案をアレンジしたものを含めていくつかの事例を題材にして、不当要求対応に関する解説と質疑、意見交換をさせていただいています。

個別事案に関する連携としては、東京三弁護士会の各会から数名の相談員、合計で20人弱ぐらいの相談員を例年選任して、その名簿を関東地整にも提出して、各事務所で相談案件が発生した場合に、その相談員名簿の相談員が対応する仕組みで運用しています。

ただ、相談があると、「ああ、こういうことがあったのか」と分かるけれども、相談がない分には何もないから相談がないのか、何かあるけれどもうまく上がってきていないのか分からないところがあります。このため、相談相当の案件が実際の相談までに至っているのかな、と絶えず気にしているような状態ではあります。

意見交換会の題材探しをしている過程で、何か題材はありませんかとお願いをすると、こういうのがありますよということで、それを拝見させていただくと、弁護士に相談しておかないとまずいものとか、相談レベルを超えていて、事件受任しないとどうにもならないのではないかというものが題材として上がってくることもあって、我々の方に相談が来ていないことがそこで分かったりすることがあります。必ずしもうまく機能していないのではないか、仕組みとしてはできているが、末端まで浸透していないのではないか、現場のニーズを拾い上げられていないのではないか、と常に心配しているところはあります。

杞憂に過ぎないのであればそれでよいけれども、もしそうではないとすれば、より実効的な仕組みにしていくことが今後の課題になると思っています。意見交換会の後にざっくばらんな形でお話をお聞きする場も設けておりますが、こちらから出向くような形でも構わないので、どんどんアウトリーチしていくことも含めて、交流の頻度を増して現場の方々を含めて、密な関係をつくっていくことが必要であろうと思っています。

藤川　いろいろご配慮いただき、ありがとうございます。

個別事案への対応については、最近はどんな感じでしょうか。

市川　最近では、土地の引渡しで解体業者ともめてしまった例がありました。建物の撤去が完了し、引渡し検査が終わって補償金を払う段階で、撤去した解体業者が解体で発生したコンクリート殻を地中に埋めているという情報が事務所に入りました。担当職員は、埋めないよう解体業者に口頭で注意し、その解体業者は埋設したコンクリート殻を撤去し、撤去費用を元請けに請求したのですが、元請けから断られると、口頭注意をした職員に対して解体業者の代理人弁護士から、職員が埋めないよう指示したのだから、その追加代金はそちらが払えという書面が到達しました。その内容は、その書面が到達してから5日以内に回答を求めるといった内容証明郵便で、代理人弁護士から来たこともあって、その日のうちに東京弁護士会に相談して、職員が口頭注意したことが指示に当たるのかということや、回答期限の考え方をはじめ、組織としての対応の仕方を教えていただきました。法的なアドバイスを踏まえ、組織として毅然とした対応を講じたわけですが、お陰様で、本当に1週間ぐらいで、問題が解決しました。

中国地整の取組み

藤川　続いて、中国地整の取組みについての話に移りたいと思います。

中国地整では、最近の取組みとして、不当要求への対応に関するQ＆Aを作成されましたが、そのような動きが一つの契機となって、全国レベルのものにつながってきているとお聞きしています。

Q＆Aの作成といった取組みは、非常に重要なことであると思いますが、中国地整における弁護士会との連携について、中国地整の梅木用地補償管理官と広島弁護士会の中井弁護士から、ご紹介いただけますでしょうか。

梅木　中国地整では、平成21年の国交省本省からの通知を受け、管内各事務所に対して、各県弁護士会民暴委員会との連携を強化する旨通知を発出する一方、翌平成22年には、不当要求行為対応に係る弁護士相談についての統一的運用を定めまして、不当要求行為等用地取得業務に関して問題が生じるたびに、担当弁護士の方に相談しています。

また、不当要求に係る職員への意識啓発については、従前、不定期で開催していた民暴委員会所属弁護士による研修等を平成28年度から定例化し、昨年度の場合は演習項目としてロールプレイングを盛り込み、より実務に即した形での指導をいただいております。

平成28年度には、ここにおいでの中井弁護士にご講演をお願いしましたが、その際には、ご講演の内容をCDにして、資料とともに各事務所へ配付するなどし、多数の職員が学習させていただきました。

そのほか、昨年（平成29年）7月には、広島弁護士会民暴委員会からの要望により、中国地整が所掌する用地取得事務の概要及び不当要求事案等の説明を行いました。その中で、各委員の方からも質問、意見等をいただくことができ、整備局にとっても非常に有意義なものとなりました。

あと、不当要求行為に係るQ＆Aの作成に関しましては、広島弁護士会民暴委員会の全面的なご支援のもと、特に中井弁護士のご尽力には多大なものがあるわけですが、28年度初頭から作業に着手して、意見交換及び検討を重ね、最終的には「用地取得に係る不当要求行為対応マニュアル（仮称）」の中の「Q＆A編」として取りまとめ、昨年（平成29年）7月、各事務所へ周知したところです。

他方、中国地整における不当要求の現状ですが、近年は、担当弁護士への法律相談はほとんどない状況ではあります。

ただし、私どもが担当する用地取得業務は、代替性のない土地を損失補償基準に基づいて、その算定額で買収せざるを得ないという特殊性があります。このため、地権者の方の中には、そうした一方的な起業地への組み入れや価格決定について、不満を抱かれ、補償金の増額要求や、残地買収要求等をされる場合もあります。このような要求は必ずしも不当要求というものではなく、地権者として、一般的な要求とも考えられますが、補償基準と著しくかけ離れた要求に固執され、交渉時に威圧的言動を示される場合など、不当要求に該当する場合もあり得ると思われます。

こうしたことから、引き続き、担当弁護士の方への積極的な法律相談を、各事務所、各担当者に対して、促していく必要があるものと認識しているところです。

中井　平成21年5月に、日弁連民暴委員会から各地の単位弁護士会や弁護士会連合会の民暴委員会に対して、国交省地方整備局、特に用地部門との間で強く連携するように、という通達が回りまして、翌年の平成22年から中国地方管内の各県弁護士会民暴委員会から各地域事務所に対して、1事務所について2～3人ずつの相談担当弁護士を推薦しています。

平成22年の段階では、中国地方の相談担当弁護士が広島に集まり、用地の取得業務の流れと法的根拠について教えていただいた上で相談に対応するという体制をとりました。それ以降、不定期ですが、不当要求対応についての研修会も行ってきました。

ただ相談自体は、中国管内全てで年1件あるかないかという状況が続いています。また、相談内容も不当要求というよりも、普通の法律相談ではないのか、というものもあったりして、結局、実態として、現場において不当要求があるのかないのか、我々としてもいまひとつよく分かっていないところです。

髙橋先生からご紹介がありましたように、我々も便りがないのがよい便りなのか、もしかすると弁護士の敷居が高いから相談が少ないのではないか、もしそうなら、その障壁を取り外す方法はないのか、とずっと考えています。

日弁連レベルでは、先ほどの平成13年の民暴島根大会で判明した行政対象暴力を何とかしなければということで、民暴委員会の中に行政部会ができました。市川用地調査官からも事例のご紹介がありましたが、平成10年代には、国交省や各地の自治体等において、用地担当職員等が脅されたあげくに孤立して、不当要求に屈してしまい、逆に詐欺の共犯として起訴されてしまうなどの事案が発生しました。

本当は脅迫、恐喝の被害者なのに、こんな

ことは間違っていると思い、私たちはいろんな事例を研究しました。その結果、やはり現場を孤立させずに、組織として対応しなければいけませんよ、私たちが相談にも乗るし、なんなら代わりに対応しましょうか、そういう体制をとりましょうよ、という提案を行政に対してしてきました。そういう流れがあって、先ほどの平成21年の国交省と弁護士会との連携という話が出てきたという経過だと認識しています。

今回のQ&Aは、平成28年から準備して、広島弁護士会民暴委員会が中心になって作りましたけれども、実は、それ以前に、近畿地方整備局の要望で、近畿弁護士会連合会民暴委員会の先生たちが、Q&Aを作っておられたものが基礎です。それに対して、中国地整から具体的事例でこういう場合はどうすればよいのかという質問もいただき、我々なりにこういうことでどうでしょうかという案を示したりなどして、ブラッシュアップしたものです。

藤川　用地の現場の厳しい状況についてもご理解いただき、これまで長きにわたり、現場を支援する取組みに意を配してきていただいたことに対して、敬意を表したいと思います。

用地担当職員の教育訓練

藤川　次は、各論というか、不当要求への対応に関わる個別論点の話に移っていきたいと思います。

まず、用地担当職員への教育・研修ですが、行政組織、特に、地方自治体において、近年、職員の減少・ゼネラリスト化が進んでおりまして、用地経験の浅い職員が担当となるケースも増えていまして、不当要求への対応についても、教育・研修の場をシステマチックに設けていく必要性が高まっているのかなと思っています。

その意味でも、弁護士会との意見交換会や研修会の開催、ノウハウの基礎となるQ＆A等の作成は、非常に意義が高いものと思っていますが、不当要求への対応に関する教育・研修のあり方について、これまでの話と重複しても結構ですから、お話しいただければと思います。

中井　不当要求対応は、現場でいろんな人と対応していると、何となくコツのようなものがつかめることも確かです。かと言って、このコツがいつでも他の人に通用するかというと決してそうでもない。だから、柔道や空手と同じように、一応の型はあるけれど、実戦になると、応用というか、その場でとっさに自分で考えなければならないことも多い。それが不当要求対応の現場です。

ですから、マニュアルを作ってこれでやりなさいと言っても、それがすぐにできるとも限らないし、マニュアル通りにやることが実は100点ではないこともあったりします。

ただ、不当要求があったときに、本来はできないことなのに応じてしまうことがダメなだけでして、逆に言うと、何とか相手の不当と思われる要求に対して自分だけの勝手な判断で対応することさえしなければ、十分合格です。

職員の方たちに不当要求の研修会で申し上げることは、とにかく手が震えようが足が震えようが、相手が言っていることに対して「はい、分かりました」と言いさえしなければよいのだと。それをまず強調するようにしています。

その上で、用地取得については相手の要求を拒絶すればよいだけではなくて、相手を説得しなければいけないという問題があります。相手に納得してもらわなければいけないわけで、相手といろんな話をしなければなりません。

そうすると、当然、相手との話し方についても気をつけるべきことがあって、相手のメンツを傷つけるような内容の発言や態度はしないようにすることが必要ですし、加えて、相手が興奮したときにいかに冷静になってもらうかということも重要になります。

研修会等では、私たちなりにつかんできたそのコツをできるだけ皆さんにお話ししています。その結果、それでうまくいくとは限らないかもしれないけれども、それを踏まえて自分なりのやり方を考えてみてください、という話もしています。

細かい話になると、相手がこういう言い方をしたらこう言い返すというようなことまでマニュアルを作ったりしていますが、それはやっぱり些末なところであって、大切なのはいかに相手の方の話を、しかるべき時間の中で、ちゃんと聞いてあげて、しかるべき回答や提案をして、それで何とか納得していただくように努力をするということです。ただし、納得してもらえなかったら0点かというと、そうではなくて、とにかくやるべきことはやる、それを心掛けてくださいと申し上げるようにしています。

そして、そのような意識付けをするためにも、外部講師の研修を聞くだけではなくて、やっぱり、できれば現場で後輩が先輩のやっていることをできるだけ目で見る機会を持つことが重要です。ロールプレイングも有効ですが、最も勉強になるのが現場であることは言うまでもありません。

私たちが反社会的勢力の人と事務所とかで

話をするときでも、若い弁護士にも一緒にいてもらって、話の仕方を見てもらうようにしています。つまり、OJTですね。まだ先輩のノウハウがあるうちに、若い人たちに現場にできるだけ来てもらって、口は出さないでもよいからしっかりと見ておいてもらうという、そういう場を作ることが重要ではないかと思っています。

藤川　用地業務の実態を踏まえた適切なアドバイス、ありがとうございます。

髙橋　最近、東京弁護士会の委員会ではいろんな行政部門、自治体等から発注を受けて研修会を行っているのですが、どんなふうにしてほしいかを聞くと、やっぱりロールプレイングをしてくれという要望が強く、評判がいいです。

もちろん前提として、一般的なセオリーに関する座学的な研修も行うのですが、不当要求案件がそんなに頻繁にあるわけでもない中で、実際に不当要求に遭った際に、目の前で大きな声を出されたり、ひどいことを言われるとびっくりすることがありますので、気を確かに持ち続けるということが本当に自分にできるかというあたりを検証したり、多少の慣れやコツを掴むという意味で、やはり、ロールプレイングが一番効果的なのかなと思っています。

あと、副次的な研修の効果として、研修後に質疑があるのですが、興味深い話が現場からどんどん上がってきます。ですから、そのような場があると、弁護士の方も手ごたえを感じて士気がかなり上がってきます。また、先ほどのもしかしたら相談が必要なのに相談してもらえていないのではないかという危惧との関係で言うと、このような研修を通じて弁護士を利用しやすくなる環境もでき上がっていく効果が期待できると思っています。

関東地整の管内だと意見交換会には弁護士が出させていただいていますが、研修にも可能であれば参加させていただく機会があると、有難いと思っています。

藤川　実務としては、やはり、実践で役に立たなければ意味がありませんので、ご指摘のとおり、私どもも、実践型の教育・研修の場づくりが大変重要ではないかと思っております。連携の取組みをさらに充実させていきたいと存じます。

弁護士相談のタイミング

藤川　次に、個別事案における弁護士相談ですが、不当要求への対応については様々な法的論点がある中で、適時適切な対応を図る上で、大変重要な取組みではないかと思っております。

他方、現場の用地担当職員は、どちらかと言うと、相当ひどい状況になってきても頑張って、なんとか対応しようという傾向にあるのではないかと思います。

不当要求とか、その可能性が高いような行為に対し、どのような段階で弁護士に相談に行けばよいのか、その際には、事実関係の証拠とかどの程度整理しておく必要があるのかについて、お話しいただければと思います。

髙橋　結論的に言うと、弁護士に相談した方がよいのかなと迷ったら、もう相談に行くタイミングだと思っています。そう思ったことが相談相当なのかどうかは、正直、相談してみないと分からないのです。今来られても具体的に何か言えることは何もないですね、ということもあるとは思いますが、その場合でも、どういった事実関係を把握しておいた方がよいかということを含めて、こんなことが起こりそうなのだったら、そのときにはこんな準備をしてください、ということが確認できます。本格的な相談の前の前さばき的な相談も含めて相談した方がよいと思います。それをしておかないと、本当に相談しなければいけないタイミングを逸してしまうことになります。

本当に不当要求の問題なのかという疑問をもつこともあると思いますが、不当要求の問題だけを拾い上げようとすると、かえって不当要求の問題を取りこぼすことになってしまいます。不当要求の相談でなくても構わないので、とりあえず迷ったら相談に来てもらう、その中に多分本物が混じっていると思いますので、迷ったら相談に来てもらうことが重要ではないかと思います。

中井　髙橋先生と同じです。ちょっとでも気になったら来ていただくのが、我々としても実は有難いですね。

藤川　根拠というか、証拠とかは、どの程度整理しておいたら、いいですか。

中井　根拠についても、急ぎの案件だってあると思うので、場合によっては口頭だけの報告でもよいです。できれば時系列で、どんなことがあって、それに対して相手がどんなことを言っているということぐらいのメモがあれば、さらにいいですね。

大きい組織だと、相談するための稟議書をまず書いて、その稟議を取ってから、弁護士のところへ行っていいよというシステムを取っているところなどがありますが、それだとなかなか適切な対応ができないおそれがあります。最近、私の事務所では顧問先に対して巡回相談を始めたのですが、今日は弁護士が来るよ、と言って各部署に連絡したら、ちょっと話を聞いてもらいたいということが結構出てくるのです。今まで、相談できなかったのはどうしてですかと聞くと、稟議書を書くこと自体が大変なんですと、どう整理して書けばいいのかも分からないということでした。

私たちは生の事実を話してもらったら、その中から何が法律的な問題点かを抽出することを習っているので、何となく漠然と不安に思っている生の事実だけでも言ってもらえれば対応できます。相談してよいか分からないという案件でも、それは重要ですよということもよくありますので、気軽に相談してください。

私たちにとっても、火の手が上がって、しかも今日すぐこうしてくださいと言われても困るので、予め余裕を持って、どうなるか分からないけれども、という段階から来ていただいた方が有難いのです。

藤川　見ていると、現場の事務所はもう真正面から向き合ってしまっているので、弁護士相談まで、なかなか頭が回らないということが多いと思います。

ですから、うちの組織では、現場の事務所でなく、本局の方で、ある程度差配することも重要かなと思っておりますので、引き続き、前さばきの相談も含めてご相談させていただきたいと思います。

中井　急ぐケースもありますから、そういう場合は電話で一報してもらってもよいです。

髙橋　必ず毎回会って打ち合わせをしなければならないということではなくて、もっと気軽に電話をかけて聞くことでよいのではないかと思っています。そうでないと「ああ、あのときにこうやっておけばよかった」と後で思うことになります。適時迅速に、が基本ですね。

藤川　臨機応変というか、当意即妙な対応に尽きると思いますので、場合によっては電話とかで、連携させていただければと思います。

市川　ある県の事務所であった話ですが、事務所が本局に上げてくるのに1週間ぐらいかかっていて、既に担当者から課長対応、課長から副所長対応になってしまってから、局に相談が来るということがありました。

　関東地整では、そういう事案が発生したらすぐ事務所長に上げて、すぐに本局に上げ、弁護士さんと相談するようにと指導しているところです。

　藤川用地部長から話がありましたが、組織の対応としては臨機応変が基本で、ある意味で、危機管理モードに入ったら、本局がある程度前に踏み出して相談も含めてやらないといけないと思っています。

中井　制度的には、不当要求と思われるものがあったら上に報告し、必要に応じて、弁護士のところに行くということになっていますが、要は、速く相談できるようにすることが重要だと思います。

用地交渉への弁護士の立会い、委任

藤川　次に、用地交渉への弁護士の立会い、委任の話に移りたいと思いますが、不当要求への対応に当たっては、用地交渉に弁護士に立ち会ってもらったり、弁護士へ委任を行うことも、手法の一つとしてあろうかと思います。

例えば、民営化されたネクスコの一部会社では、もうルール化されていて、一定の成果をあげているようなこともお聞きしています。国の場合は、いろいろ論点があるようですが、自治体等の実例も含めて、お話しいただければと思います。

中井　ある国の機関の地方出先機関が弁護士に対して依頼して、示談してもらったケースを知っています。

国の機関からの委任について、近畿弁護士会連合会民暴委員会で検討されたことがありますが、大臣権限法自体は裁判するときに法務大臣が委任する、と言っているだけで、裁判以外の場面でも法務大臣の委任がないと弁護士を使えない、とは一言も書いていません。ですから、大臣権限法があることによって弁護士に委任ができないという根拠にはならないのではないか、というのが検討結果です。

ほかにも予算の問題とかいろいろあるとは思いますが、決して前例がない話でもないですし、弁護士はしっかり対応しますから、気軽に利用していただければと思います。

髙橋　私は地方自治体の用地取得の交渉代理人の経験があります。相手はまさに反社会的勢力だったのですけれども、そのことを除くと、事件自体が不当要求的だったかと言うと、そういう事案ではありませんでした。公共事業による用地交渉では、価格面での交渉の余地がないので、弁護士が普段やっている通常の民事事件とは大分様相が違いますが、具体的な交渉の機微は、現場に行って、相手に会って、様子とか態度を見てみないと分からない点が多々あるので、弁護士相談でもいいけれども、直接対応した方がスムーズに進むのではないかと思うところです。

さらに、立会いだけだと、弁護士は相手に対して直接発言できないという前提になりますから、その場で行政の担当者に「こう言ってください」と目の前で指示して、それと同じことを担当者が言うというのは、何か伝書鳩みたいな感じになって、あまり恰好がよくないので、できれば、交渉代理人としての立場が必要ではないかと思っています。

弁護士は、一般の民事事件もそうですけれども、裁量的なものがあるとは言っても、事件の中身の問題については常に依頼者と相談しながらやっているので、いわんや、補償基準を無視して話をまとめるとかはあり得ないです。むしろ、補償基準や補償内容について、間違ったことを言って後で撤回するとかえって不当要求の口実を与えかねないですから、補償基準や補償内容の部分は、行政の人にお願いすることになるでしょうし、交渉代理人に弁護士がなっても、行政の担当者が一緒になって対応すればよいのであり、担当者がやるべきことができなくなる話では一切ないと思います。

藤川　いずれにしても、現場のニーズと、国としてのルールづくりみたいなものは、本省の方で引き続き検討課題になっているのではないかと思いますので、よい仕組みができないか、引き続き検討していくことが重要なのではないでしょうか。

あと、弁護士の立会い等について、よく現場の事務所の率直な声として、弁護士を連れて行くと、逆に油を注いでしまうことになるのではないか、という危惧がありますね。まあ、やり方にもよるのだと思いますが…。

中井　弁護士まで連れてきたのか、と言って相手がひくというか、くってかかるパターンは確かによくありますね。名刺を出したらいきなりビリビリっと破られるところから始まったりして（笑）。

そうしたら、ちょっと広島弁になりますけれども、「そがいに言いんさんなや」、「いろんな人が話を聞きにきたようじゃけど、あんたの言いたいことをわたしも聞くけぇ、ちょっと言うてみんさいや」と、こんな感じで、できるだけ思いを聞いてあげるようにします。

いろいろやり方があるのだと思うんですが、とにかく言い分を話してもらって、メモしながら一生懸命聞くんです。私たちは「客観視」と言っていますが、言い分をメモして、それを相手に、「あなたの言いたいことはこういうことでいいですか」と確認してもらうんですね。

そうすると、自分の言いたいことはこうなのかと、目で見たら何となく落ち着く作用がどうもあるようです。電話だったら、確認させて、「あなたの言ったことをメモしたから、「あなたのください」と言って読み上げる。「あなたの要求はどうですか」と聞いて、それもメモして、「こういうことですか」と確認する。そうすると、10ぐらい怒っていたのが6ぐらいになって、30分くらい経つと何となくスムースに話ができているというケースが結構あるんです。話を少しでも聞けるように、そこまで何とか持っていくということが1つ目のハードルですね。

話が聞けるようになれば、何回か話をしているうちに、最初は「われやあ、おんどりゃあ」と言っていた人が、「先生にこんなこと言ってもしょうがないんじゃけどね」と、「先生」と言い出すということがよくあります。

現場でいろいろ拒絶されても、「私たちが言っていることが正しいかどうか、第三者の意見もちょっと聞いてみてもらいましょうよ」と言って、弁護士を紹介していただいてもよいかなと思います。

髙橋　かなり高等テクニックですね。お前なんかとは話さないと言いつつ、実は話したがっていることはよくあると思います。

中井　誰かに自分の不満を聞いてもらいたいということは誰にもあると思うんです。不当要求に限りませんが、そこをいかにたぐり寄せるか、がコツと言えばコツではないですかね。

藤川　不当要求について、実は、結構深刻に考えているのは、場合によっては、職員が心身を害してしまうこともあると言うことです。

そういうことで、日頃の教育・研修の取組みに加え、組織として対応すること、本局の方にすぐに上げることの徹底を図っているのですが、職員に過度な負担がいかないようにするために、弁護士の先生方に立ち会ってもらうということも、うまく制度設計ができれば、有力な手法になるのではないかと考えています。

特に、先に述べた行政のスリム化の流れの中で、今までのＯＪＴによる教育というのは、なかなか難しい時代になってきていますので、特に、若い人や経験の少ない人を想定して、やはり、何かシステマチックな対応を考えないといけないのではと…。

中井　スリム化で人数が減って、複数対応も決してできるわけでもないとなると、外注ということになりますかね。

髙橋　不当要求だからということではなく、こういう事案は、弁護士さんに必ず頼むことになっているというルールがあれば、相手方に説明しやすいのかも知れません。

現場に過度な負担が生じている我が国の法制度的な課題

藤川　少し話がそれて、本質的な話になるかも知れませんが、役所の先輩がヨーロッパのある国にアタッシェとして赴任していた時、その国の用地交渉はどのようなものだろうと調査したそうです。そうすると、相手国の国交省のような役所の担当官は、「交渉なんてものはありません、デュープロセスを経て事業計画が決定されていますので、地権者に対しては、補償に関する説明を行い、相手側に応じてもらえない場合は、それでは、お白州（収用委員会、裁判所等）の場で決めてもらいましょうということになるだけです」という回答だったようです。

まあ、慣習が違うということもあろうかと思いますが、大きな問題として法制度のバックボーンの違いがあるのですね。確かに、日本では、都市計画法があって、デュープロセスを経て都市計画決定がされ、事業認可（承認）がされると、収用権が与えられるといった、欧米に似た土地収用のスキームがあるのですが、いかんせん、都市計画区域内の制度なのでそれ以外の地域では使えません。また、事業認可（承認）は、確か、事前に少しでも用地買収に入っていれば、行えないという運用ですから、使えない場合も多いのです。昔からある議論ですが、日本には、欧米にあるような都市・農村計画法、本格的な国土計画法がない。

もちろん、土地収用法には、事業認定という制度がありますが、いかんせん、都市計画法のようなデュープロセスがありませんから、どうしても、事業認定自体の審査が非常に厳しくなって、非常に使いにくいものになってしまう。

そういうことで、まあ、日本的と言えば日本的なのかも知れませんが、現場の負担が非常に過重になる、用地担当職員は、無理に無理を重ねて、任意交渉でがんばらないといけなくなる。

やはり、我が国において不当要求への対応が厳しくなる大きな背景として、そういった制度的な課題が大きいことは否定できないように思います。

中井 まさにそう思いますね。任意で解決できなかったら後は一本道で、法的な収用手続に移行できるようにならないと根本的な解決にはならないと思います。実質的には、地権者の人たちに全てのボールがある状況の中で、とにかくそのボールを取ってこいというのは、負担があり過ぎますね。

適正な手続を経て、ここまで説明したら後はもう法的な手続に移り、法的な手続に移ったら簡易迅速な手続ですむようなシステムにならないと、現場の用地職員の負担は大きいままだと思います。

髙橋 自治体の交渉代理人の経験から、確かに価格については交渉の余地がないんですよね。交渉の余地がないということは合意ではまとまりにくい。相手が妥協する理由は、納得しなかったら収用されますということしかないんです。

強制的に収用できるという制度を設けることによって、任意の用地取得も進むという関係が発生するのかなと思っています。私が担当した案件は反社会的勢力の人が相手でしたけれども、相手がのらりくらり言ってなかなか合意してくれなかったのですが、強制収用が可能なケースでしたので、合意してくれなければ収用手続になってしまうと説明して、合意してもらいました。ですから、一般的な制度として、法的な収用手続の使い勝手がもう少しよくならないと、なかなか不当要求に対する対策というのも難しいのかなという印象を持っています。

エール、決意等

藤川　それでは最後になりますが、用地取得業務についてコンプライアンス確保がますます重要となっていく中、不当要求に対する対応について、高橋弁護士、中井弁護士からは、現場職員に対するエール等、また、市川用地調査官、梅木用地補償管理官からは、決意等について、何でも結構ですから、頂戴できればと思います。

髙橋　用地取得で不当要求を許すことは、不当に税金が流出する、相手が反社会的勢力だったら反社会的勢力の資金源になるということになります。公共事業全体として見ても公益が損なわれて、関連するいろんな人の本来守られるべき国民の利益が失われることになるわけです。

　用地取得の場面で、不当要求に屈して、おかしな約束をしてしまったり、貸しを作られたようなことになってしまうと、その後の土木とか建設の場面で、官製談合とまではいかないまでも、裏取引に行政が巻き込まれてしまう、しかも反社会的勢力による取引への介入を許してしまう、という事態もあり得ない話ではないのではないかと思っています。

　かつてゼネコン各社はこぞって談合決別宣

言をしましたが、その後も談合事件は相当数起きており、最近ではリニア談合事件がありました。談合があれば、それに絡んで不当な下請参入要求もあり得るところであり、何らかの形で反社会的勢力が関わってくるかもしれません。大手ゼネコン各社は、コンプライアンスを重視しているとは思いますが、地方の工事に係わる地元業者や、使っている下請事業者の中に、反社会的勢力が入り込んでくる危険は常に存在しており、用地取得の段階での不手際が公共事業全体への反社会的勢力の介入のきっかけになってしまうというおそれも危惧しているわけです。

相手が反社会的勢力だったら排除して資金源を断つんだと言われるけれども、行政は民間企業よりももっと大きい事業体なわけです。市民対象暴力とか企業対象暴力以上に行政関連の莫大な資金が不当要求者とか反社会的勢力に流れるようでは意味がありません。公共事業に関わっている用地取得の場面での行政対象暴力は絶対に許せないということで、我々はやる気まんまんですから、遠慮なく、相談したいと思った時に、相談していただければと思っております。

中井　行政対象暴力の研究を始めた頃にアンケート結果などを分析して感じたことは、「公僕」とか「全体の奉仕者」という言葉があることから、どうしても公務員は、国民から結構無茶なことを言われても我慢しなければいけないという意識があるのではないか、ということです。

それと、いわゆる行政の内部でも、1つの組織ごとに何となく自己完結しなければいけないという意識が、職員の人にも組織全体にもあるのではないかなと感じたことがあります。

今はかなり意識も変わってきているとは思

いますが、別に上下があるわけではないので、相手とのコンタクトにおいて、無茶なことを言われたり、されても我慢しなければいけない理由は実はどこにもないし、自己完結の結果、自分たちを犠牲にしなければいけないという理由もどこにもありません。しんどければ、外にも助けを求める、そのためには外に情報公開するのも厭わない、が今の時代です。

そこについて、地域事務所のレベルであっても、局のレベルであっても、外に助けを求めることは恥ずかしいことでもないどころか、むしろ今の時代それが必要なのだ、という意識を持っていただきたいです。

もう1つ、相手の要求を拒絶すればそれで終わりという話ではないだけに、ここまで説明したら後は法的な手続に自動的に委ねられる、つまり、収用の手続について迅速化、簡素化できるシステムを作らなければいけない時代になりつつあるのかなと思っています。

法的には所有権等財産権に対する制限の問題ですが、空き家の問題等と同様に伝統的な所有権重視の考え方だけではすまない時代がきているので、国民生活のためにどこまでどのように財産権を制限するかについて迅速に研究して、システマチックな体制を構築する時代が来たのかなと思います。

市川　2点、組織としての対応と手法の拡充ということでお話ししたいと思います。

これまでも、連携体制を立ち上げることはやっているけれども、一旦不当要求が起こったら、本局へ1日でも早く上げてもらい、弁護士会に相談させてもらうということが何より重要であると思っています。法的な論拠も踏まえ、相手方への迅速で適切な説明ができる実効性ある体制を構築していきたいと存じます。

あと1つは、実は、高圧的な態度とか言動

で、全て不当要求だと思ってしまう節はあるけれども、もしかするとこちら側の対応や説明が不足しているのではないか、そのために不要に怒らせているところもあるかも知れません。第三者の方にも参加していただき、事業者のこれまでの対応と相手方の主張を冷静に分析して対応策を考えるという姿勢も職員には必要ではないかと思っております。

梅木 私ども中国地整のQ＆Aの最後において、用地担当者の不当要求者に対する対応上の心構えとして、広島弁護士会民暴委員会から「不当要求に安易に応じることは、隣接の土地所有者等他の関係者から見ると特定の住民、国民に対して特別な扱いをしたことになり、そのことは行政の公平性・透明性を欠くことを意味し、行政に対する国民の信頼を失わせてしまいます。そのことを肝に銘じて事に当たってください」との言葉を頂戴しております。

今後とも、この言葉を肝に銘じ対処して参る所存であり、この点で、弁護士会の先生方との一層緊密な連携関係の構築こそ重要であると存じます。どうぞ、宜しくお願い致します。

藤川 「備えあれば憂いなし」という言葉のとおり、日頃から、不当要求への対応の仕組みを構築するとともに、何より、個別事案を踏まえ、継続的に、実務でワークする仕組み・運用に改善していくことが重要ではないかと思っております。この時代、コンプライアンス確保は、組織運営の肝でありますし、いろいろお話しいただいたように、行政ということで、また、インフラ整備ということで、さらに責任が重いということになります。

弁護士会の先生方には、今後とも、引き続

き密に連携を取らせていただくことをお願いしまして、座談会を締めさせていただきたいと思います。

長時間にわたりありがとうございました。

第4章 困難なプロジェクトにおける果敢な取組み

座談会⑦
「福島中間貯蔵施設の整備に向けた用地取得」

公共用地補償業務の「現場に学ぶ」という観点からは、困難なプロジェクトにおける取組みの現状・課題について、担当者から話を聞くことは非常に有意義なことです。福島県の中間貯蔵施設の整備に向け、福島第1原子力発電所周辺の約1、600haの用地取得を行うことは、その規模に加え、被災者でもある地権者へより丁寧な対応が求められること、対象区域が立入り禁止区域となっていること等、非常に困難な取組みです。

本座談会では、環境省の担当者（4名のうち3名は、国土交通省関東地方整備局からの出向職員）に参加していただき、中間貯蔵施設の整備に向けた用地取得の現状・課題についてお話しいただきました。

具体的な事項としては、

- 用地取得の進捗状況や業務執行体制の現状
- 民間コンサルタント会社の活用の現状
- 用地取得上の課題（筆界未確定、相続未定・複数相続、所有者不明、休眠抵当）に関する取組みの現状
- 固有の課題（立入り禁止エリアの調査、全国に散在する地権者への対応、損失補償と損害賠償の併存、神社仏閣・墓地の移転）に関する取組みの現状
- 地権者への丁寧な対応に関する課題

等が取り上げられています。

中間貯蔵施設の整備に向けた用地取得については、本座談会時（平成29年1月）では、用地取得の累積実績は、６３３件、約２８７haでしたが、直近のデータ（平成30年12月）では、１、６５２件、１、０７６haとなるなど、着実な進展が見られています（図表９参照）。

なお、このような成果があがった背景としては、当然ながら、地権者の方々からご理解を頂いたことが第一にありますが、座談会に参加していただいた方々を

【図表９】

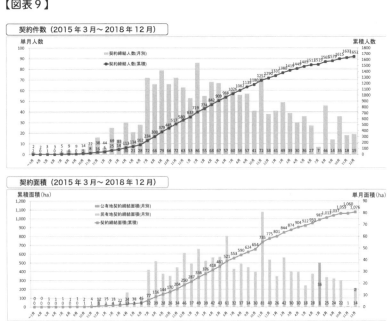

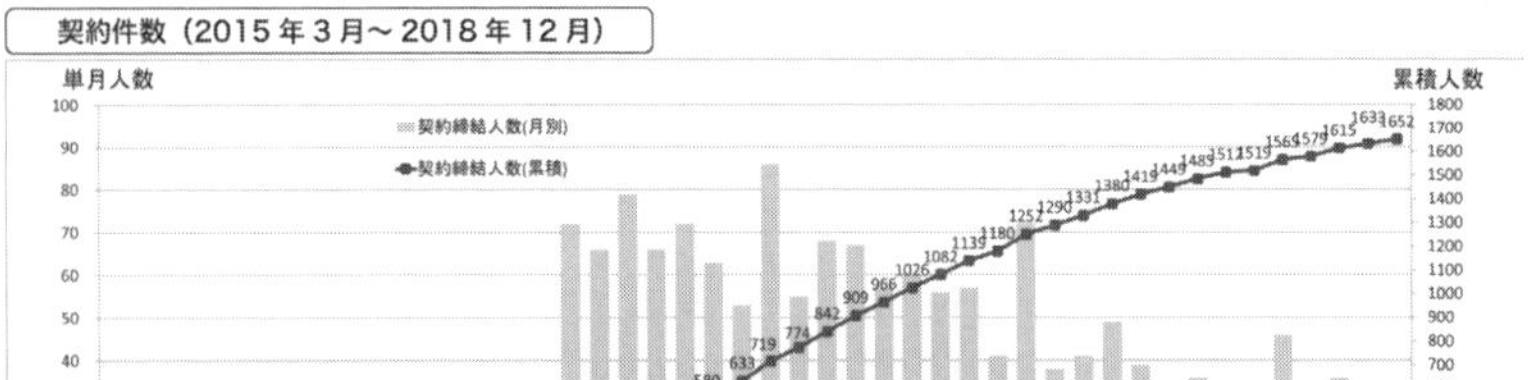

（環境省資料）

はじめとした事務所の用地部門の行政職員の方々、民間コンサルタントの方々等の地道な努力もあったことを、ここに記しておきます。

座談会⑦
「福島中間貯蔵施設の整備に向けた用地取得」

平成29年2月24日開催

近藤 淳一　環境省水・大気環境局中間貯蔵施設担当参事官室参事官補佐

松島 安　環境省福島環境再生事務所中間貯蔵施設等整備事務所調整官（中間貯蔵施設用地担当）

山口 賢二　環境省福島環境再生事務所中間貯蔵施設等整備事務所用地審査課長

浅原 堅祐　環境省福島環境再生事務所中間貯蔵施設等整備事務所用地総括課上席用地補償専門官

藤川 眞行　全国用対連事務局長（国土交通省関東地方整備局用地部長）

（順不同・敬称略。なお、所属・役職は、開催当時のもの）

〈用地ジャーナル2017年7月号掲載〉

中間貯蔵施設の概要

藤川　きょうは遠いところをお越しいただきありがとうございます。

言うまでもありませんが、福島の復興・再生は、政府の最重要事項の1つであり、政府全体で取り組んでいるところですけれども、復興・再生の要の1つとして、福島県内の除染土壌等を中間貯蔵する中間貯蔵施設の整備があります。施設の全体面積は約1、600haで、施設整備にはまずこの広大な用地の取得が必要です。

このため、環境省の福島環境再生事務所には、用地部門だけで約110名程度の職員が配置され、国土交通省の地方整備局、UR、NEXCO等からも精鋭の用地職員が派遣されています。また、多くの民間の補償コンサルタント会社の方々も、委託を受けて支援を行うなど、ある意味、オール用地界が関わって業務に当たっています。用地行政全体から見ても、ビッグ・プロジェクトといってよいでしょう。

本座談会では、用地取得を担当しておられる環境本省と現場の環境再生事務所の方々に集まっていただき、中間貯蔵施設の概要、用地取得の見通し、課題・対応等について、幅広く話しあっていきたいと思います。

まずはじめに、中間貯蔵施設の概要について、簡単にご説明いただければと思います。

近藤　平成23年3月の東京電力福島第一原子力発電所の事故を受けて、国や市町村等が協力して、除染や廃棄物処理の取組みを進めています。

現在、福島県内においては、除染に伴い発

生した大量の土壌や廃棄物等が仮置場や住宅の敷地内、学校の校庭等に保管されており、この廃棄物を早期に搬出し、最終処分をするまでの間、安全に集中的に管理・保管するための中間貯蔵施設を福島県内に設置することとしています。

施設予定地は、東京電力福島第一原子力発電所を取り囲む形で、大熊町・双葉町の両町にまたがった広範なエリアです。

中間貯蔵施設には、貯蔵施設や減容化のための施設のほか、空間放射線や地下水モニタリングのための施設も併設する予定としています。

用地取得の今後の見通し

藤川　相当規模の大きい施設を整備していくということですが、用地取得、施設整備、施設への除染土壌等の搬入に関する今後の見通しについてご説明いただけますか。

近藤　平成28年3月に、「当面5年間の見通し」を公表しています。平成32年度までに、学校、住宅などの身近な場所、幹線道路沿いで保管されている除染土壌等の中間貯蔵施設への搬入を目指しています。

山口　事業内容で特徴的なのは、30年間の期間限定だということです。30年の間にここに運び込んで、中にいったん貯蔵して、30年の間にまたここから県外へ持って行くと法律で決められているので、その工程に則って実施しなければなりません。

用地取得の業務執行体制

藤川　非常に大がかりなプロジェクトですね。まず先だって、広大な用地を計画的に取得していかなければならないわけですが、現在の用地取得の執行体制についてご説明ください。

松島　福島環境再生事務所は職員総数約550名で、大きく分けると、庶務経理関係、除染関係、廃棄物関係、そして中間貯蔵施設関係になります。中間貯蔵施設関係には、調査設計課、工務課、輸送課と、用地総括課、用地審査課、用地補償第一課、用地補償第二課の用地関係4課があります。用地担当職員数は約110名です。

福島環境再生事務所の人員の構成ですが、環境省のプロパーもいますが、他省庁や独立法人、福島県、郡山市等いろいろなところから来ています。最も多いのは、公募採用の約360名で、民間会社や県・市町村のOBなど多彩な経歴の方々が3年間の任期付き職員として、この事務所でご活躍いただいています。

用地取得の執行体制ですが、本省では、放射性物質汚染対処技術統括官を筆頭に、審議官、参事官、参事官補佐、また、福島環境再生事務所では、本部長（東北地方環境事務所長が兼任）、副本部長、事務所長の三役の下に総括調整官、用地担当調整官がおり、先ほどの4課110名で用地取得を行っています。

また、外部委託として、日本補償コンサルタント復興支援協会に、土地建物等調査業務、補償説明業務、用地総合支援業務を委託しています。

藤川　ご案内のとおり、福島環境再生事務所の用地関係では、調整官、用地総括課長、用地審査課長、用地補償第一課長、用地補償第二課長や中堅職員に、関東・東北・北陸地方整備局、NEXCO、URから経験豊富な用地職員が派遣されています。また、環境本省では、用地担当の参事官補佐3名に、国土交通省本省、関東地方整備局、首都高速道路（株）から、これも経験豊富な職員が派遣されています。用地行政全体でこれまで培ってきたノウハウがフルに発揮されて、用地取得が計画的に進んでいくことを期待します。

用地取得の進捗状況

藤川　それでは、実際の現在までの用地取得の進捗状況についてご説明ください。

松島　全体の地権者数は2、360人で、これは事業用地1、600haの登記記録上の地権者数です。そのうち連絡先を把握している地権者が1、730人、連絡先が把握できていない地権者が630人です。1、730人のうち個別訪問している方が1、640人、うち建物等の物件調査の承諾を得ている方が1、480人、現地調査済みは1、410件で、契約件数は633件、取得面積は287haです。

連絡先が把握できていない地権者の内訳は、

死亡されている方が390人、この方たちは戸籍が分かっているので相続人調査を行うことで、順次連絡先を把握している地権者の方に移行しております。登記記録の所有者の記載が「氏名のみ」で住所の記載がない方が160人います。また、登記名義人が「戸籍に該当なし」ということで、登記記録に住所はあるものの戸籍を調査しても不明の方が80人います。他にも、連絡しても応答がない方など、そういった方々を含めて630人になります。

これまで約2年間、個別訪問や地権者への説明を重ねて、ようやく今、これだけの件数が積み上がってきています。

なお、現在把握している最新の実績では、契約者数は707人、面積は329haです。昨年6月以降契約者数が増え、月60件～70件くらいで推移しています。

藤川　人数で言うと、1月末時点で3割に近づいてきていますね。

松島　そうですね。

藤川　相当のご努力の結果、地権者のご理解を得て、足下は大体計画どおりに進んできているということでしょうか。

松島　そうですね。その意味では、先ほどの5年間の見通しがありますが、27年度～32年度までの「用地取得（累計）」では、28年度の目標が「140ha～370ha程度」なので、高い方にかなり近づいてきました。ただ、それでも全体面積の約20％なので、まだまだですが。

（平成30年12月末現在では、契約件数1、652件、取得面積1、076haまで進捗しています。）

執行体制の問題

藤川 用地取得については、足下は順調にいっているようですが、現在の体制を構築するまでいろいろご苦労があったのではないかと思います。これまでの話と少し重なっても結構ですので、組織体制、執行体制について生じた課題と取組みについてお話しください。

松島 事務所の執行体制ですが、27年度当初は4課合わせて50名余りでした。その後、体制を強化するため順次増員が行われ、28年度当初で110名になりました。特に、28年4月の増員の際は、用地取得の推進のため、福島県から若手職員10名の出向をいただいたことで職場も活気づき、前に進む原動力になっていると感じています。

ただ、大幅増員にはなったものの、東北では他にも復興事業が盛んに行われていることもあり、用地経験者の確保は難しく、出向者も含めて全体の2～3割ぐらいだと思います。任期付き職員の方々の多くは、用地経験はないが今まで対人相手の職業を経験してきた方や、福島県の復興のため意欲を持って応募してきた方を採用しています。研修は用地職員として基本的なものは行いますが、何回も研修をしている余裕もないので、特に、地権者対応は、用地経験のある方と組み合わせる等、実際に動きながら覚えていただく形にしています。

また、交渉の際の地権者からの質問に対し、どう回答したらいいかという相談が多いので、「補償ＱＡ検討会」を立ち上げて、交渉の中で出された質問に対して回答を作成して、交渉担当者に周知するようにしています。

藤川　組織については、平成29年度に拡充を予定されているのですか。

浅原　人を増やすことで、用地取得をさらに加速し短期で終わらせたいという思いですので、増員を予定しています。また、現在、面積で約2割の取得は、一般の地権者、民有地ですけれど、今後は公有地とか、公有財産の取得も出てきますので、専門的に検討する体制が必要になるだろうと考えており、組織の拡充も予定しています。他にも、共有地ですとか、単に個別の地権者に当たっていくだけでは解決できないような問題がだんだん残ってきますので、そういったものに力点を置いていく方向に組織としても向かっています。

藤川　組織の拡充に加えて、用地経験の豊富な人材の確保も引き続きの課題ですか。

松島　これほどの大変な事業を短期間で行うためには、用地経験者をできるだけ確保したいところです。用地4課の管理職は全て用地経験者であり、担当補佐も任期付き職員が多いですが、担当者の相談に乗れるよう、できる限り用地経験者を配置しています。更なる確保に向けて、他省庁や関係機関に用地経験者の出向をお願いする取組みと並行して、定年になられる方、なった方等には任期付き職員への応募のお願いをしているところです。

民間の補償コンサルタントの活用

藤川　職員だけでは人手が足りずに、民間の補償コンサルタントの方々を相当活用していらっしゃいますが、どのような状況ですか。

松島　「用地総合支援業務」「用地補償説明業務」「土地建物調査等業務」を日本補償コンサルタント復興支援協会に委託しています。

用地総合支援業務では、基準、予算管理、算定書審査、用地交渉等の補助の他、生活再建相談（福島、いわき、郡山、会津若松の4都市）、土地建物調査を行う際の日程調整や調査立会、地権者対応、放射線管理等の用地調査等管理を行っています。

用地補償説明業務では、地権者の方々が全国に避難されているため、避難先の県に所在する補償コンサルタントに補償説明業務を委託できるようにしています。

土地建物調査等業務では、調査了解を得た方から、速やかに現地の調査を行うようにしており、日程調整がつき次第、全国の補償コンサルタントが順次現地に入り業務を行っています。

浅原　専門的知見は、補償コンサルタントの力も借りて補充していますが、そもそも、環境省としてずっとやっていた業務でもないため、組織的な文化とか、やり方が固まっておらず、非常に柔軟にそれぞれの業務をこなしてもらっています。その中で、皆さんが持っている強みを活かして、用地取得の経験がある方は書類をつくるとか、交渉の方針を考えることに、営業といった外回りや、人と接するのが得意な方は地権者との交渉にどんどん出ていただくようなことに、それぞれ力を発揮していただけるように調整が必要になります。また、そういった分業も、組織として、ある一定のやり方というよりは、チーム毎に、人の組み合わせに応じたやり方になるよう調整しており、ここまで用地取得が軌道に乗ってきたのも、そういった調整の成果の1つかなと思います。

藤川　混成部隊と言ってはあれですが、いろいろな職員の方がいる中で、ご苦労いただいて、徐々にルールとか、役割分担とかが決まってきて、組織が軌道に乗ってきたということが分かりました。

用地取得上の個別の課題

藤川　次は、用地取得に伴う個別の課題について話していきたいと思います。

筆界未確定

藤川　取得予定面積が1、600haもあるので、用地取得に伴う様々な課題が出てきているのではないかと思われます。個別の細かい話になるかもしれませんが、苦労されている実態などをお話しいただければと思います。まず、筆界未定とか、公図混乱とかの問題はどうですか。

浅原　筆界未定地は十数カ所存在しており、どのように取得するのかについては省内で議論しました。今回、公簿の面積、かつ、全筆での買収になるので、線自体を確定する必要はないことから、公図の面積を、登記簿の面積で案分する形で取得させていただきたいということを環境省の案として、それぞれの地権者に説明をすることを事務所の方針にしています。今のところ、説明を受けた地権者からは、「了解したので、それで進めてほしい」との意向をいただいており、まだ契約には至っていませんが、課題としては何とか解決できそうだなという見通しが立っているところです。

藤川　基本的に全筆買収ということでクリアされているということですね。

浅原　そうですね。中間貯蔵施設の買収の特徴がうまく働いたと思います。

相続未定・複数共有

藤川　相続未定や複数共有の問題も結構出てきていますか。

浅原　実際ありますね。明治時代の登記で、30～40人の共有地といったものもたくさん存在していて、もともと入会地だったものとか、墓地の底地などは、そういった登記が多いです。それをどうやって取得するのかですが、法定相続人を調査すると、共有地全体で大体数百の単位に及んでしまうので、それを真っ正面から個別に持ち分で取得するというのは、現実的には難しい。何とか解決していくため、認可地縁団体の特例が27年度の4月から始まっているので、その活用ができないかということと、あとはポツダム政令が活用できないかということも検討しています。そういった方策で解決していけないかということで、昔から住んでいる方に、どのような土地だったのかを事務所として聞いて回ったり、地元の方に、認可地縁団体をつくっていただき用地取得をさせていただけないかと相談したりしています。また、特例制度が適用できる案件であるかの判断に当たっては、司法書士なども相談しながら、進めているところです。

藤川　財産管理制度の活用は、どうですか。

浅原　相続財産の管理制度も活用しており、実際に、相続財産管理人の選任も既に数件行っています。

山口　財産管理人の選任申立については、今のところ、直営ですが、委託業務の中の登記業務（司法書士協会）で、法務局への申請書類一式を作成してもらえるよう、協議しており、来年度から全て書類は協会でつくってもらうということで、調整しています。

藤川　法務局の体制については、いかがですか。

山口　取得予定面積1，600haという大規模事業ということもあり、国の手続き窓口である法務局の担当部門においては、この事業でどれだけ案件が出てくるんだという問題意識があったことから、以前から打ち合わせをしていて、法務局にも体制をとってもらっています。

所有者不明

藤川　所有者不明ということも、結構ありますか。

浅原　表題部のみの登記も多数ありますので、所有者が誰なのか全く分からないというのもかなりありますが、多くは共有地ですので、先ほどの認可地縁団体の特例とか、ポツダム政令が活用できればと思います。一方で、本人は特定できるけれども、所在が分からないといったこともあります。今回の場合、避難されているため、町のご協力を得て、環境省としてご説明にあがりたいので、連絡先を教えてくださいという環境省からの手紙を避難先に送っていただくことにしていますが、なかなか所在が判明しないということがあります。そういった方は、これからも引き続き、手紙を送り、接触を試みることが必要になってきます。

藤川　現住所を確認するのも、相当大変なのですね。

浅原　一回住所が分かっても、その後、引っ越してしまいどうなったのか全く分からないという方もいて、職員だけで追跡するのもなかなか難しい場合もありますし、専門家に頼むことも考えていかなければいけないのかなと思います。

休眠抵当

藤川　休眠抵当とかもありますか。

山口　所有権以外の権利については、国有財産や用地事務の規定では「全て消しなさい」となっているけれども、この事業は短期間で大量に取得しなくてはいけないので、所有権以外の権利中、実害がないと判断できる案件は、そのまま買収して、その後、環境省が抹消するということを内部で取り決めています。

分かりやすいものから言いますと、買い戻し期間の満了した買い戻し権、これは期間満了により効力がありませんので、そのまま放っておいても問題はない。次に、混同により消滅している仮登記。これは、本来、本登記をしなくてはいけなかった仮登記ですが、その後別の原因で同じ所有者に所有権移転されており、混同のため意味がない仮登記です。

決まりをつくる中で最も厄介だったのが抵当権の扱いです。環境省の用地職員は全国から様々な用地事務経験者が集まっていますけれども、自治体ですと、内規で、少額の抵当はそのまま買っていいと決めている例があるんですね。国は国有財産等の規定のため、そこまで踏み込めていないのだと思います。

という中で、じゃ、どういうものが実害がないんだということを、規則や実例等を調査し内規で取り決めました。昭和39年に不動産登記法が改正されているのですが、それ以前に設定されている登記で、20年経過したもの、高い確率で時効も成立しているということで、それについては、そのまま買ってもほぼ問題はないという結論に達しました。この辺は顧問弁護士や法務局訟務部門にも相談した結果です。しかし、休眠抵当権の一番の問題は、ほとんど実害がないのでしょうけれども、やろうと思えば、実行手続きが可能なんですね。そうなると、国の地上権登記が消えてしまうことがありますので、休眠抵当をそのまま契約する場合は、地上権の選択は出来ず、売買でとお願いしています。国が所有者になって、抵当権の実行申立があった場合には当事者になりますが、その場合の国の担当は法務省ですから、法務局訟務部門と事前に打ち合わせしています。農村地域ですので、昔の抵当権はかなり多いんですね。

藤川　米一俵の抵当とか。

山口　そうです。債権が金銭であれば、比較的簡便な供託抹消が可能ですが、物はできない。ですので、共同申請で消すしかない。その労力は、今の所有者でなくて、環境省が取得した後に負いますということで、その辺も丁寧な対応の一環という認識で進めています。

松島　件数も100件以上あり、そこは時間をかけていられないという判断でした。

藤川　いずれにしても、リーガルチェックもされて、これでやむを得ないだろうということでやられていると。

松島　そうです。

藤川　地上権は除外しているのですね。

山口　地上権契約の場合、地上権設定登記をしますが、同じ乙区欄の高順位抵当権が実行され競売になると、土地所有者が変更される上、国の地上権が消えてしまう。抵当権実行時に、通知が行くのは土地の所有者だけなんですね。地上権者には通知が来ないので、知らないうちに権利がなくなっている可能性があるため、この通知の運用において、地上権設定は除外しました。

地籍調査の実施状況（公簿面積での買収）

藤川　あと、地籍に関して、東北エリアは結構進んでいるというイメージがありますが、どんな感じですか。

山口　国土調査ですが、起業地は全域、昭和年代に終わっていますので、境界と現地がほぼ一致していることもあって、今のところ、公簿面積による全筆買収でやっていますす。境界が違うという指摘はされていないので、問題ないと思います。

松島　公図と航空写真を重ねて図をつくっています。大きな違いはないことを確認しながらやっていますが、現地の調査に入った際に違いが明らかなような場合は、現況を分かる範囲で調べて評価しています。

藤川　それでは、実際に行う調査業務の対象は、主に物件でしょうか。

山口　物件ですね。土地は国土調査済みですので、買収面積は公簿面積としていますが、物件については、全て現地調査の上、補償しています。

藤川　国土調査が行われていなければ、大変だったという話ですね。平成29年度から、国土調査の補助金事務の一部が地方整備局の用地部に降りてきますので、ＰＲに使わせていただきます。

固有の問題

立ち入り禁止エリアでの調査

藤川　福島の中間貯蔵施設の用地取得固有の問題に移りたいと思います。対象エリアは、全部立入禁止エリアですので、物件調査等において、いろいろ難しい面があると思いますが、そのあたりはどうですか。

浅原　調査自体は補償コンサルタントにお願い

していわけですけれども、立入禁止エリアで作業することになるので、当初は調査を受けてくれる補償コンサルタントが少なく、調査をしてくれる補償コンサルタントの確保が非常に大変だったと聞いています。また、一時立入で帰られて、庭の整理などをしている方もいますけれども、5年間住んでいない、管理できていない場所もありますので、木とか草がすごく茂ってしまって、庭木の調査が非常に大変であると聞いています。草陰に埋もれてしまったものを見落としてしまうこともあって、地権者に物件調書の確認に行ったときに、ここには木が生えていたはずだ、祠があったはずだとか、そういった指摘を受けるケースが結構出てきて、立入禁止エリアならではの困った点かなと思います。

藤川　物件調査は、地権者の方も立ち会ってもらっているのですか。

浅原　基本的には立会いをお願いしていますが、地権者の希望に応じて対応しています。

藤川　民間の補償コンサルタントの方だけではなくて、職員も立ち会っているのですか。

山口　一般的な事業に較べ、建物等敷地の物件調査に立ち会う人は多いと思います。交渉の一環としての環境省職員、実際に調査をする補償コンサルタント、また、地権者と補償コンサルタントのマッチングを行う業務従事者もいます。あと、現地の放射線管理もしなければいけませんから放射線管理調査者もいるので、かなりの人数なんですね。

藤川　結構な人数が、行くということですね。

山口　ええ。そういう中で、現地（避難指示区域）に滞在できる時間は限られているため、視覚的に隠れているものを関係者から指摘してもらわないと調査不備となり、再調査をする件数も必然的に多くなってしまいます。

藤川　地権者が多数いて、それも全国に散らばっていると、スケジュール調整するだけでも大変ですね。

山口　それを業務の中でやってもらっています。

藤川　それ専属の人がいるんですか。

山口　そうです。先ほどの総合支援業務の一部です。

松島　用地総合支援業務の中で用地調査等の予定管理をしていて、全国の補償コンサルタントが調査に入るときに、1日だけ入ってくれというわけにはいかないので、連続の日程になるように地権者の方々の予定との調整を行っています。

藤川　そこで一元的にマッチングをしているということですね。

松島　放射線量の関係があり、作業ができるのが1日4時間ぐらいしかありません。

藤川　基本的に白い防護服を着ないといけない。

松島　白い防護服を着て、作業しています。

藤川　4時間だったら、1軒やるのに1日じゃ済まないですね。

松島　済まない場合があります。一般住宅でも1日かかります。

藤川　地権者の方に1泊してもらうのですか。

松島　地権者は、ずっと立ち会いはしません。最初の2～3時間とか、できるだけ短い時間となるよう配慮しています。ただ、その分きめ細かい調査が行われず調査漏れが生じることもありましたが。

藤川　再調査もあるんですか。

山口　対応しています。できるだけそういうことをなくすために、だんだん工夫されてきて、通常補償コンサルタントは現地で図面等を描くのでしょうけれども、中には、調査対象となる補償案件をビデオに残す補償コンサルタントも出てきている。後から幾らでも見られるように。後で確認しようと。

藤川　全部映像で残しておいて、それで確認すればいいわけですね。立入禁止エリアでの作業はなかなか大変ですね。

松島　特に山林は線量が高いことが多いようです。

藤川　立木なんかは1本ずつ調査するのですか。

松島　庭木は1本ずつ調べますが、山林に関しては標準地調査ということで、標準的な植栽のところを一定面積調べて、それを全体にかけるというやり方で、全部は調査していません。

山口　物件調査は通常の事業と同じですね。

地権者が全国に散在

藤川　地権者の方々が全国各地に避難されているので、所在の探索、立会いのもとでの現地調査、個別の説明・調整など、いずれも相当大変ですね。

浅原　そもそも今どこにいらっしゃるのか把握するのも大変で、町は避難先の情報を持っているけれども、個人情報なので、教えていただけないですので、環境省が中間貯蔵施設の地権者として接触したいと思っているので、連絡先を教えてくださいという環境省の手紙を町から送ってもらって、把握していきます。把握した後、実際に会い始めると、物件調査の同行、調書確認や、契約締結とかで、何回か行く必要がありますが、地権者が散らばっていますので、１班が１日で回れるのが１地権者になってしまうことも多く、１日で複数人に会うことが難しいという実情です。また、現地に住まわれていない状態ですので、物件調書の確認の際、記憶をもとに地権者が確認することになり、避難されてからしばらく時間が経っている間の変化をご納得していただくのに時間がかかってしまうこともあって、調書の確認がなかなか進まなかった一因になっていると思っています。

藤川　地権者が住んでいらっしゃるところで交渉するのは、補償コンサルタントの方だけでなくて、職員の方も原則行かれているのですか。

浅原　県外など我々が頻繁に行けないところは、全国の補償コンサルタントにお願いするようにしていますが、どうしても職員が行かなければならないときもあり、特に、初回の事業説明は職員が行うことになっているので、北海道や九州に行くなど、職員も各地を飛び回っています。

藤川　海外もありますか。

浅原　さすがに海外には行っていませんが、現在、海外に在住している地権者との補償契約に当たり、領事館の協力を得て進めた事例もありますし、戸籍をたどっていくと、海外に移住してしまっており、そこから先は戸籍が追えないという相続調査の結果が出ている方もいます。

地権者には損失補償と損害賠償が併存

藤川　土地の評価は、基準をつくるときにも苦労されたと思いますが、そのあたりはどうですか。

山口　土地評価の考え方については、平成25年に中央用対が避難指示区域内の補償全般について運用指針を出しているので、それに則っています。また、鑑定士連合会も土地評価の運用指針を定めています。

一方、この事業では、東京電力が先行して実施している賠償手続きを視野に入れる必要があります。基本的に賠償と補償は別物であり、各々粛々と手続きを進めればよいのですが、特に、財物賠償との関係性には注意しています。賠償は事故を原因として失われた価値を塡補するものです。一方、補償は今時点の価値を補償するものですが、今時点の価値は何なのかということです。このあたりは、かなり専門的になりますので、自治体の復興計画やその達成度合、都市機能の回復度合等により、土地の効用を不動産鑑定士が鑑定しています。この原発事故等格差修正率というのが、本事業の土地価格の大きな特徴です。

神社・仏閣、墓地の移転

藤川　私が現場視察した際には、エリア内に神社・仏閣とか、墓地等もあったような記憶がありますが、そのあたりはいかがでしょうか。

浅原　墓地をどうするのかですが、中間貯蔵施設の予定地内ですので、何とか移転をお願いしたいと地権者にお願いをしています。人によって、避難先を見つけて、新しい生活を再開されている中で、お墓もそっちに持っていきたいという意向のもとに移転を決断される方もいますし、先祖伝来守ってきたお墓を移すことに対して納得できない、今のまま残したいという方もいますので、移転をお願いしつつ、地元の皆さんの話を聞いて、環境省として対応し得ることがあるのかを考えなければいけないという状態です。神社・仏閣も、そうですけれど、地元の思いをどこまで酌んで対応できるかは、なかなか難しいところです。墓地については、町が公営墓地の整備を進めていますので、その情報をお伝えしていますし、その他、福島県内にこういった墓地の空きがあると、こちらで把握したものについても、お伝えしていますし、今避難している地域に持っていきたいとか、お子さんの近くに置きたいという要望があれば、個別に伺って、その近くに希望に適した墓地があるのかを探して、こういったところもありますので参考にしてくださいと情報提供するような支援をさせていただいています。

地権者への丁寧な対応

藤川　地権者の方々は原発事故に伴い避難されている方々ですので、特段の配慮が必要となりますね。

山口　3点ほどあると思っています。まず、取得用地の管理ですね。取得するときに、基本的に環境省用地ですと現地に看板を立てるけれども、それを立てていいですかということを確認しています。協力が得られない場合は設置しない。国に協力したということが周りに知れ渡るのが嫌だという方もいますので、その辺は柔軟に対応しています。2点目は、建物などを解体するときの対応ですが、まず、関係者は立ち会いをしますかという確認をしていますし、実際、建物を壊して貴重品が出てきたときは、その方に送付するようにしています。あと、動産物ですが、仏壇を、基本的に関係者は放棄していますから、壊していいけれども、やはり関係者の気持ちに配慮して、一定期間、国の土地の施設の中で保管しておくという決まりにして、できるだけ地権者の方々に寄り添うような配慮をしています。それから、現地で工事に入るときにも、隣接の地権者に説明するのは当然ですけれども、旧地主さん、土地取得に協力してもらった地主さんにも、今度、協力してもらった土地でこういった工事を始めますという説明を個別にしているというところが特徴かなと思っています。

浅原　仏壇もそうですが、墓石も取得補償ですけれども、竿石については丁重に扱ってほしいという声があったので、1カ所にまとめて、地権者の方が立ち入ったときに見られるような状態にすることも検討しています。

今後の決意、抱負

藤川　いろいろお話をお聞きし、過去に類例のない大規模な用地取得でありながら、担当者の方々がいろいろ汗をかかれて、地権者の方々のご理解を得ながら、着実に前へ進めてこられている実態が分かりました。最後に、今後の抱負等、何でも結構ですので、お願いします。

山口　避難生活を強いられている地権者との交渉なので、確かに現場は厳しいことが多いですね。いろいろな思いをお伺いしますから。けれども、全国の用地関係者に1番伝えたいのは、この事業、広範囲の面買収ですから、任意協議においては、移転工法と営業以外は、用地ではほとんどの案件が出てくる事業だと思います。その中で、補償コン協会へ委託しているということもあって、全国の知見が入ってきます。なので、いろいろなことが経験できる、本当にいいチャンスだということを申し上げたい。

近藤　中間貯蔵施設に係る用地補償に当たっては、その予定地が帰還困難区域に指定されているという特殊事情も踏まえて、公共用地の損失補償の基本的ルールの下で、補償方針等を整理していかなければいけないことが多くありますので、関係機関の協力を仰ぎながら進めていきたいと思います。

松島　現在、700人ぐらいの方々から契約をいただいていますが、必ずしも中間貯蔵事業に納得したという方ばかりではありません。自分としては非常に不満だが福島の早期復興のためにと、契約していただいた方もたくさんいます。時間が限られた事業であり、如何にして施設を早く造るか、如何にして必要な用地を確保するかを常に考えながら進めていかなければならないと思っています。

浅原　これだけの大きな事業に対して、福島の復興のためにという非常に熱い思いを持った方々にたくさん集まっていただいて、何とかここまで、施設が着工できて、見通しどおり進められそうなところまで来ているなというところです。けれども、今後、福島の復興を迅速に進めるために、施設を少しでも早く造らなければいけないというところに対しては、さらにいろいろなことを考えていかなければならないことになります。帰還困難区域といった特殊性があるので、そもそも用地取得の経験とかノウハウだけでは解決できない課題もありますし、さらに、それを迅速に解決するためにどうすればいいか、地権者の方々からのいろいろなご要望に対してどこまで応えられるかといったことについて、用地取得の知恵も含めてですけれども経験を元に、アイデアをどんどん出していくことが、本当に必要な事業です。職員をはじめとする関係者の皆さんの知恵とか協力をいただいて、何とか一刻も早く中間貯蔵施設の整備を完了させたいと思っていますので、引き続き、いろいろな方々のご協力をよろしくお願いいたします。

藤川　ありがとうございました。私も、対象エリア内には二度ほど入っていますが、昨年1月に人事院の各省課長クラスの現場研修で初めて入った時は、その規模の大きさに驚きました。また、その研修では、被災自治体の幹部の方々、被災住民の方々からお話を聞く機会もありまして、福島の復興・再生に対する皆さんの願いの重さを痛感した次第です。

福島の復興・再生を実現するためには、依然として、様々な課題が山積している状況ではあると思いますが、なんといいましても、福島の復興・再生は、我が国の最重要課題です。その要の1つ中間貯蔵施設の整備が計画的に進められることを祈念しまして、本座談会を閉じたいと思います。長時間にわたり、ありがとうございました。

座談会⑧「木造住宅密集地域における街路事業の用地取得－生活再建プランナー制度を中心に－」

本書の冒頭でも少し述べましたが、大規模地震への安全・安心対策として、木造住宅密集地域に、延焼遮断帯として、あるいは、避難路等として、街路を整備することは、極めて重要な事業です。

しかしながら、用地取得上は、高齢世帯が多いこと、権利関係が複雑なこと、代替地の取得が困難であること等から、極めて困難な事業と言えるでしょう。例えば、都市計画決定された幹線街路の供用・完成割合は未だ6割程度にとどまっていますが、これも主な原因は用地の問題にあります。

東京都では、平成24年に、「木密地域不燃化10年プロジェクト」を策定し、平成32年度末をメドに燃え広がらない・燃えないまちを実現しようとしており、木造住宅密集地域における特定整備路線の整備として、28区間、延長約25㎞の事業を行っています。

本座談会では、東京都（本庁、事務所）、生活再建プランナーの担当者に参加していただき、木造住宅密集地域における街路事業の用地取得の現状・課題についてお話しいただきました。

具体的な事項としては、

- 特定整備路線の整備の概要と現状
- 用地取得上の個別課題（代替地の不足、高齢者の様々なニーズへの対応、5,000万円控除制度の活用制約、周辺地の地価上昇の適正な反映、手壊し解体の必要性、残地再建の補償金額による制約等）
- 生活再建プランナー制度（用地補償業務と生活再建業務を分けて、生活再建業務については、公募で選定した民間事業者に行ってもらう制度）の現状と課題

等が取り上げられています。

特定整備路線の整備については、「木密地域不燃化10年プロジェクト」を平成24年に開始し、平成29年度末までに約4割の用地を取得するなど、着実な進展が図られています。

座談会⑧

「木造住宅密集地域における街路事業の用地取得―生活再建プランナー制度を中心に―」

平成30年2月6日開催

高島 泰法　東京都建設局用地部用地課長
澁澤 克則　東京都第二建設事務所用地第二課長
原田 隆子　株式会社エス・イー・シー計画事務所
　　　　　　補助172号（長崎）生活再建プランナー専任者
藤川 眞行　全国用対連事務局長（国土交通省関東地方整備局用地部長）

（順不同・敬称略。なお、所属・役職は、開催当時のもの）
〈用地ジャーナル2018年8月号・9月号掲載〉

東京都の木密地域不燃化10年プロジェクトの取組み

藤川　今回は、「木造住宅密集地域における街路事業の用地取得―生活再建プランナー制度を中心に―」をテーマに座談会を開きたいと思います。

用地取得が難しい事業としては、様々なものがあると思いますが、中でも、木造住宅密集地域における街路事業の用地取得は、最も難しいものの1つではないでしょうか。権利関係が非常に入り組んでおり、適当な移転先が乏しく、あるいは、転居に対して抵抗感が強い高齢世帯が相当数ある場合も多いでしょう。

他方、このような事業は、円滑な道路交通を確保するという機能だけでなく、大地震等に備えた火災の延焼遮断帯としての防災機能、歩行空間の確保・街路樹の創出等を通じた街の質を向上させる機能等があり、政策的に推進する必要性が高い場合が多いのではないでしょうか。

都市計画の議論の中で、よく、都市計画決定された街路事業がなかなか完成しない長期未着手の問題が取り上げられます。もちろん、予算が足りないという問題も大きいのですが、郊外部に比べまちなかの街路整備が進んでいないとすると、用地取得の困難性という問題も相当大きいのではないかと思われます。

そのような中で、東京都においては、近年、木造住宅密集地域を燃え広がらない・燃えないまちにするため、「木密地域不燃化10年プロジェクト」に果敢に取り組んでおられます。最初に、プロジェクトの概要等について、お話しいただければと思います。

高島　東京にはＪＲ山手線の外側から環状7号線通り沿いに木造住宅密集地域（以下「木密地域」）が広範に分布しています。そこは、老朽化した木造住宅が建ち並び、狭あい道路や行き止まり道路が多く、首都直下地震などの大震災が発生した場合には建物の倒壊や地震火災により大きな被害が出ることが想定されています。

そこで、東京都では、平成24年1月に、「木密地域不燃化10年プロジェクト」を策定しました。これは、木密地域の中で特に甚大な被害が想定される約6，900haの整備地域を対象として、特定整備路線を整備することによる延焼遮断帯の形成や、市街地の不燃化などの取組みを重点的、集中的に実施し、平成32年度末までに燃え広がらない・燃えないまちを実現しようとするものです。

このうち特定整備路線の整備については、現在、28区間、延長約25㎞で事業を行っています。用地取得に当たり、様々な創意工夫を行いながら事業を推進しています。

藤川　「木密地域不燃化10年プロジェクト」を策定された背景は、具体的にどのようなことでしょうか。

高島　きっかけとしては、平成7年の阪神・淡路大震災に加え、特に、平成23年の東日本大震災があります。

東京都は、それ以前から防災都市づくり推進計画を策定して防災都市づくりを進めてきましたが、首都直下地震の切迫性は、今後30年で約70％の発生確率とも言われており、大地震への備えが再認識されることになりました。

首都直下地震に対応して、都民の生命・財産と東京の都市機能を守るためには、なんと言っても、木密地域の改善が最大の課題です。

震災時に特に甚大な被害が想定される木密地域（整備地域）
面積：約6,900ha（区部の面積の約11％）
居住人口：約179万人（区部の人口の約20％）
N
環七通り
JR山手線

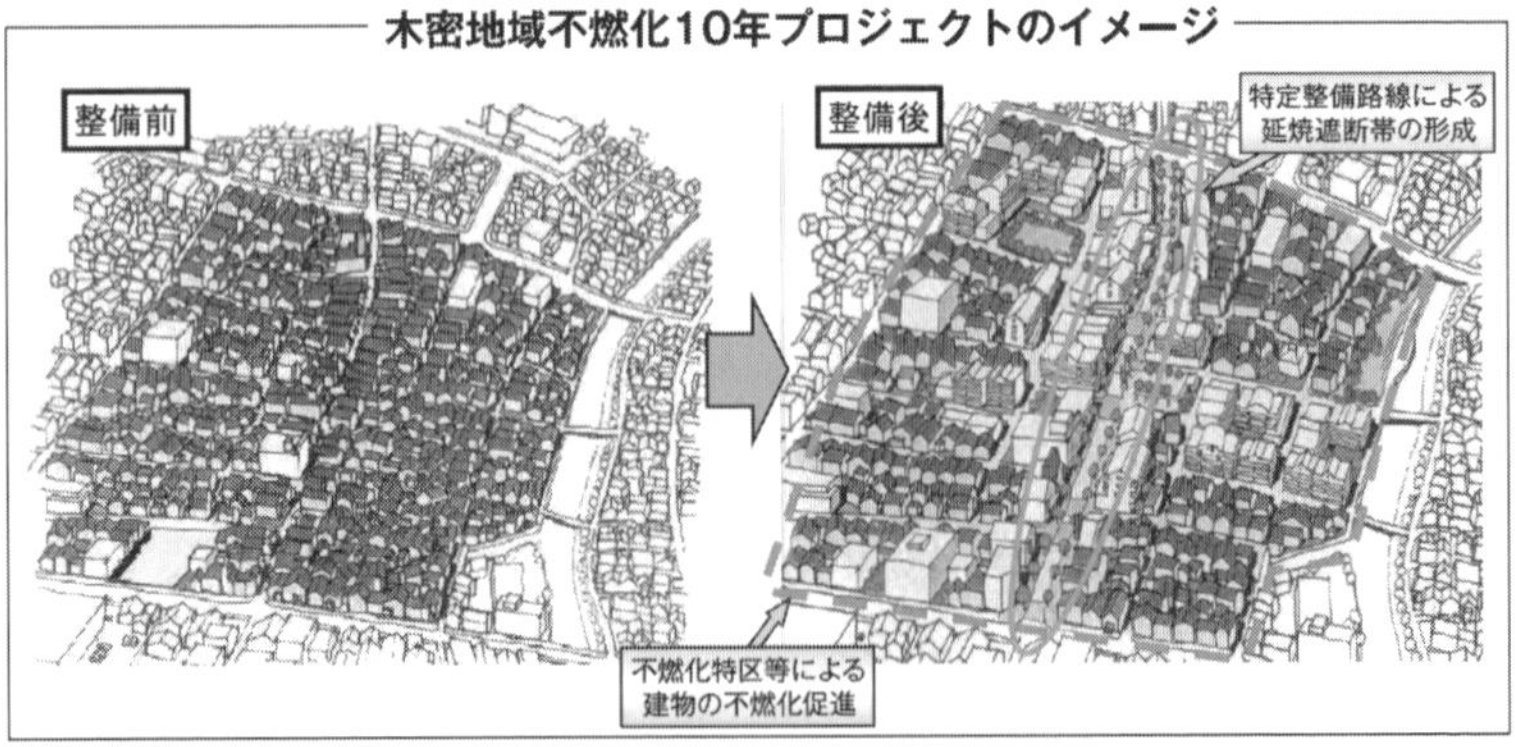
木密地域不燃化10年プロジェクトのイメージ
整備前
整備後
特定整備路線による
延焼遮断帯の形成
不燃化特区等による
建物の不燃化促進

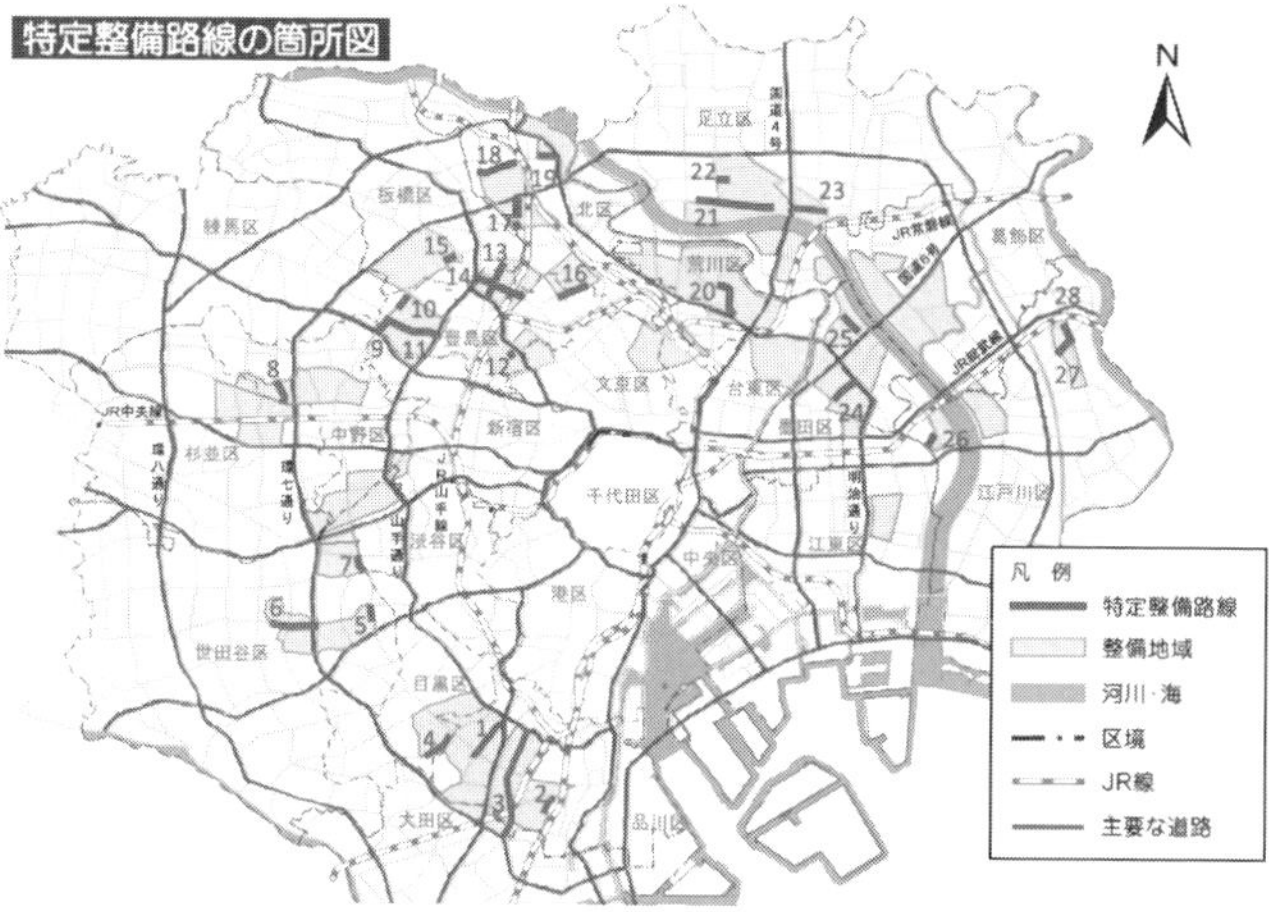

	路線名	箇所	延長（m）	所在区
		林試の森周辺・荏原地域		
1	放射第2号線	西五反田七丁目～西中延一丁目	1,255	品川区
2	補助第28号線	大井四丁目付近	520	品川区
3	補助第29号線	品）大崎三丁目～大）東馬込二丁目	3,445	品川区・大田区
4	補助第46号線	目黒本町五丁目付近	510	目黒区
		目黒本町五丁目～洗足一丁目	550	目黒区
		世田谷区役所周辺・三宿・太子堂地域		
5	補助第26号線	三宿二丁目～池尻四丁目	440	世田谷区
6	補助第52号線	若林五丁目～豪徳寺二丁目	1,310	世田谷区
		北沢地域		
7	補助第26号線	目）駒場四丁目～渋）大山町	550	渋谷区・世田谷区 目黒区
		大和町・野方地域		
8	補助第227号線	大和町一丁目～四丁目	710	中野区
		南長崎・長崎・落合地域		
9	補助第26号線	南長崎六丁目～長崎五丁目	320	豊島区
10	補助第26号線	千早四丁目～要町三丁目	460	豊島区
11	補助第172号線	長崎一丁目～長崎五丁目	1,620	豊島区
		東池袋・大塚地域		
12	補助第81号線	南池袋二丁目～四丁目	260	豊島区
		池袋西・池袋北・滝野川地域		
13	補助第73号線	豊）池袋本町二丁目～板）板橋一丁目	1,070	豊島区・板橋区
14	補助第82号線	豊）上池袋三丁目～板）大山金井町	1,130	豊島区・板橋区
		大谷口周辺地域		
15	補助第26号線	大山町付近	375	板橋区
		西ヶ原・巣鴨地域		
16	補助第81号線	豊）巣鴨五丁目～北）西ヶ原三丁目	930	豊島区・北区
		十条・赤羽西地域		
17	補助第73号線	上十条二丁目～十条仲原二丁目	895	北区
18	補助第86号線	赤羽西五丁目～一丁目	1,150	北区
		志茂地域		
19	補助第86号線	志茂一丁目付近	620	北区
		荒川地域		
20	補助第90号線	荒川一丁目～町屋一丁目	1,230	荒川区
		西新井駅西口一帯地域		
21	補助第136号線	扇一丁目～梅田三丁目	1,910	足立区
22	補助第138号線	興野一丁目～本木二丁目	350	足立区
		足立地域		
23	補助第136号線	足立一丁目～三丁目	630	足立区
		墨田区北部・亀戸地域		
24	放射第32号線	押上三丁目～京島一丁目	860	墨田区
25	補助第120号線	墨田二丁目～三丁目	530	墨田区
		平井地域		
26	補助第144号線	平井二丁目付近	490	江戸川区
		南小岩・東松本地域		
27	補助第142号線	南小岩四丁目～東小岩四丁目	560	江戸川区
28	補助第143号線	南小岩八丁目付近	620	江戸川区

※延長は、関係機関との調整結果などを反映しています。

たとえ、プロジェクトがどんなに困難でも、ここでしっかりとやっておかなければ東京は守れないという判断に至り、組織として決断したと聞いております。

藤川　私は、東日本大震災の後、内閣府の防災部局に異動になったのですが、当時、南海トラフ地震や首都直下地震の予測や被害想定等を大車輪でやっていたことを思い出します。そのあたりも、後押しになっていますか。

高島　大きな契機になっていますね。首都直下地震については、切迫性や被害の大きさを身近に感じましたので、都としても、道路整備や建物の不燃化等と併せて、木密地域を改善し、災害に強い街を作っていこうという機運が高まったと思います。

藤川　木密地域ですから、権利関係が複雑で、移転先も相当制約され、高齢者を含め様々な地権者の方がいらっしゃる中で、生活再建に向けた対応のあり方が、非常に大きな課題であろうと思います。取組みの大きな切り札として、東京都におかれては、生活再建に関する相談窓口（生活再建プランナー制度）を立ち上げられたとのことですが、立ち上げるに至った背景や、取組みの概要について、お話しいただければと思います。

高い生活再建のハードル

高島　木密地域を見ると、他の地域と比べて、古くから住まわれている高齢の居住者が多いとか、借地をされている方が非常に多く、地主がいて、そこに何人もの借地人が住んでいる形なので権利関係も複雑であるという課題があります。

そのため、高齢者の移転先の確保が困難であったり、土地所有者と借地人との合意形成がなかなか進まなかったりと、解決すべき問題が、通常の路線以上に多く存在していると感じていました。

そのため、生活再建に向けたきめ細かなサポートを行い、権利者の方の不安を解消していくことが、何より、この事業を進めていく上でポイントになると考えたわけです。

ところが、通常の用地買収では移転先地の選定とか、建物の解体、建築、引っ越しなど、基本的にほとんど権利者の方にお任せのケースが多かった。その意味では、生活再建に向けた支援が十分ではなかった部分があったのかもしれません。

そこで、この特定整備路線の整備においては、目標年次を定めて行っているという事業特性を踏まえて、何か工夫をしていく必要があるだろうということになりました。具体的には、平成24年度以降に事業認可を受けて事業に着手した24区間について、ほぼ1区間に1か所の割合で、民間事業者のノウハウを活用した相談窓口をそれぞれの事業地の近隣に23カ所設置して、そこに1名以上の生活再建プランナーを常時配置してもらい、移転先情報の提供や建替えプランの提案、解体業者や引越業者の紹介、また、弁護士等の専門家と連携した相談業務の実施など、権利者一人一人のニーズに応じて丁寧に対応していくことにしました。これが、いわゆる「生活再建プランナー制度」です。

藤川　これまで、このような生活再建専門の窓口は東京都でも無く、基本的には用地担当職員が担当されていたということですか。

高島　職員ができる範囲で行っていましたけれども、自ずと限界がありました。

藤川　生活再建プランナー制度を最初に始められたのは、いつですか。

高島　第1号が平成25年の11月です。

藤川　公募で事業者を募集されたのですか。

高島　企画提案方式です。いろいろ企画提案してもらって、その中から選ぶという方法で、業務委託という形です。当初は、どういう方々が応募されるのか、我々も分からない部分がありました。

藤川　具体的には、どこで始められたのですか。

高島　第1号は、放射32号線の押上です。（株）URリンケージが最初の相談窓口を開設しました。それ以降は、不動産系、建築系、都市計画のコンサル系など、路線ごとに、いろいろな事業者の方に入ってきていただいています。

澁澤　このプランナー制度については、モデルケースがありました。

　補助26号線の三宿で先行して事業を行っていたのですが、そのとき、近くの池尻で都営住宅の建替えを契機とするプロジェクトが発足しました。これは、都営住宅の建替えに伴い創出した約1haの土地を民間事業者に売却し、事業者は共同住宅と、区の保育園などの公益施設を整備するというものです。その際に、事業者は自主事業として、近隣の木密地域において災害に強いまちづくりに取り組むとともに、道路整備にご協力いただく方へ共同住宅の一部を先行分譲しました。それだけでなくその事業者の方が、三宿の権利者の方々の相談も受けたのです。それで特定整備路線についても、そういった窓口を作っていこうということになったのです。

藤川　その話は、都が、移転先として、マンションか何かを買ったという話ではなくて…。

高島　都営アパートの跡地に民間のマンションを建てるという話の中で、地権者に優先的に分譲してもらう枠を作ったのです。

藤川　都営住宅の土地を売却するときに、単純に売り払うのではなくて、地権者の優先枠を作るという、街路事業との連携みたいなことを行ったということですか。

高島　そうです。

藤川　優先枠を作るというだけでなく、事業者の方は、地権者の方々からの相談も受けられたということですか。

澁澤　今やっているのと同じで、残地での建替えプランのアドバイスなど、いろいろ含めまして、当時、相談を受けていました。

高島　そういうサポートをしていくと、よい効果が得られるのだなということで、今度は、都が主導して、このような窓口を作るようにしたわけです。

藤川　机の上で何か制度を作ったというよりも、そういう先導事例の実績の上に制度を作ったということですか。

高島　それが大きな参考になったと聞いています。

用地取得における課題

藤川　生活再建を含め、用地取得上の様々な難しい課題があると思いますが、そのような点について、現場の具体的なお話をお聞かせください。

澁澤　第二建設事務所では、補助29号線、28号線、先行していた補助26号線の一部、それと放射2号線、補助52号線、世田谷区と品川区を担当しています。

アパートにお住まいの単身の高齢者の方が、29号線には相当数いらっしゃいます。家主の方から早期要望を受けても、高齢者の方は、例えば、通院されている病院の関係等で、バス便がある地域など転居先が限定され、そのような調整が一番大変です。

藤川　移転先については、やはり、狭い範囲に限定され、さらに遠くに移転される方は少ない感じでしょうか。

高島　やはり地元に住み続けたいという要望が他の路線に比べてもより多く寄せられています。近隣に代替の土地とか、代替のアパートを確保していくことが重要なポイントになってきます。

原田　小さな子供だと小学校、高齢者だと病院・介護施設との関係で、移転先が制約されますね。高齢者の場合、近隣とのお付き合い、お友達のいないところに行ってしまうと、一日中話す相手がいなくなることにもなりかねません。

藤川　高齢者の方については、都営住宅に移転していただくことも多いのでしょうか。

高島　都営住宅もまた場所なのです。希望する都営住宅に空きがなくて、ちょっと離れた所なら空きがあると言ったら、そこでは困るという方も多いのです。都営住宅も今まで以上に確保はしていますが、やっぱりマッチングしないというケースが多くあります。

藤川　都営住宅に入れずに、普通の民間アパートに出て行かれると、結構家賃差が出てくる場合もありますよね。

高島　木密地域内の今のアパートには結構古くから住まわれていて、家賃が安いケースが多いのです。だから、新しいところへ移るとなると、負担が相当重くなります。

原田　あと、高齢者については、なかなか賃貸借契約を結べないという問題もあります。現在は、保証会社が保証するので身元引受人とか連帯保証人を付けなくてもいいというケースもありますが、大家が承認しないと、契約自体が難しい場合があります。

私どもに高齢者で賃貸という相談がある際には、まず、ご家族との相談になります。若い家族、収入のある方が契約主になって、ほぼ毎日安否確認していただくという条件を付けて何とか契約に持ち込むというケースが多いのが実態です。

澁澤　加えて、大変なのは、借地が多いことです。地主は税金の5，000万円控除の関係で、まとめて移転してほしいということになりますが、借地人は、どうしても、それぞれで移転、生活再建の時期が異なってくるので、それをうまくまとめていくのに非常に労力を要します。

藤川　5、000万円控除の適用要件の関係ですね。全国的にも、起業者から制度改善要望が多いところです。やはり、事業の支障になっていますか。

高島　地主さんが所有している結構広い土地に借地人が何人かいる場合、事業に反対の方がいると、借地界が決まらず、隣接していない一部の借地しか買収できませんが、それだけでは5、000万円控除に達しないので、出て行こうとしている借地人の方に待ってもらわなければなりません。そこから、協力的な方との関係も悪化するなど悪い連鎖が始まり、事業の実施に非常に支障を来すことになります。

澁澤　そのほかにも、事業が始まった影響もあり、周辺の地価が、この3～4年、毎年10％程度上がっていることがあります。私どもは事業認可時点で毎年土地評価をするのですが、評価は1年に1回であるため、直近の地価動向を反映させるのが難しいという状況があります。

　あと、狭小地ですから、いざ契約となっても、解体が手壊しでしかできないところもあります。また、狭小地でも残地再建したいという話になると、建築費が割高になるということで、補償額に対して不満を持たれる方もいらっしゃいます。

藤川　補償理論に関する理論・制度と現場での生の課題との間で、悪戦苦闘されていることがよく分かります。

　補助29号線は、木密地域で3・5㎞の街路整備を行っていますが、ボリューム的にも相当なものですよね。

澁澤　とは言え、この事業で言うと、最近になって更地が少しずつ見えてきて、事業が進んでいるという実感も出てきています。

いずれにしても、用地取得は、何よりも地権者の方々と信頼関係を築くことが不可欠ですから、引き続き、担当者ができるだけ町を歩いて声かけなどもしながら、丁寧な対応をしていきたいと思っています。そうした対応の積み重ねが、これから契約をしていただく方との信頼関係を築く上でも、重要なことだと考えています。

生活再建プランナーの取組み
―使えるツールは何でも使う―

藤川　続いて、生活再建プランナー制度について、生活再建プランナーの業務を担当されている原田さんから、業務の概要について、お話しください。

原田　私が担当しているのは補助172号線です。位置的には豊島区の一番端の練馬区と板橋区に隣接している地域で、延長は約1・6㎞、計画線にかかる建物の数が350棟ぐらいあるところです。

業務の内容は、ワンストップ窓口ですので、仕事の幅が広くなります。当初は、移転先の斡旋がメインかなと予想していましたが、新設道路ではなく拡幅型の場合は残地再建もかなりの数に上るので、残地再建のプランを作って差し上げるケースも多数あります。

私どもの母体は設計事務所ですので、簡単な模型を作って差し上げることも含め、建替えについて、個別にいろいろ相談に応じています。残地で建て替えられるか、狭くて住めないのなら外に出るか、様々な選択肢を検討してもらう資料を提供しています。あるいは借地権の調整などもあります。権利の調整は、弁護士や司法書士を入れてチームで対応していいます。メインは生活を再建していただくことですから、それに付随することは全部やるということになります。

そのときに私どもがよく考えることは、お客様がどういう方であるかについて、まず想像力を働かせることとです。十分に聞き取りをした上で、その方の生活再建にどんな可能性があるか、どんな選択肢があるのか、本人も気付かないような選択肢もいろいろお示ししながら、本人自身が主体的にそれを選ぶところまで持っていく材料づくりをしています。

そういう活動をしていると、お客様がネガティブな考えを持っていらしたとしても、新しい選択肢が幾つか見えてきて、比較的前向きになられることがあります。自分の生活の場所を変えるとか、家族と一緒に住むとか、いろんな可能性があるわけで、そういったところで前向きになっていただけるのが一番いい意味での対応のあり方かなと思っています。福祉行政との連携が必要な場合には、区の福祉の窓口の方と様々な相談をするなどして、選択肢を考える場合もあります。

藤川　高齢者の場合には、そのお子さんなどご家族との関係も出てきますよね。

原田　いろんな意味でご家族との関係が良好な場合には、ご家族と一緒に、よい再建方策を考えるということもあります。一方、ご家族との関係でトラブルが発生しそうな場合には、私どもは、当然、権利者本人の生活再建を最優先に考えます。私どもには、弁護士や司法書士もおりますから、税金のことなどを含めいろいろアドバイスして、よりよい再建方策に落ち着くように配慮しています。

高齢者の方には、所有から賃貸へ変更される方もおられます。時期が来たら、施設に行くのだから、それまでの間は賃貸でつなごうね、という場合もありますし、地元のケアハウスや、グループホームを紹介して、そこに入られる方もおられます。生活再建のためなら、どんなツールでも使っていこうというのが私どものスタンスです。

藤川　相当丁寧な対応をされている感じですが、用地取得のタイムスケジュールで言うと、どの段階に、そのような相談が入ってくるのでしょうか。

高島　窓口を開設するタイミングにもよりますが、基本的には、最初の用地説明会の場で、窓口を紹介できるようにしています。そして、意向調査を行ってもらい、早い段階から相談を受けられるようにしています。

藤川　地権者のところに、用地担当職員と一緒に行かれることはあるのですか。

原田　原則として一緒には行きません。

高島　補償金に関することは全て都がやります。補償金の概算等が示されて、このお金だったら、どういうことができるのか、どういうところに移れるのかということで、窓口に来られるケースが多いと思います。

原田　また、その段階に至らない地権者の方が、一般的な相談に来られることもあります。相続は終わっていますか、登記名義は変更されていますか、残地がありそうですが、残地での再建を先に検討しましょうかなど、事前にできることをアドバイスして、準備してもらうこともあります。

藤川　補償金がこのぐらい出ますよと聞いて窓口に相談に行って、いろいろ選択肢を出してもらったとしても、これではちょっととということで、都の用地担当の方に戻って来られることもあるのでしょうか。

高島　そうですね。皆さんが1回で、「はい、分かりました」とはなりませんね。

原田　ただ、補償金の額は変わらないことが基本ですから、私どもとしては、その範囲の中でできる限りの選択肢を提示できるよう、最大限の努力をしています。

藤川　できる範囲の中で最大限の対応を行う姿勢は、地権者からの信頼を醸成することにもつながるのではないでしょうか。

原田　もちろん、選択肢をお示しする上で難しい課題もあります。例えば、これまで、所有権を持っておられる方には、都営住宅への入居のあっ旋はできませんでした。ただ、これも今年度から所有者の方でも一定の条件のもと、あっ旋できることになり非常に助かっています。

藤川　福祉を含めたそのようなノウハウは、これまでにもお持ちになっていたのですか。

原田　現場で勉強させていただいています。

高島　窓口には都市計画コンサルタント系、不動産系など、それぞれ得意分野があり、また、現場で勉強していただいている部分もあります。相続等については、専門家である弁護士や税理士などと組んで相談に乗れるような形を作ってもらっています。

藤川　弁護士や税理士にも委託をしているのですか。

高島　個別に委託するのではなく、窓口の方でチームを作ってもらっています。

原田　私どもの顧問弁護士、顧問税理士がおります。あと、都が宅建協会と連携しているので、そこの情報をいただくこともできます。また、私どもは区の税理士協会と連携し、譲渡資産の税に特化した国税のＯＢの方に相談できる体制もとっています。

藤川　都市計画コンサルタント系、不動産系など、それぞれの持ち味を発揮してもらうとともに、関係分野の専門家と連携することも窓口の業務の要件としているということでしょうか。

高島　業務として連携してやってくださいと仕様の中に明記しています。どの窓口でも、基本的にここまではちゃんとやってくださいということは、契約の中で決めております。

藤川　原田さんは、本来、都市計画のコンサルタントですよね。

原田　私どもは建築・都市計画のコンサルタントですが、チームの中に、弁護士、不動産の権利関係の調整に関するプロの宅建士、司法書士等がいます。相談には借地借家の問題などが非常にたくさんありますが、プロと一緒に考えながら対応しています。

藤川　業務を実際にされている中で、様々なノウハウが蓄積されていく部分もありますか。

原田　そうですね。

藤川　移転先の調査などは、これまであまりやってこられなかった業務ですよね。

原田　過去にやったことはありますが、これほど本格的にやったことはありませんでした。そのため、最初は宅建協会さんと連携するところから始めましたが、それだけではちょっと足りないので、最近では、地元の不動産屋さんともよく情報交換をしています。いずれにしても、探してもらえる信頼できる人とのネットワークを築くことが、一番のポイントでしょうね。いろいろ試行錯誤しながら、頑張っています。

藤川　行政の職員だと、なかなかそこまではできませんね。普通だと、レインズで調べるとか、町の宅建業者に聞く程度でしょうか。

高島　そのあたりが限界でしょうね。窓口の方が専門的にいろいろとやっていただけることによって非常に幅が広がってきていると思います。行政の限界部分を補完してもらえる制度かなと思っています。

藤川　用地取得のタイムスケジュールで言うと、用地担当職員は、契約して、登記をして、明け渡しの確認をして、後金を払って、業務が終了という感じですが、窓口業務の方のお尻は、どのような感じですか。

原田　人によって様々ですが、基本的には、移転後、税務申告が終わったあたりでしょうか。

藤川　相談は、基本的には無料なのかもしれませんが、いろいろ込み合った相談というのは、どのような扱いですか。

原田　生活再建プランナーが対応できるもの

であれば全て無料です。専門家の同席を要する相談の場合は、私どもの整理としては、例えば、税務も建替え相談も、1回目は全部無料です。ただ、そこから先、例えば、税理士だと申告業務、弁護士・司法書士だといろんな手続業務、そういったところに踏み込む場合には必ず契約を結んで、料金を払ってやっていただくことにしています。

藤川　そのあたりは何か決まりがあるのですか。

高島　生活再建プランナーは、専門家と連携しながら相談業務を行うものとし、具体的に専門家に業務を依頼するとなったら契約を結んで有料でお願いする、というのが基本です。平成30年度からは少し拡充しようと思っていて、具体的には、相談して方向性を決めるところまで、3回以内の専門家同席による相談は無料にし、その後の個別の依頼は契約を結んで有料でやってもらおうと考えています。

藤川　専門家がいると言っても、全体的な知識は不可欠でしょうし、特に、税金や社会保障の関係は非常に複雑であると思いますが、請け負われてから勉強されたのですか。

原田　勉強しました。税金については、お客様から、特別控除を受けるために、次の年の申告に関する勉強会を開催してほしいという要望があったので、資産税に詳しい税理士と一緒に半年かけて、テキストを作るところから始めて、勉強会を開催しました。

初回は、まだ契約が出るか出ないぐらいの時期でして、勉強会をしても参加者はせいぜい数人ぐらいでした。今は毎回20人ぐらい、いらっしゃいます。毎年、いろんな修正を加えながらテキストを作って対応しています。

藤川　社会保障制度も複雑ですよね。

原田　あれは難しいですね。自治体によっても違うので大変です。例えば、うちは板橋区と練馬区がすぐお隣なので、違う自治体の物件を紹介したりするときには、そちらへ行くと何が変わるとか、そういったことも含めて調べて対応しています。

藤川　そのようなものを含め、公共用地取得に関わる仕事をされた率直な感想は、いかがでしょうか。

原田　改めて、用地取得を担当されている事務所、現場担当者の皆様の御苦労を実感します。よくもこれまでサポートなしに、全部自分たちで生活再建の話を含めてやってこられて、すごいエネルギーだったのだな、と思います。

他方、この生活再建プランナー制度については、私どもが現場担当者の方のサポートになれている部分も若干はあるのかなと自負しているところもあって、お互いの持ち味を活かした相乗効果が出ているのではないでしょうか。

高島　現場担当者が窓口に、こういう問題があるけれども、何かよい解決方法はないだろうかと相談することもあります。

藤川　前提登記というか、売買ができるように登記を整理してもらう関係で、窓口が関係してくることはありますか。

高島　職権でできる部分はもちろん都がやりますが、それ以外のことは、窓口で司法書士とうまく調整してもらって、きれいにしてもらうこともあります。

藤川　相続関係の調整とかは、どうですか。

澁澤　ケース・バイ・ケースですが、例えば、とりあえず事業用地だけは法定相続持分で対応させてもらえないかとお話しします。残地については、後でゆっくり相談してくださいと言うこともあります。

高島　逆に、我々の権限は残地まで及ばないので、それを全部きれいにしたいと言うなら、窓口に相談してくださいと言うこともあります。

藤川　用地担当職員と窓口の役割分担、連携が重要になると思いますが、これまで、特段のトラブルが起こったということはありませんか。

原田　事前に、プランナーの研修というのをやっていただくのです。その中で両者の切り分け等について勉強させていただくので、特段のトラブルは発生しておりません。

藤川　現場の用地担当職員の方から見ると、この制度は、どのような評価になるのでしょうか。

澁澤　用地の経験者が少なくなっていて、各事務所でも2～3年でベテランという時代になってきています。プランナー制度は、職員にとっても、いろいろ勉強ができる場となっていますので、ありがたいものです。

原田　私どもとしては、現場の職員の方々とも連携し、幾分なりとも社会貢献になっているのかなという気持ちがありまして、このことがすごくやりがいにつながっております。

澁澤　我々現場担当と、プランナーが両輪となって、地権者に対して丁寧な対応を図れることで、地権者の方から信頼が得られ、事業が円滑に進むことがこの制度のメリットであると思います。

生活プランナー制度の今後の展望

藤川　プランナー制度も5年以上になりますか。

高島　平成25年11月からなので、4年が経過したところです。

藤川　これまでの取組みを踏まえ、今後どういった展開を考えておられるのかについて、お聞かせいただければと思います。

高島　4年が経過し、相談件数だけでも全部で大体1万5，000件くらい来ていますので、地権者がどういう情報を求めているのかについても、ようやく分かってきたところです。

移転先の紹介とか、残地再建のボリュームプランの作成、権利関係の調整など、今まで我々もやってきたけれども、かゆいところに手が届くまではできなかった部分を担っていただいており、この窓口制度は、契約に向けてかなりプラス材料になっていると考えています。

ただ、路線によって差があり、拡幅なのか、新設道路なのかによっても、相手方の求める情報が違ってくることもありますので、路線の特性を踏まえた相談窓口のあり方を考えていく必要があるのかなと思っています。

あと、生活再建プランナーの皆さんは非常に優秀ですけれども、さらなるスキルアップをお願いしていくことも重要だと思っています。例えば、毎月ヒアリングを実施させていただいており、そこでいろんな情報もいただきつつ、こちらからのお願いもして、全体の能力アップも図っているところです。

今後のこの制度のあり方ですが、生活再建プランナーの皆さんは、この特定整備路線を進めるに当たって非常に重要な役割を果たしていると思っていますが、特定整備路線以外の用地買収への活用については今後の検討課題です。

どういう条件のところにこういう窓口を作ると、より効率的な用地取得ができるのか、もう少し研究していきたいなと思っています。本制度をうまく水平展開していかれればいいなという思いがありますので、今後、具体的に検討していきたいと思っています。

用地取得の今後の課題と要望

藤川　せっかくの機会なので、プランナー制度以外の木密地域における用地取得について、課題・要望等があれば、お願いします。

高島　1つは、残地取得についてですが、特定整備路線については、それ自体が延焼遮断効果を発揮するため、事業に必要な用地という判断を比較的柔軟に行うという対応をしていくことが必要ではないかと考えています。

あと、事業残地を代替地として買うことについて、近くに住み続けたいという方が多いこともあり、代替地として積極的に取得をしていく方針で現在進めています。

例えば、ある程度の広さの土地をお持ちの方が、外に移転したいけれど半分くらい残地が生じてしまう場合があります。他の関係権利者の方なら家を建てられるぐらいの広さで、通常は残地買収できませんが、そこを代替地として取得するということです。測量等も事業用地を測るときに残地を含めて行っておりますので、建物を取り壊していただいた後、すぐに代替地として活用していくことも現在行っています。

また、これからの話ですが、都が代替地を購入するに当たっては、更地であること、境界が確定していることが必須条件になっているのですが、その条件を整えるために、所有者に代わって都が業務委託をして境界確定や測量、状況によっては権利調査を行い、費用は購入時に差し引くという取組みをしていこうと思っています。

さらに、都が直接という話ではありませんが、地元区とも連携しながらいろいろやっていこうという流れがあります。具体的に例をあげますと、UR都市機構さんと連携して荒川二・四・七丁目地区の木密地域の改善に取り組んでいる荒川区では、地区内の不燃化を推進するため、密集事業の代替地、公共用地や共同化の種地を不燃化促進用地としてURさんが自ら取得しています。その不燃化促進用地のうち、区やURさんの事業として当面利用の予定がないというところがあれば、調整してこちらの移転先として利用させてもらう取組みも行っています。こういう取組みも広げていきたいと思っています。

木密街路事業の推進に向けて

藤川　東京都が行われている特定整備路線の整

備は、命を守る事業と言っても過言ではないと思います。事業の計画的な推進に向けて、決意なり、抱負なり、なんでも結構ですので、最後にお願いできればと思います。

澁澤　こういう事業は、総論賛成、各論反対でなかなか進まない難しい事業の典型です。

ですから、私は担当に、とにかく地権者から信用してもらうために、いろいろ想像力を働かせて、準備することが大切だと言っています。準備することで、それが自分の自信にもなり、相手からの信頼にもつながると考えています。

地震が来て、火災が燃え広がってしまっては、元も子もありません。そうしてはならないという強い気持ちがあれば、なにかしら相手に伝わるものだと思います。燃え広がらないまちにするということで頑張っていきたいと思っています。

原田　私どもは側面的なお手伝いをするという立場になりますが、やはり、そこには、人を相手にする仕事ということがあります。

お客様から見れば、安全な街をつくるために私たちが犠牲になるのだから、もうちょっと何とかしてくれないかというお言葉になります。ただ、大切なのは、犠牲になるというネガティブな面だけではなくて、生活の切替えの契機にしていただくために私たちとしては、何ができるかということ。みんなが一方的に犠牲になるのではなくて、その人にとって新たなステップ・アップになる可能性もあるので、そういった切り口で、私たち自身が本気になって、その人のために何ができるかを考えることだと思います。

犠牲になるという考えから自分たちも生きるという考えに変わっていただく、あるいは、そこに結びつけていただく、そのような支援ができればと思っています。

高島　特定整備路線は、延焼遮断、避難路や緊急車両の通行路となる重要な都市基盤です。東京都としては、今後とも、関係権利者の方々に丁寧な説明を繰り返し行うことを心がけ、理解と協力を得てこの事業を進めていきたいと思っています。

木密地域の街路整備については、他の自治体でも同じような難しい問題があるとは思いますが、我々が思っているのは、住民の方々の生命・財産を守り、街の安全・安心を確保するために欠くことのできない事業であるとの強い思いを持って事業に取り組んでいくことが、何より大事ではないかということです。これからも丁寧に、かつスピーディーにこの事業を進めていきたいと思っております。

藤川　戦後70年以上経ちますが、依然として残された木密地域の街路整備は、東京都だけではなく、全国にもたくさんあります。ただ、実際、なかなか腰が上がらないのが全国の実態ではないでしょうか。東京都がフロントランナーとして難しい問題に果敢に取り組み、実績を上げておられることは、震災対応を含む安全・安心や、コンパクト・シティの実現が叫ばれる状況にあって、非常に意義があることだと思います。どんな難しい事業でも、成し遂げた実績があることは、後に続く者の大きな後押しになりますから。

加えて、今回の中心テーマである、生活再建プランナー制度については、官民連携で難しい用地取得を成し遂げていこうという取組みです。官民のそれぞれの持ち味を活かして、地権者に対して丁寧に対応し、信頼を得て事業を進めていこうという姿は、これからの用地取得の1つの重要なモデルになるようにも思います。

最後に、皆様方の益々のご活躍を期待して、本座談会を締めさせていただきます。長時間にわたり、ありがとうございました。

第5章 用地取得と地籍整備

座談会⑨「用地取得と地籍整備」

地籍整備については、用地取得の観点からは、境界確認の負担を大きく減らすものとして、その積極的な実施が望まれるものです。これまでは、公共用地取得と地籍整備は、このような関係にありましたが、平成29年度からは、地籍整備の交付金・補助金に関する事務の一部が、国土交通省本省から地方整備局等に委任され、本省と、地籍の実施主体たる市町村を取りまとめる都道府県の間に立って、円滑な調整を行うことになりました。

地籍整備については、防災対策、都市開発、公共事業等との連携が強く求められますが、これら事業のノウハウを持つ地方整備局等の用地部局が地籍整備の交付金等の調整も行うことは、非常に意義があるものです。

本座談会では、国、都道府県（岐阜県）、市町村（和歌山市、神戸市）の担当者に参加していただき、用地行政と地籍整備をめぐる現状や課題についてお話しいただきました。なお、神戸市の青木利博専門役は、地籍整備の立場でなく、東日本大震災の後、岩手県大槌町の都市整備課長に派遣されて、復興事業を担当された立場から、復興事業における用地取得の実態、地籍整備の必要性等について、お話しいただきました。

具体的な現状や課題としては、

- 岐阜県における計画的な地籍整備の現状と課題
- 和歌山市における計画的な地籍整備、特に公共事業との連携の取組みの現状と課題
- 国土交通省における地籍整備の取組み
- 東日本大震災からの復興事業における用地取得の実態と地籍整備の必要性

等が取り上げられています。

地籍整備については、平成32年度から始まる次期10か年計画の策定に向け、制度の見直しを含め、現在、審議が進められています（図表10参照）。

【図表10】

中長期的な地籍整備の推進に関する検討会における議論の概要

地籍調査の概要

- 国土調査法に基づき、一筆地ごとの土地の境界や面積等を調査。
- 成果は実施主体で保管・管理されるとともに、登記所にも送付され、登記簿を修正し、登記所備付地図になる。
- 主に市区町村が実施。

地籍調査の課題

都市部
- 地価が高いため所有者の権利意識が強く、権利関係も複雑であるため、土地所有者等による境界確認が難航するケースが多い。
- 土地が細分化され、土地境界が複雑であることや、建物等が障害となり、測量作業にも時間を要する。
- 土地取引等による民間の測量成果が多く存在するが、地籍調査への活用が不十分。

山村部
- 急峻な地形や生い茂る木々などにより現地での土地所有者等の立会や測量作業が困難。
- 土地所有等の高齢化や不在村化の進行等により、立会人の探索や土地所有者等の境界に関する認識（人証）を基にした調査が困難となってきている。

全般
- 災害想定地域等の緊急性・重要性が高い地域での調査の遅れ。
- 進捗状況や施策分野毎の評価体制が不十分。
- 所有者不明土地問題への対応。

地籍調査の主な流れ

取組状況

- 全国における地籍調査の進捗率は、H28年度末で52%。
- 第6次十箇年計画（H22～31）では、遅れている都市部・山村部を中心に21,000㎢を目標。

・H28年度末現在で、約7,200㎢（約半分の進捗）。
・市町村の実施状況は、完了・着手中：1284市区町村、休止・未着手：457市区町村

		対象面積 (km²)	実績面積(km²) <>内は計画期間面積	進捗率 (%)
DID		12,255	2,976＜248＞	24
非DID	宅地	17,793	9,621＜423＞	54
	農用地	72,058	52,783＜1,238＞	73
	林地	184,094	82,332＜5,284＞	45
合計		286,200	147,712＜7,193＞	52

※対象面積は、全国土面積（377,880km²）から国有林及び公有水面等を除いた面積である。
※DIDは、国勢調査による人口集中地区のこと。Densely Inhabited Districtの略。人口密度4,000人/km²以上の国勢調査上の基本単位区が互いに隣接して、5,000人以上の人口となる地域。

次期計画における検討の方向性

- 一筆地調査の効率化、新技術による測量の効率化、民間測量成果等の有効活用により、地籍整備を加速させる方策が必要。
- 特に都市部及び山村部では、それぞれの特性に応じた効率的な調査手法が必要。
- 地域課題に即応するため、最低限必要な境界情報を迅速に整備する仕組みの導入が必要。
- 災害想定地域等の優先地域での重点的実施を促す仕組みの導入が必要。
- 次期計画の進捗状況や地籍整備の効果を適切に評価し、フォローアップする仕組みが必要。
- 所有者探索への活用等、地籍調査の成果である地籍調査情報を様々な分野でより広く利活用するための環境整備が必要。

更なる課題
- 所有者不明土地の発生予防などの土地所有のあり方に関する政府全体の検討内容を踏まえつつ、地籍整備が果たすべき役割などについて制度のあり方を含めた検討が必要。

（国土交通省資料）

座談会⑨

「用地取得と地籍整備」

平成29年6月8日開催

小門 研亮　国土交通省土地・建設産業局地籍整備課企画専門官

倉本 尚寿　岐阜県都市建築部都市政策課土地計画調査係技術主査

青木 利博　神戸市危機管理室専門役（前大槌町都市整備課長）

中林 基樹　和歌山市産業まちづくり局都市計画部地籍調査課班長

村山 朋之　国土交通省関東地方整備局用地部用地企画課建設専門官（企画・地籍担当）

藤川 眞行　全国用対連事務局長（国土交通省関東地方整備局用地部長）

（順不同・敬称略。なお、所属・役職は、開催当時のもの）

〈用地ジャーナル2017年10月号・11月号掲載〉

地籍整備の意義

藤川　地籍整備は、不動産登記の14条地図の整備につながるということで、円滑な用地取得の観点から、従来より大変重要なものでありますが、本年度から、国土交通省本省で行われていた地籍整備に関する補助金・交付金の事務の一部が、地方整備局（用地部）に委任されることになり、「用地行政」と「地籍整備」の関係がさらに深まることとなりました。

そこで、本日は、国土交通省の地籍整備の担当官、公共用地取得を担当している国土交通省地方整備局・市の担当官、地籍整備事業を担当している県・市の担当官が一堂に会して、「用地取得と地籍整備」というテーマで、様々な意見交換をしていきたいと思っております。

まず、最初に、そもそも論になりますが、公共用地取得における地籍整備の意義について、国土交通省関東地方整備局の村山建設専門官に、少し掘り下げてお話しいただければと存じます。

村山　まずは、境界確認の理解が得やすいことが挙げられると思います。用地買収における面積の取り扱いは、実測面積でとなっておりますが、そのための用地測量は、公共測量作業規程に則って行うこととなっております。具体的には、基礎的資料として登記所にある公図等を収集し、これらを基に現地で土地所有者や関係者など権利がある方々に確認いただく流れになっています。実務においては、境界確認がうまく進まないケースも多々あると思いますが、そういった中で、実際に地籍調査がなされていると、再現性があることや、信憑性が高いこと等から、関係者からご理解いただきやすいという面があると思っています。

また、相続人の存否が不明である等、所有者不明の場合は、財産管理制度を活用して処理するケースもありますが、選任された財産管理人の方が必ずしも境界について把握しているとは限りません。その際に、地籍調査が済んでいると有効な説明資料となりますので、財産管理人から境界に対するご理解を得やすく、境界確認や契約行為がスムーズに進められるという点でもメリットがあると思います。

それ以外には、収用手続きにおけるメリットです。土地収用法36条の土地調書作成の際に土地所有者から署名押印が得られない場合や測量が著しく困難な場合等における土地の区域の説明は、地籍調査結果によっていることで説明が容易になります。さらに、土地の補償額算定においてもメリットとなります。土地の補償額決定要素としては、その土地の面積や形状など様々な要素がありますが、地籍調査未済地での公図ベースでは適正さの確保が難しいところがありますが、地籍調査が実施されていると説明が容易となります。

対して、地籍調査が行われていない箇所において現地で立ち会った結果、公図の配置や形状と相当の範囲で一致しない、いわゆる地図混乱となっており、用地買収に伴い必要となる分筆登記ができないことから、全面的に地図訂正を行う必要がある場合があります。一例として、砂防事業施行範囲内で地図混乱がある事例を紹介します。砂防事業施行に伴う用地買収は、砂防指定地の指定を受けた後に行うこととなりますが、地図混乱の状況では図面上で位置の特定ができないことから、砂防指定地の指定手続きが進められないこととなります。このため、前段として、地図訂正を行わなければならないこととなりますが、これに要する不測の時間が事業進捗に対して大きな影響を及ぼすこととなります。この事例では、法務局や本省との十分な協議が前提になりますけれども、今のところは、国土調査法19条5項による地図訂正対応を考えています。このような例からも、事業着手に先立って地籍調査が行われていれば、地図訂正に必要な期間が不要となりますので、不測の期間が不要となり、全体的な事業期間の短縮にも寄与するという大きなメリットがあると言えます。

なお、このようなことからも、地籍調査の先行実施については、用地取得マネジメントにおいて、用地取得開始前の有効な施策として位置づけられております。

地籍調査の進捗に向けて

藤川　公共用地取得において、そのような大きな意義のある地籍整備ですが、先に触れたとおり、本年度から、補助金・交付金の事務の一部が地方整備局（用地部）に委譲されました。

地籍整備の現状・課題等について、事務の一部が地方整備局に委譲された背景等を含め、国土交通省地籍整備課の小門企画専門官に、ご説明いただければと存じます。

小門　地籍調査は、昭和26年から着実に実施されてきた事業ですが、全国における進捗率は、平成28年3月末現在では51%、つい最新の数値（平成29年3月末）では52%になったところです。この進捗率ですと、国土の約半分しか地籍調査が完了していない状況で、地籍調査の未実施地域では、土地境界を示す資料として、法務局の公図と呼ばれる主に明治期に作成された図面が存在するのみです。この公図は、場所によっては精度が非常に悪く、土地境界がなかなか明確になっていません。

地帯別の進捗率を見ると、日本全国で52％の中、やはり都市部（24％）や林地部（45％）が遅れており、地方別に見ると、都市部を多く含む関東、中部、近畿地方が非常に遅れている状況です。一方で、東北や九州地方は比較的進んでおり、地方毎の差が顕著に表れています。これは地籍調査を実施する市町村の方針ややる気などに左右されていることが要因の1つですが、中日本で遅れている具体的な理由は、分かりません。やはり着手が早かった所ほど進捗率が高い状況になっています。

現在の地籍調査のペースは、年間約1、000km²を整備しているところで、このペースでいくと、完了までに何年かかるか分からない状況です。その中で、より効果的かつ効率的に地籍調査を進めるため、早急に地籍調査が必要な地域、いわゆる緊急性・必要性の高い地域を重点的に進めるべきと考えており、国土交通省より平成28年度から重点化の方針を示している次第です。

重点化する地籍調査は、以下の4分類の施策と連携する地籍調査としています。

1つ目が防災対策です。南海トラフ地震や首都直下地震の発生が懸念されているほか、近年、土砂災害が頻発しているので、地震や豪雨等による災害の被災想定地域において、被災後の迅速な復旧・復興のためにも、地籍調査の早急な実施が必要であると考えて重点化をしています。

２つ目が都市開発です。民間開発事業等では、事業用地を取得するために土地境界を明確にしなければなりません。地籍調査が実施されていない土地では、土地境界が不明確なので、土地所有者の立会いのもと、境界を確認し測量するのにかなりの時間を要してしまいます。これでは、都市開発が円滑に進みませんので、都市開発が計画されている地域では優先的に地籍調査を実施することが必要と考え、重点化方針の１つとして挙げています。

もう１つ、これが、今回のテーマでもある用地に関わるところだと思いますが、社会資本整備の円滑化を目的とした地籍調査についても重点化することとしています。これは、社会資本整備である道路事業や河川事業等を進めるときには必ず用地の取得、調整が発生しますので、そのときに事前に土地境界が明確になっている、あるいは筆界未定等の問題のある土地の位置が分かっていれば、事業計画の策定にも非常に役に立ちますし、事業用地に係る住民との調整も円滑に進む効果があります。

最後の４つ目については、森林施業と連携した地籍調査であり、施業や森林保全のための間伐等においては、土地境界が明確である必要があるので、こちらについても重点化方針の１つとして挙げています。

以上の４つの重点化方針のうち、特に、国土交通省としては、社会資本整備と連携した地籍調査を今後どんどん進めていくべきだと考えています。このため、平成28年度から、社会資本整備総合交付金（以下、社総金）の関連事業に社会資本整備円滑化地籍整備事業（以下、円滑化事業）を創設しております。これに伴い、市町村等による地籍調査を支援するための予算も微増ではありますが増額となり、今後は、各市町村において必要な地域での地籍調査も引き続き支援しながら、社会資本整備と連携した地籍調査をより一層進めていくこととなりました。

社総金の事業では、社総金の交付にあたり、整備計画の確認が必要であり、地籍調査を実施した後の社会資本整備がいつから計画をされていて、社会資本整備を円滑に進めるためには、地籍調査をいつまでに終わらせなければならないといったことまでしっかりチェックしなければなりません。ところが、平成27年度までの当課の体制では、全国で実施されている約1、000地区あまりの地籍調査を2名で確認しており、後続の社会資本整備等の詳細な部分までは確認できませんでした。社会資本整備と連携した地籍調査を進めるには、やはり地方公共団体との連携が非常に重要ですので、平成29年度からは、地方整備局等の用地部用地企画課に業務を移管して、地方公共団体とのより綿密な調整を実施していただいているという状況です。

震災復興と地籍調査の現状

藤川　地籍整備の進捗率については、市町村のやる気等が影響しているというお話もありましたが、東日本大震災の復興事業において地籍整備の重要性が再認識されたことで、最近、全国の市町村で、地籍整備をやっていかなければいけないという機運が徐々に広がっていると聞いています。

そこで、用地取得と地籍整備の関係について、よりビビッドに分かる実例として、東日本大震災の復興事業のお話をお聞きしたいと思います。

神戸市危機管理室の青木専門役は、岩手県の大槌町の都市整備課長として派遣され、まさに、復興事業の用地取得の最前線で活躍された方ですが、実体験を基に、そのあたりのお話をしていただければと存じます。

青木　私は、直接地籍整備というか地籍調査に携わったことはないのですが、ただ、それに関連して、地籍調査をされていないことが震災復興にどのような支障が生じているかについてお話ししたいと思います。

阪神・淡路大震災の際には、神戸市の都市計画局で震災復興事業の都市計画決定の手続きをして区画整理事業を担当しておりました。その後、東日本大震災から1年後に、岩手県大槌町へ震災の支援に行って4年間、復興事業を担当していましたが、用地をまず買わないことには復興が前に進まないということを経験して、特に、地方では、用地の処理がスムーズにいっていないため、非常にネックになったということと、地籍調査なり用地の処理がこうした復興事業を円滑に進められるかどうかの決め手になっているということをお話ししたいと思います。

大槌町の震災前の人口は1万6、000人という小さな町で、町の職員は136人しかいません。このうち40人が亡くなられ、用地担当の職員がほとんどいない状況で、復興を何とかしないといけないと全国から応援に行きました。

大槌町は、津波によってほとんど何もないという状況の中からの復興事業でした。岩手県はリアス式海岸で、山と海との間に平地が少しあって、そこに住民の方が住んでいたのですが、そこに最大津波の高さが12ｍという大きな津波が来て全てやられ、非常に甚大な被害がありました。

これをどうやって復興していくかで、阪神・淡路のときには災害公営住宅を建てて、大体5年で仮設住宅は解消したけれども、東日本大震災では、5年経っても解消までは全然いっていないという状況で、非常に遅れている。高台移転あるいは盛り土をして再建するという事業のせいもありますが、用地処理がなかなか進まず用地が買えない。これがネックになって復興が進んでいない大きな要因になっています。

どういう事業をやっているかというと（資料1参照）、海沿いの津波が来る箇所には、レベル1の数百年に1回程度の津波に対応する防潮堤を造っています。ただ、レベル2の1000年に1回はとても対応できないということで、防潮堤を越えてくるとなると、海岸部に近いところは基本的に人は住めないので、住宅は禁止にする。その代わり、ある程度盛り土をして住宅再建をする区域と高台に移転先団地を設けて、そこに移転していただくという復興事業を行っています。このときに、高台移転の土地の買収が非常に大きなネックになりました。

【資料1】

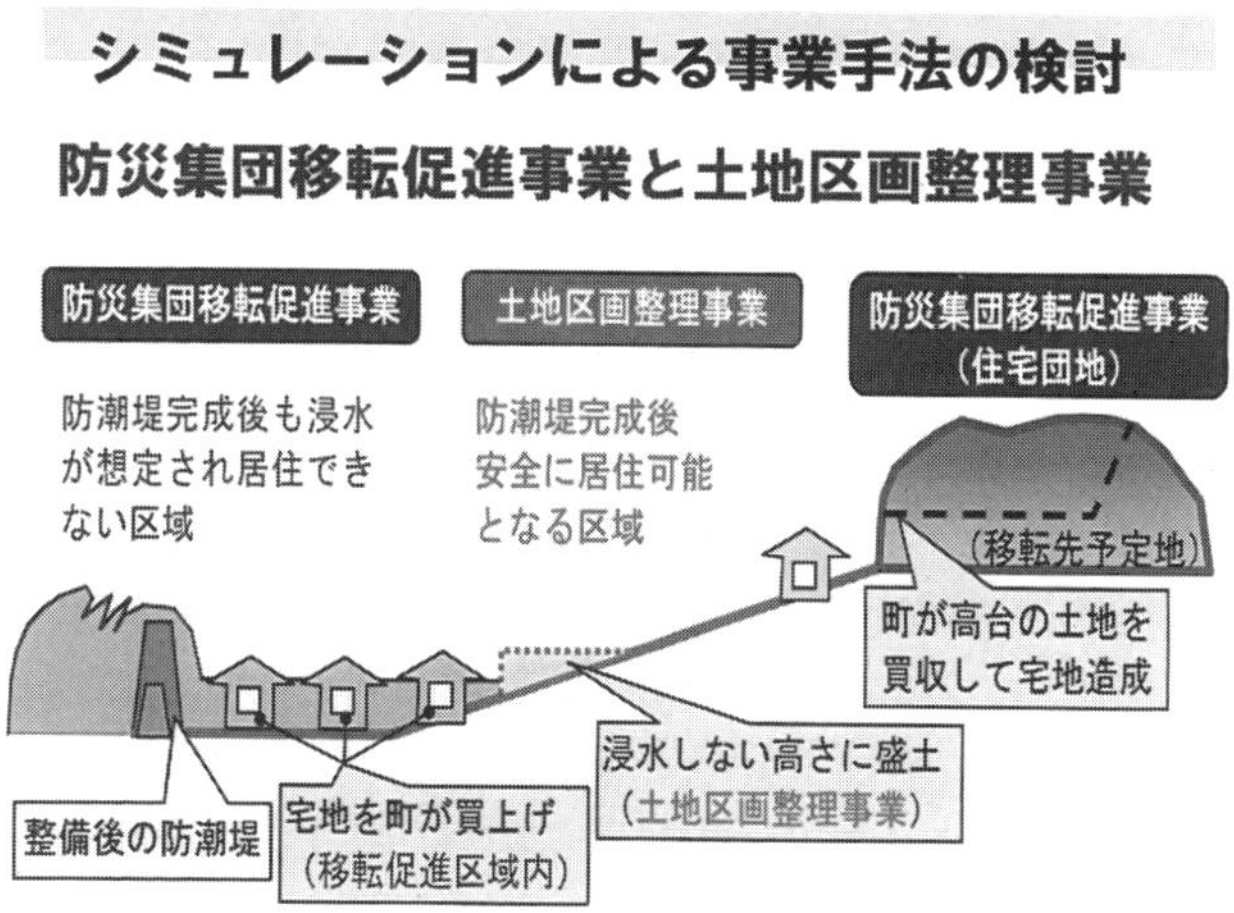

元の浸水区域から少し高いところの山を造成していくのですが、山を削る程度しかできませんから、少ない面積しか造成できない。地元の方は今までの土地への愛着がありますから、遠くへは行きたくない。お墓があり、今まで住んでいたコミュニティがありますから、元の住んでいたところの近くに住みたい。そういうエリアを探して造成して、そこに移転していただくことになります。

復興事業では、区画整理事業や移転団地を造る防災集団移転促進事業以外にも津波復興拠点事業は、企業向けの産業用地の確保とか防災拠点をつくる事業です。それから、漁業集落防災機能強化事業は、漁村に近いところについて盛り土をするという事業。それに関連して、当然、高台移転をすると道路をつけていく道路事業や災害公営住宅も造っていかないといけない。このため、あの小さな町でも120haぐらいの土地を2~3年で用地買収しない限り復興が進まないわけです。普通の事業でいくと、120haを2年で買収するなど不可能です。当然、これだけの用地を買収するには何十人という用地職員がいないとできない、これをどうするか。これも非常に大きな課題でした。

地籍調査の実施状況で申しますと、大槌町は、地籍調査が進んでいるけれど、それでも42%しかない。肝心な復興事業に関わる所はほとんど行われていなかった。これも非常にネックになりました。

神戸の場合、戦災復興があって、六甲山の南側はほとんど区画整理で土地の確定はされていて、阪神・淡路大震災の後に復興事業で区画整理あるいは再開発を行ったけれども、土地に関しては余り問題点はなかったこともあって、1年後ぐらいからどんどん家が建って、用地買収も減価買収という形ですが、ほとんど問題なく土地はどんどん買えました。

こういったところが震災復興の進捗に大きな差が出ています。

用地取得に難航した事例として、まず用地の境界確認が必要なのに、実際には土地の確定がなかなかできない。誰の土地かも分からない、自分の土地の隣は誰が持っているかも分からない。これが非常に大変でした。公図も現地と全然合っていない。無地番の土地もあって、これを全部片付けないと処理ができない。

最も大きかったのは相続手続きです。都市部では土地の売買とかで動いているので相続手続きは結構行われているけれど、地方へ行くと、そういうのは全然なくて、全く手付かずのままですから、明治、大正は当たり前、極端なのは江戸時代の方の名義の土地が出てくる。相続人を探すだけでも大変です。非常に時間がかかる。

それから、抵当権の抹消もあります。大正時代の何十円、何百円の抵当権です。でも、それを処理しないと土地は買えないので、何とか処理しないといけない。それから、抵当権をつけている会社自体が破産していたり、山を持っている土地の会社自体が破産をしてどこに行ったか分からないので、その追跡をしないといけない。そんなこともあります。

そういったことを何とか処理して、相続財産管理制度とか不在者財産管理制度を使って何とか土地を買わないといけない。それでも買えない部分が出てくるので、土地収用という形を取るのだけれども、防災集団移転促進事業は任意事業なのですね。これも最初は収用法の対象になっていなかった。これをどうするかで国土交通省にお願いして、何とかこれも収用対象にしてくださいと特区法の改正をして、小さなエリアでも買えるようにして、何とか土地を買った事例もあります。

まず、なぜ用地の境界確定ができないかと

いうと、地籍調査をやっていないから。それから、通常だと、ここに塀があったとか、ここに溝があるとかの確認ができるのですが、津波で全て持っていかれているので、境界が分からない。それから、所有者が死亡されているので、それの確認ができない。所有者の一家全員が亡くなられたとか、地方やどこかへ避難されているという方もいて立会いだけでも大変な手間でした。これが復興が非常に遅れることになっていました。

このため内部で相談して、用地買収の基本的な考え方を整理しました。地籍調査済みの土地で地籍測量図がある土地はそのまま買収し、移転元や区画整理区域内の土地で地籍測量図がない土地は按分方式を採用しました(資料2参照)。

移転先団地、これは造成があるので他人の土地まで触るわけにはいきませんので、境界立会いをして実測買収することにしました。

【資料2】

按分方式の概念図

[登記簿面積]　1010㎡
[街区実測面積] 1050㎡
[測量実績あり]　210㎡

[按分率]

$$\frac{(\text{街区実測面積}-\text{測量実績がある面積})}{(\text{登記簿面積計}-\text{測量実績がある面積})}$$

$$\frac{(1050-210)}{(1010-210)} = \frac{840}{800}$$

＝1．05 按分率

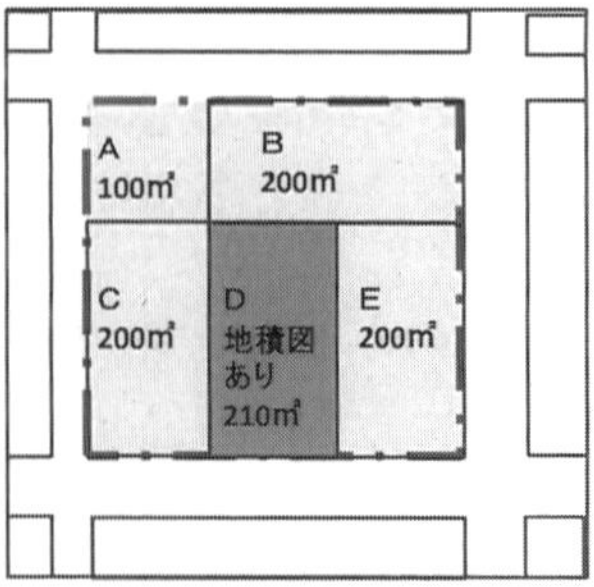

按分方式というのは、道路とか公共用地に囲まれた部分を先にまとめて測って、その中はいちいち立会いはできないので、要するに地籍図があるものは除いて、それ以外の地籍図がないものについては、それを按分しましょうという方法で、例えば公簿全体では1，010㎡だけれど、実際に測ると1，050㎡ある。そのうち実測図がある所の、210㎡引くと840㎡が実測で、元の公簿でいくと800㎡、1・05倍になる。1・05倍を元の公簿にそれぞれ掛けていって、その面積で買いましょうと。これは、全体を実測しているので、余計な分を買っているわけではない。ただ、個人間の話はあるかもしれませんけれども、それは相手が納得すれば契約上成立するでしょうということで、やっています。区画整理事業だと、こういう按分方式というのはよくやっている。相手が納得すれば、それで契約上成立するわけですから、それをとやかく言われることはないということで、こういうやり方をしています。

問題は、相続手続きです。江戸時代生まれの名義があるような場合です。非常に大変な話で、もともと用地職員は2人しかいないないど職員が少ない。それも、ほとんど新たな事業に対する用地業務にタッチした者がいない。これをどうすればいいか。応援職員の中から補充はしたけれども、それでも、特に、最近は公共事業が減っていますから、用地経験のある職員が、なかなかいない。ですから、一から用地買収のやり方を説明しながら進めていくしかない。あとは外部発注しかなく、司法書士会とか不動産鑑定士、補償コンサル等に業務委託して、用地交渉等の資料もつくらせているという形でやっていきます。

大槌町の事例では、まず文久3年、江戸時代の名義の土地で相続人が100人くらいおりました。これは、そのうちの相続権利がある方を絞ると42名になった。これが全国に散らばっているので、全国の方から印鑑をもらわないといけない。これがまた、通知をしても、何のことか、さっぱり分からないという方もいます。それを全部説明して文書を送ってという形で、実印の印鑑証明をとってもらわないといけませんから、そういう手続きも全部やってもらわないといけないということで、これも大変な時間がかかりました。

それから、大正時代の何十円の抵当権。これも復興庁とも相談しながらいろんなやり方を検討したんですけれども、通常のやり方で抵当権の処理をするしかなかった。通常だと、金融機関にも全部納得いただいた上で抵当権を1回外してもらわないといけない。それをした上で売買契約して、その売買契約の金額でそれぞれ抵当権を持っている方に分配するという形にしていかないといけない。それから、会社が倒産したりしたところの処理。

実際、1人の方の名前はあるけれども、「○○外4名」としかない土地の場合、誰に交渉していいか分からない。これをするのに土地収用という形で処理をさせていただきました。これが特区法の改正により、収用適格事業の拡大ということで、5戸以上50戸未満のものも適用対象にしてもらいました。これも、収用法の手続自体も分からない職員がほとんどですから、復興庁や県の全部指導を受けながらやりました。平成26年5月1日に改正されて、それからすぐに資料を用意して、翌年の27年1月に収用申請をして、5月には裁決が出た。4カ月で処理ができました。

用地の処理がうまくいかないと復興が遅れるということの1つの事例かなと思いますので、この辺、口で言うのは簡単なのですけれども、これは何年間もかかって、調査だけでも1年以上かかって、そこから交渉するのにまた1年と。急ぐのに、それぐらいかかる状況だったということを少し、御紹介ということで話をさせていただきました。

藤川 これまで、取得予定の120haのどれくらいまで取得が進みましたか。

青木 今は大体9割ほど、100haぐらいは買って。道路事業はまだ動いています。

藤川 大槌町の復興事業としては、当初の工程表と比べ、どの程度進捗している感じでしょうか。

青木 当初は通常の1つの目安として、こういう事業へ入る前の、中身がもうひとつ分からないときに、5年を目途にやろうと計画を立てたけれども、実際入ってみると、こういう用地の問題から人手の問題、業者の問題、盛土材のこと、コンクリートから資材の関係等、様々なことから遅れて、大槌の場合、29年度末ぐらいに何とか8割から9割ぐらいはいける。まだ後の処理が残っていますので、とりあえず30年度ぐらいが1つの目安になるかなと。津波が23年でしたから、8年ぐらい。

藤川 岩手県全体から見ると、進み具合はどのレベルなのでしょうか。

青木 進んでいるとは言い難く、真ん中あたりぐらい。

藤川 やはり、遅れている要因としては、人手や資材不足より、用地取得の困難さが大きいのでしょうか。

青木 はい、用地買収ができないと工事にかかれないのですよ。工事にかかれば何とか人を集めたり、業者を集めたりして前へ進むけれど、人の土地を勝手に触ることはできないから、工事自体が進めない。そうすると、事業なり工事が始まらないと、住民からすれば、何をしているのか、何も進んでないじゃないか、お前たちは何をしているのかと、行政が責められるわけです。復興を急ぐと言っているのに何も現地が動いていないと。それが非常につらいですよね。職員にとってもつらい。やっているのですけれどもねという言い方しかできない。

藤川　そうですね。そこが、用地取得のつらいところですね。頑張ってやっているのに、外形として現れないので、一般の人からは何もやっていないのかと誤解されてしまう。

青木　そうですね。ここに団地を造るという計画を見せて、将来、自分はここに住めるのだなと思っていたのに、いつになったら住めるのと。最初はあと2年我慢してくださいと言われたから我慢する。それがまだ1戸もできていない。震災から5年も経ったのに、まだ全然動いてないじゃないかと。

今、一番問題になっているのは、事業は進むけれども、人は本当に帰ってくるのかと。それを諦めて外へ出ていってしまう。出ていってしまうと、なかなか帰ってこられない。復興というのはやっぱりスピードとの勝負でもあるんですよね。そこがなかなか……。そういう意味では、普通の事業でも多分用地が買えれば8割ぐらいは進むという言い方もありますけれども、まずは用地が処理できないと事業は進まない。

藤川　東北は地籍整備率が高いというイメージがありましたが、大槌町は、未実施のところが半分以上もあったんですね。

小門　海岸部の地籍調査が進んでいなかった。

青木　面積的には、山間部は多くても海岸部の実質のところはなかなか。

藤川　それは地形等の状況によるんですか。

青木　海岸部はほとんど山なのですが、これは山沿いを走るような道路を道路事業で建設したときに多分、地籍調査をしたのだろうと思います。

藤川　実際に、実施済みのところと未実施のところで、復興事業の用地取得の困難さは、どれくらい違いますか。

青木　先ほど言いましたように、地籍調査をやっているところは公簿でやりますし、それはその公簿面積で買いましょうと。いちいち立会いもしない。と言うか、震災のときには立会いがなかなかできない。

藤川　新たな移転先団地の用地取得は、立会いを求め、実測でやったとのことですが、そのあたりはどうでしたか。

青木　明治頃の名義がほとんどで、実際にそこに住んでいる人は孫、曾孫ぐらいの人ですから、自分の所有権のある山がどこの範囲かさっぱり分からない。地元の方に聞いても、もうひとつ分からない。隣の地主さん自体も全然知らない。誰が持っているのか。登記簿を上げて公図を調べても、公図も現地と合っていないのがほとんどで、地図訂正をしていかないといけないとか、無地番のものが間に入ってきたり、変なものが入ってきたりとか、そんなことがあると、全部、境界立会いをしてから、決めていく必要がある。境界立会いをするにも、連絡して日程を調整しないといけないし、誰に立ち会ってもらうかもあるので、その辺の連絡だとか、まず追いかけていかないといけない。

　そういう意味では、先ほどの実例で書いたのは、ほとんど山の移転先団地の問題点で、区画整理は事業の中で技術的に何とか処理してうまく処理ができる。ただ、移転先団地など実測で買わなければならないところは、立会いをしないといけないし、地図訂正からしていかなければならないので非常に時間がかかります。

藤川　実施済みのところを狙って、移転先団地を計画するということは、なかなか難しいのでしょうね。

青木　そういうところだけを選ぶわけにはいかない。売っていいよと言う人と、ここは買えるかなということで見切り発車みたいな形でいくのだけれども、交渉事ですから、すんなり、うんと言ってくれる方もなかなかいないし、思うような範囲でうまく造成ができればいいのですけれども、計画の図面をつくりながら、どの範囲まで造成していくか。平地なら、ある程度線でばっと切れるのでしょうけれども、山ですから、造成のこともあるので、なかなかうまくはいかない。地籍調査をやっていたところでうまくおさまればいいのでしょうが。

　だから、そういう意味では将来的に、できるだけ地籍調査をどんどんやっていった中で、移転先団地ができれば早かったのだろうとは思います。

藤川　大規模地震等が起こって、集団移転が必要となった場合には、やはり、地域全体が整備済みになっていないと、円滑な用地取得は難しいということですかね。

青木 難しいですね。

藤川 あと、地籍整備の話ではないのですが、例えば、休眠抵当の処理とかの問題もありましたか。

青木 いろんな事例がいっぱいあって、これまた、用地関係者、司法書士、弁護士等とどうやったら処理ができるか相談しながら。

藤川 ちなみに、阪神・淡路大震災の復興事業の時は、境界の問題はどうだったんですか。

青木 全て区画整理が済んでいるところばかりではなかったけれど、阪神・淡路の場合は、戦災復興で区画整理がある程度済んでいるところは良かったけれども、済んでないところ、残したところがあって、そこがやられたところも結構ありました。ただ、市街地、都市部ですから、土地の売買等もあって、ある程度境界は確定していた。

藤川 地籍測量図とか、いろいろ資料があったということですか。

青木 そこそこあって、その意味で、土地の処理でもめたことはなかった。

藤川 高台に新しい用地を確保するということは、なかったんですよね。

青木 それはなかった。区画整理の区域の中で、土地の減歩率を抑えるために、少し先行買収をしたところはあるけれども。

藤川 やはり、神戸は市街地ですからね。

青木　市街地ですから、割に境界もある程度はっきりしていたし、被災者もそんなに遠くに散らばっていないので、立会いもスムーズでした。

藤川　地震の復興事業の用地取得でも、プレート型地震と直下型地震、都市部と地方部では、やはり対応が異なってきますね。

青木　去年、益城町へもアドバイスに何回か行きましたが、被災されていて、土地の問題がありまして、どうするかというのはこれからです。要するに、昔の集落が結構あるところなので、土地の処理がされていない。熊本も、これからスムーズにいくかどうかは、区画整理を検討されて、街路事業で県道を広げる予定になっているけれども、まだこれから用地の問題が出てくるのではないかと危惧はしています。

藤川　いずれにしても、今後想定されている南海トラフ巨大地震をはじめプレート型地震の復興事業にも速やかに対応できるようにしておくためには、なんと言っても、地域全体として、地籍整備が行われていることが重要であることがよく分かりました。

岐阜県、和歌山市の事例

藤川　これまでの議論で、公共用地取得における地籍整備の具体的な意義が浮き彫りにされてきましたが、次は、地籍整備推進に向けた地方公共団体の取組みの方に話を移していきたいと思います。

全国の中でも、岐阜県と和歌山市は、地籍整備に精力的に取り組んでいる団体の一つであると承知しておりますが、まず、岐阜県都市政策課の倉本技術主査に、地籍整備の取組みについてお話をいただきたいと思います。

倉本　先ほど説明があったように、岐阜県は、かなり地籍調査が遅れているのが現状です（資料3参照）。岐阜県の現在の状況を説明しますと、県の面積は1万km²を超えていますが、国有林等を除くと8、600km²というところで地籍調査を進めております。平成28年度末現在で、終わったのが1、411km²、進捗率は16・4%です。

全国では52%という進捗率の中で、なかなか進んでおりません。地籍調査自体は、昭和26年度に施行されましたが、昭和38年度、本巣町（現、本巣市）が岐阜県で最初に着手しました。その後、本格的に着手したのは昭和60年代に入ってからで、実施市町村等の推移を見ると、42市町村中31団体が29年度までに着手しており、残り11団体が未着手となって

【資料3】

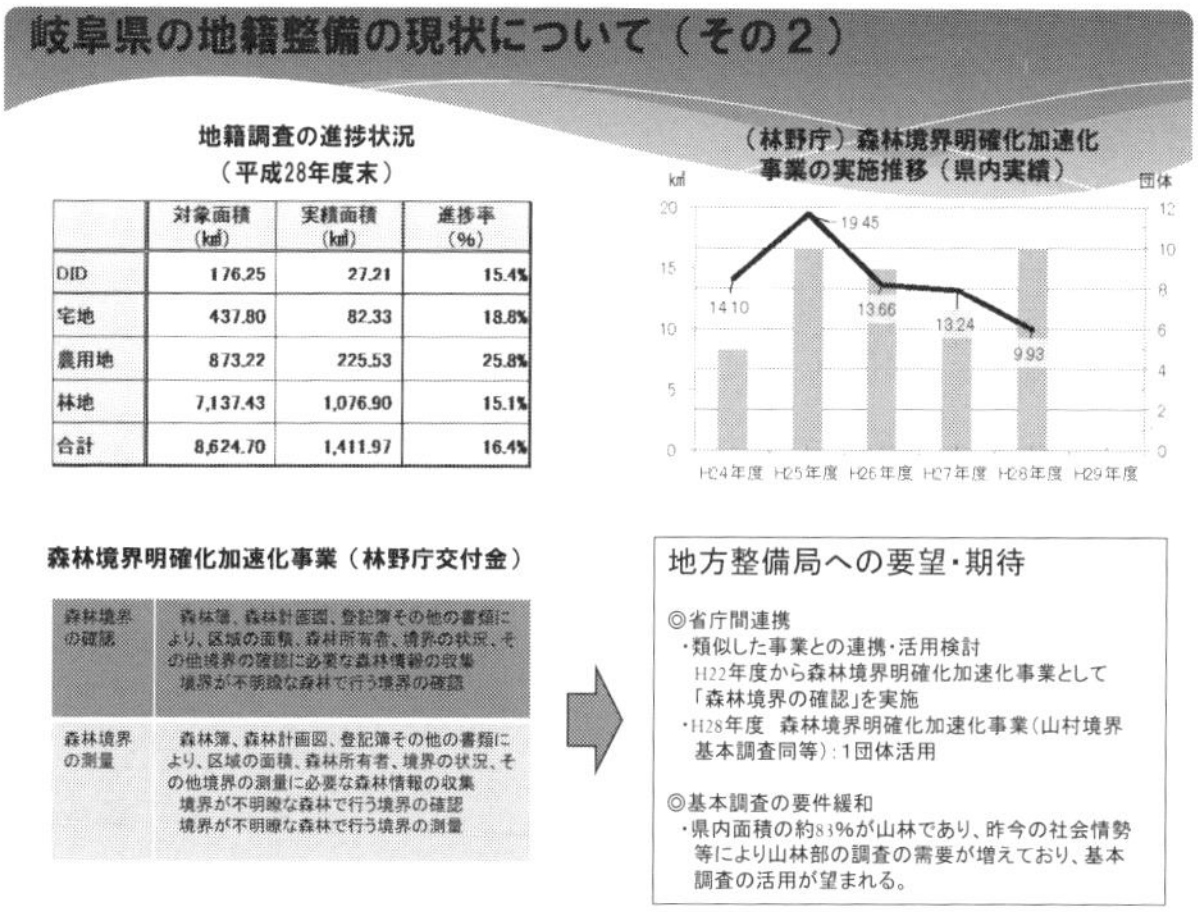

	対象面積（k㎡）	実績面積（k㎡）	進捗率（%）
DID	176.25	27.21	15.4%
宅地	437.80	82.33	18.8%
農用地	873.22	225.53	25.8%
林地	7,137.43	1,076.90	15.1%
合計	8,624.70	1,411.97	16.4%

【資料4】

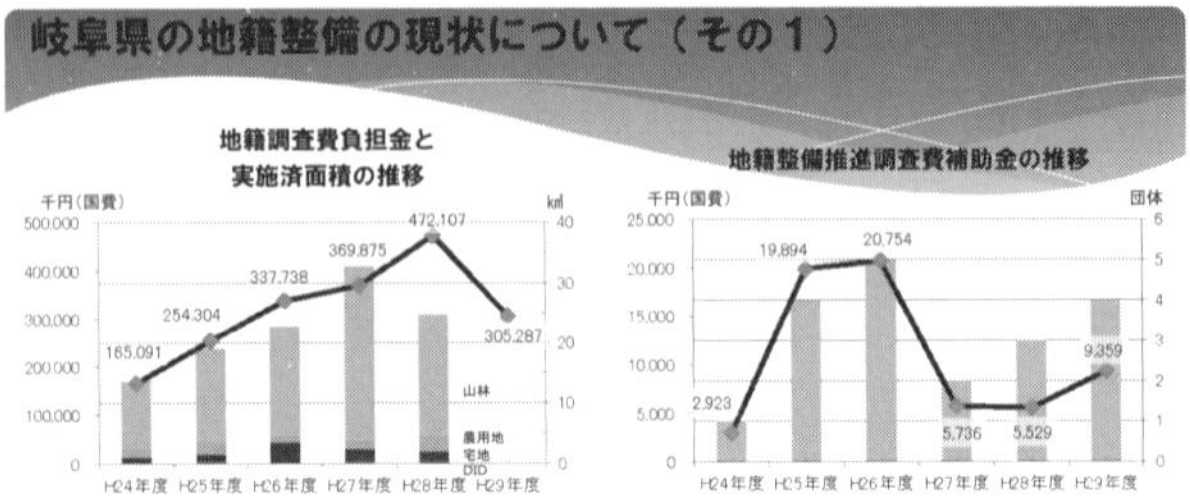

地方整備局への要望・期待

◎社会資本整備総合交付金事業のマッチング
・地籍調査の基幹事業となる整備計画の情報収集、提供等

◎民間事業等の測量成果活用推進
・地籍整備推進調査費補助金の要件緩和(都市計画区域・DID区域から対象地域の拡大)
・用地測量成果の活用推進(直轄事業が率先して成果の指定)

います。

岐阜県は、平成10年代には、全国トップクラスの予算で地籍調査を進めてきましたが、行財政改革で平成21～24年度には、事業費が3分の1まで削減されました。その中で、平成24年度以降、財政状況も回復し、毎年市町村の要望に対して予算を前年度以上に確保でき、現在はほぼ満額を確保しているところですが、国においては震災以降、全国の地籍調査の要望が増え、予算を満額確保できないということもあり、要望どおりの地籍調査を進めていくことができていないところです。

今年度は3億円、前年度は補正予算等があり4億7、000万円ほどの国費を配分していただき、昨年の実施状況としては、約25km²の実績で毎年0・3%ぐらいの進捗で地籍調査を進めています（資料4参照）。その他に国の補助である地籍整備推進調査費補助金も活用しながら、毎年、地籍調査だけではなく、

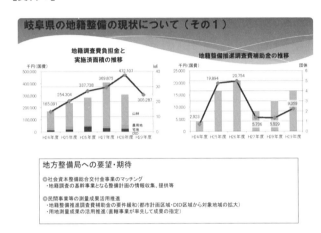

それに類似した19条5項も活用して地籍調査を進めています。

平成26年度から、未着手の市町村に対しては、毎年県の方から出向いて各首長を対象に面談をして、地籍調査の効果について説明しています。予算は確保できるけれども、職員の確保が難しくてなかなか着手していただけないところなのですが、その中でも、今年度、1町着手していただき、来年度には、3市町が着手する予定で、毎年、未着手の市町村に対して地籍調査の効果を説明しているところです。さらに、山村境界基本調査や都市部官民境界基本調査という国の直轄でやっていただける事業を活用しながら、地籍調査に踏み切れないかということも踏まえて、日々未着手市町村に対して取り組んでいるところです。

岐阜県は、面積の8割強が山村部で、山村部の進捗率は15・1%と全体の進捗率の中で一番低いのが現状です。昨今、社会情勢等で境界立会いをする人がいなかったり、未登記で所有者が分からないこともあるなど、境界確認でなかなか難しいところがありますが、今回紹介させていただくのが、林野庁の森林境界明確化加速化事業です。平成22年から施行しており、森林計画図をつくる中で森林境界を一緒に確認しているところで、各森林組合が実施していると聞いております。その中で、地籍調査と同様に、所有者を調査して境界も、完全ではないけれども確認していると ころで、実施している市町村に聞いてみたところ、こういった事業をやっていると事前に所有者が確認できて、スムーズに地籍調査の現地立会調査に取りかかることができるということを聞きました。特に、山林部は後継者等、今後の課題になっていますので、こういった事業も活用して地籍調査を進めることができないかなと思っています。

藤川　毎年、未着手団体の首長さんと面談されているとのことですが、どのような感触ですか。

倉本　地籍調査にどのようなメリットがあるかはご存じなのですが、やはり職員不足が一番の課題であり、他には、寝た子を起こしたくないという気持ちがあるのが正直なところのようです。平成26年度から始めて、当時は未着手が13団体でしたが、個別に訪問することで、次第に首長も理解していただいたところで、来年着手する予定の団体もあり、未着手団体も9団体となる予定です。

藤川　首長さんに地籍整備を理解していただくためのポイントは、どのあたりにありますでしょうか。

倉本　最近、災害等が多いので、復興のためには境界確定が一番だということですね。ただ本来は、適正な調査による適正な課税が前提ですが、現実には縄延びして、面積が大きくなり、「どうして税金が増えたのか。」と言う住民の方もいて、なかなか難しいようです。

藤川　職員が少なくてなかなか対応できないというあたりは、現状はどのような感じでしょうか。市町村の用地担当の職員が兼務しているところもあるのでしょうか。

倉本　岐阜県では、地籍調査単独で係を持っている市町村は少なく、用地担当や、土地管理部局の施設管理担当を兼務しているところが多いです。

藤川　用地職員も減っているところが多いと思われますが、やはり、職員の確保は事業実施のネックになっていますか。

倉本　職員確保がネックになっています。市町で地籍調査が未着手であるのは、職員確保が難しいことや公共事業を行っていないため、用地の担当がいないところもあるので、なかなか難しいようです。

ただ、ある町ですが、区画整理を重点的に進めていて、区画整理があと数年で終わり、それから地籍調査に取りかかるという事例もあります。

藤川　分かりました。では、次に、和歌山市地籍調査課の中林班長から、地籍整備の取組みについて、お話をお願いします。

中林　和歌山市の地籍調査事業についてお話しします。平成9年より事業を開始して、10年より、法務局が作成している14条地図作成のモデル地区として調査した区域に隣接した形で事業に着手しています。初年度は職員4名でスタートし、平成29年現在では職員12名、再任用職員4名、非常勤職員1名、アルバイト4名、合計21名の体制で取り組んでいます。調査対象面積が195・01㎢で、平成28年9月1日現在の調査面積が24・42㎢で、進捗率が12・5%となっています。

先進的な取組みということですが、公共事業と地籍整備の連携についてと、人口集中地区（DID地区）への事業実施についてお話しします。まず、公共事業と地籍整備の連携ですが、公共工事を所管している関係部局と地籍調査の担当部局との間で連携をして、連絡調整、体制づくり等について年に1回、地籍調査連絡協議会を開催し、市の実施する公共事業の予定地区について、事前に地籍調査を実施しています。これによって公共事業も進みますし、地籍調査の進捗にも寄与することができます。
　公共事業に着手する前に地籍調査を実施すると、工期の短縮や費用の縮減につながる効果があります。地籍調査を実施していますと、神戸市からのお話のように、公共事業が円滑に進むことから公共事業との連携を図っているところです。地籍調査についても、周辺への地籍調査の拡大という意味も込めて期待ができるので、公共事業と地籍調査の双方にメリットがあります。
　続いてＤＩＤですが、和歌山市の調査面積が１９５・01㎢に対してＤＩＤ地区の調査面積が62・54㎢で、現在９・74㎢が実施済みです。進捗率は、全国平均の24％に対して15・５％です。それから10箇年計画でＤＩＤを対象とした面積が18・16㎢に対して９・08㎢実施済みで、進捗率は10箇年計画でいくと50％となっております。また、和歌山県内の中では、４市町が１００％の進捗率で完了しており、県の平均進捗率は41・８％です。
　現在の実施状況は、平成28年度は11地区、約４・５㎢の地籍調査をしており、29年度も11地区の実施を予定しています。和歌山市としては、今後、ＤＩＤ地区を含めて１００％の完了を目指し、職員一丸となって進めていきたいと思っています。

藤川　和歌山市のＤＩＤ地区で、神戸市のように戦災復興事業でやっているところは、ありますか。

中林　戦災復興でやっている部分は一部あります。

藤川　市の執行体制についてですが、地籍調査の担当職員の人数は、どれくらいですか。

中林　地籍調査の担当は、アルバイトも入れて21人。

小門　これは非常に多いです。全国平均では2名いくか、いかないかですから、しっかりとした体制で地籍調査が実施されている。

藤川　地籍整備の実施部隊として、一つの課があるということですか。

中林　都市計画部の地籍調査課で、用地に携わった方も、全然関係のない職員もいますので、まず配属されますと、職員を育てるという意味で育成が始まります。

藤川　用地経験のある職員は、地籍調査の業務は、理解しやすいと言えますか。

中林　しやすいですね。

藤川　市役所の中で、公共事業担当部局と地籍整備担当部局との連絡協議会が設けられているということですが、昔からやられているのでしょうか。

中林　初年度からではなく、途中からです。連絡協議会で、どこを実施するかということの調査地区の選定を平成22年から。8地区になったり、9地区になったり、毎年地区数が増えていっている状態なので、地区を選定するのに、和歌山市内の中で無鉄砲に落とすのではなくて、市内で行っていく上で、市役所の中の関係部局に公共事業をするところはないかをまず調査して要望を上げていただく。その要望の中から協議会で選定して実施地区を協議し、最終的には市長が決定します。

藤川　主に、どのような事業が対象となりますか。

中林　道路事業、下水道事業、街路事業。

藤川　道路事業も下水道事業も街路事業も、線的な事業ですが、どのような範囲で、地籍整備の対象エリアに入れていくというイメージですか。

中林　線です。小字単位で調査していきますので。

藤川　事業予定区域について、小字単位で地籍整備のエリアどりをしていく感じですか。

中林　要望を出していただいたときに、道路だったら、この幅でということであるけれども、そこに小字をかぶせていって調査対象面積を決めるという形。小字を見れば、道路とは関係ない対象の土地も含まれてきますが、地籍調査の実績としては上がっていきますので。

藤川　連絡協議会で、各事業と地籍整備のスケジュール調整もされるのですよね。

中林　そのあたりも協議し、調整しながら。

藤川　用地取得と地籍整備における所有者の立会いは、別々でしょうが、地籍整備が終わっていれば、用地取得の立会いは簡単にできるということでしょうか。

中林　はい。ただ、地籍調査は初年度に立ち会っただけでは成果としては現れてこないので、道路分の用地買収をする時期とかを協議して、では地籍調査へ入っていけるねというのを。

藤川　各事業と地籍整備の工程管理は、結構難しいのでしょうか。

中林　事業計画を出していただいて。地籍のスケジュールと、道路の事業を協議会で調整して。ただ、来年度入りたいというのを今年要望されても間に合わないので、前調整を含めて、地籍調査が入って、その成果を使うとなったときに、ちょうどタイミング的にいいねとなった段階のものを要望として上げていただく。

藤川　いろいろお話をお聞きすると、新たにできた交付金事業の優良事例のような気がしてきますが…。

小門　そのとおりです。結局、交付金事業として道路事業等を計画する際には、公共事業部局と定期的に調整を実施していただく必要があると思っています。そのため、これまでも都道府県を通じて、連絡協議会の開催を促してきました。ただ、現状では、公共事業と連携して地籍調査を進めている市町村は少なく、和歌山市のように意識の高い市町村や県においてのみ、公共事業との連携が進んでいます。連絡協議会というのを市単位で実施しているというのは全国的にも稀かもしれません。

藤川　全国には、他にもいくつか事例はありますか。

小門　他にもいくつかはあります。

藤川　交付金事業による重点化みたいな流れの中で、和歌山市さんがやっておられる連絡協議会のようなものを、全国的に普及させていくことも必要ですね。

小門　必要だと思っています。道路事業だけではなくて、都市開発のまちづくりの部局や他の部局とも連携していただきたい。立地適正化計画の策定なども推進されていますが、計画策定にあわせて、該当地域での地籍調査を優先的に実施するなどの連携も必要になってくると思います。

藤川　国から、事業サイドと地籍サイドが連名で連携方の通知を出すという段階には、まだ至っていませんか。

小門　過去に発出した通知はありますが、今回の社総金の地籍整備事業を創設した際には、連携に関する通知は出していないです。

藤川　交付金の活用について、制度上の課題はありますか。

小門　交付金の難しい点としては、5年という整備計画の期間があるので、地籍調査を実施した後の数年以内に後続の社会資本整備を実施しなければならない。期間がないので、整備計画の調整が非常に難しいということが掲げられます。

藤川　和歌山市さんの場合は、連絡協議会に上がってくる個別事業は、単独事業だけでなく、交付金事業も入っていますか。

中林　はい。ただ、5年の計画とのマッチングが単独事業よりもさらに調整が難しいとは伺っていますね。

藤川　ただ、それでも、チャレンジされているのですから、優良事例として、こういう取組みをもっとＰＲしていくということは必要でしょうか。

小門　非常に重要だと思っています。社総金だけでなく、従来の負担金も、そういった事業と連携しているものに対して優先的に配分すべきと思っています。

藤川　交付金だけではなく負担金も含めて、個別事業との連携について、いろいろと取り組んでいくという方向でしょうか。

中林　公共事業に関連している以外にも、以前から地籍調査に入っているところの面的な整備も、やっていく必要があるので、それは負担金という形で実施しているということです。ただ、11地区が全て公共事業に関連しているものではないです。

藤川　個別事業と地籍整備の連携について、神戸市さん、岐阜県さんは、どのようにお考えですか。

青木　神戸市は、地籍調査に積極的ではないですね。それは、各市町村も同じでしょうけれども、かなり負担が大きいのと、それ以外で、実際に事業の関連で用地買収をどんどん進めていっているので、事業が予定されていないところの地籍調査は消極的です。事業と連携するとイメージが湧きやすいのだろうと思います。だから、事業がないところで地籍調査だけというと、何のためにというのがあって、そこに人手をとられるのは非常につらいということで、神戸市では今まで地籍調査に積極的ではなかったのです。

倉本　国において、平成28年度から社総金が創設されましたが、市町村単位でその整備計画とマッチングするところを確認することは難しく、県と市町村の整備計画がそれぞれあるので、市町村としては、なかなか判断できないところがあります。現状は、県で社総金の予算化されているものを洗い出し、それを地籍調査とどれだけマッチングしているのかを確認して要望しています。岐阜県の予算要望としては、去年で6割が負担金、4割が社総金で、本年度は、若干、社総金の方が多かったところです。

主に、マッチングさせているのは、総合流域防災事業です。道路事業ですと、工程管理と線的に重複する必要がありますが、総合流域防災事業だと面的なものと、さらに同時実施できるところにメリットがあり、都市再生整備計画もそうですが、そういった面的に重複する地区を中心に現在要望しています。ただ、社総金（防災・安全交付金）も、昨年度は100％ついたけれども、今年度は、全国的に活用されるようになって、8割程度の配分だったのでメリットが薄れてきており、なかなか予算の厳しいところがあって満額確保できないので、公共事業と連携してできない市町村に対しての配分が厳しいです。

藤川　実務的には、いろいろ課題はあると思いますが、神戸市の青木専門役からもあったように、個別事業と地籍整備の連携は、一般の方々から見ても分かりやすい部分があるのだと思います。

この点に関し、関東地方整備局の直轄事業について、少し触れたいと思いますが、最近、集中豪雨が頻発化し、災害対応で砂防事業を緊急に実施しないといけないケースが増えています。

しかしながら、土地柄、公図が相当混乱しているところが結構あり、速やかな用地取得に現場が非常に苦労している実態があります。

和歌山市さんの事例は、市の個別事業と地籍事業の連携の話でしたが、さらに進めて、直轄事業と地籍整備の連携みたいな話で、できることがないか、事業主体が異なるとさらに調整が難しくなるのでしょうが、検討してみる価値はあるのではないかと思っています。

いずれにしても、せっかく、補助金・交付金の事務の一部が地方整備局に委譲されたのですから、地籍整備事業の重点化に向けて、地方整備局が少しでもいい仕事ができればと思っています。

地方整備局への要望

藤川　そこで、せっかくの機会ですので、岐阜県さん、和歌山市さんから、地籍整備に関し、地方整備局に対する要望等がありましたら、何でも結構ですので、お聞かせいただければと思います。

倉本　地方整備局に対しての要望ですが、社総金のところでマッチングという話題を出させていただきました。現状は、県の基幹事業担当課で確認して地籍調査地区とマッチングさせているところですが、地籍調査と社総金に対応するメニューをいろいろご指導していただきたいということ、また、用地測量の成果の19条5項化について、国の方で率先してそういった流れをつくっていただけると、進捗率が上がるのかなというところをお願いしたいです。

もう1つ、未着手の市町村に対して、首長に伺っているところですが、できれば、せっかく連携という話題が出てきたところなので、国の施策、基本調査等を活用し、それをきっかけに地籍調査に入ったらどうかといったような形で、未着手団体へ一緒に同行していただければと思っております。

中林　今日一緒に同行しております、田中が予算の担当をしており、整備局に対する期待、要望ということでお話させてもらってよろしいでしょうか。

田中（和歌山市）　平成28年度から円滑化事業ということで和歌山市も取り組んでいますけれども、平成28年度が11地区中6地区、29年度には11地区中8地区で取り組んでいます。このように、和歌山市は、円滑化事業に積極的に取り組んでいるわけですが、その内容は、主に、下水道事業や道路事業等の基幹事業系で残りが土砂災害関連の総合流域防災事業関連です。これらの基幹事業で取り組んでいますが、地籍調査ということで、部分的な用地測量とは異なり、準備段階でのエリアの確定や補助金申請等から始まって、最終的に面積を確定して、認証が終わって、法務局に送付するまでだいたい4年近くの期間を要するということで、基幹事業の整備計画との連携、タイミングについて、かなり苦慮しているところが実際にはあります。

ただ、今回各地方整備局の方で、本省から補助金の申請窓口がおりてくるということで、1つのメリットとして、和歌山市であれば近畿地方整備局で集約して判断していくという形になってくると思うのですけれども、そうなってくれば、和歌山市でもいろいろな事業を行っていますが、他都市ではこういう事例がありますとか、このように土砂災害関係であれば、総合流域防災事業以外にも、こんな事業をやっているとか、例えば、最終的に面積確定にいかないまでも境界確定が済めば、その成果を使えるような部分で整備計画に関連づけていく、そういった予算の組み方も考えていかないといけないとか、今後、和歌山市としても多種多様に検討しており、そういった良い案が情報交換できるようになれば、いい方向へ進んでいくと思います。

本省では、全国的に幅が広くなるので個々の対応が難しいところもあると思いますが、地方整備局では、それぞれの地方の特色・特性を活かした活用例などの意見交換等が可能であると思いますので、その活用事例等を市の内部組織である地籍調査連絡協議会でひとつのテーマとして活用できるかと思っています。

和歌山市としては、平成29年度から地方整備局の方に申請窓口がおりてきたということで、円滑化事業の取組み事例等の情報交換を期待し、要望致します。

藤川　いろいろ貴重なご提案をいただき、ありがとうございます。ぜひとも参考にさせていただきたいと思います。

今後の地籍整備や用地行政との連携に対する抱負、要望等

藤川　最後になりますが、地籍整備の推進、用地取得と地籍整備の連携強化等、何でも結構ですので、今後の抱負とか、言い足りなかった要望とかございましたら、いただければと存じます。

倉本　皆さんのご意見をいろいろ聞かせていただきまして、改めて地籍調査は難しいなと思ったところですけれども、東海ブロック、岐阜県は、後進県ということで、このままの進捗でいくと、地籍整備調査が終わるのに、まだ100年以上かかる状況です。県としては、予算を確保して、各市町村の要望に対して配分できればと思っております

ので、本省への要望になりますが、ぜひ予算確保に努めていただきたいと思っております。

中林　今後の地籍整備ですけれど、昨日の新聞の記事に、土地所有者の不明のうち地方が26.6％で、50年も登記変更がないという記事が掲載されていました。地籍調査を進めていく上で重要なのは所有者の特定で、現地に立ち会って境界を確認していただくことが重要かと思います。所有者の特定ができなければ、現地の境界の確認もできないし、最後は筆界未定と境界の確認ができないという処理になってしまいます。

　筆界未定になったことに対して、隣接者がいますので、その所有者の方が立ち会ったにも拘らず、所有者が特定できないために筆界未定ということについて納得できない方もいらっしゃいます。説明はするのですが、所有者が特定できないということで、地籍調査ですので準則の第30条第3項を使えればまだいいのですが、法務省への難しい要望になるかなと思いますが、今、法務省からも相続登記はしてくださいというPRは結構しているのです。和歌山の地方法務局の方からもしているのですが、お願いしたところで、その相続登記というのが、簡単にできる相続登記もあれば、相続者がたくさんおられる相続登記となってくると、なかなか難しい。そうは言っておっても、放っておくとかなりの相続者が増えていくことになって難しいと思いますが、相続登記は何年以内にしなければならないとか、そういったことはできないのかなと。

　私どもが調査していく上で、まず登記簿を法務局でとって、その方の情報を得るのですが、登記住所が前のままで、調査をしても特定できないことがたくさんあります。これも難しいのかなと思うのですが、例えば、各市役所の方で住民の住所の変更を届ければ、その登記住所が新しくなれば、登記住所も同じく変更になると。変更してくださいねというシステムがあれば、筆界未定が少しでもなくなるのかなというのが私の何年か地籍調査に携わってきた中での感想というか、要望です。

藤川 ご指摘の点については、報道等でご承知かと思いますが、自民党の不明土地の特命委員会や政府の骨太方針の議論等においても出てきている話ですので、今後、具体的な検討が進められていくことを期待しているところです。

青木 地方整備局への期待と今後に向けてと2つ、似たような話ですが、用地職員が減ってきているのと、地方の職員が大変で負担が結構あるので、それを軽減するようにしないと、手を挙げてすぐやりますということにはならないだろうなと。整備局としては、例えば、研修なんかもしてもらわないと、こんないろいろな問題点があったときにはアドバイスができるようなシステムをつくっておかないと、調査に入ったら、そこでとまってしまうということになると、なかなか前へ進まないのだろうなと。

やっぱり職員が少ないということで、外郭団体じゃないかもしれませんが、調査団体みたいなものを、例えば、市町村の職員が1人でも2人でもいい。だけど、そういう団体に業務委託をすれば、そこである程度のことはしてもらえるという感じでないと、職員が今どんどん減ってきている中で、それをその職員に全部させろということになると、市町村としては、やりますよなんていうことは言えないのではないかなという気がしています。その辺のシステムみたいなこと。その中で、例えば専門の土地家屋調査士とか司法書士も含めたアドバイスチーム的なものを、それぞれの地方整備局の中で、こういうところにもし何かあれば、そこへ相談すればすぐに対応してくれるとか、アドバイスがもらえるようなシステムをつくらないと、今回、大槌町でも、とにかく分からないことはすぐ相談して、処理して前へ進まない限り事業はできないということだったので、そんなフォローする体制をつくっていかないと前へ進まないいかなという気がしています。

もう1つ、官民境界基本調査を直轄でやられている。そういうことで、先ほど按分みたいな話をさせてもらいましたけれども、災害対応のときには、そういう外郭が決まれば、中は按分でもできるわけですから、そういうやり方も1つの手助けになるのではないかなと。一から全部立ち会いをして決めていくというのも、それはそれでいいけれども、なかなか前へ進まない。せめて、例えば1つの街区だけをどんどんやっていけば、何かのときには手助けになる。100%ではないかもしれないけれども、そんなことがあるかなと。

また、先ほど言いましたように、震災復興のときにも、これから用地処理が一番ネックになると。これから災害が起きそうなところは先行的に地籍調査をやっておかないと後々大変ですよというPRをもっとしていかないとだめかなと。

さらに、先ほど所有者不明だとか、相続の問題とか、いろいろあると。逆に一般の人は、自分の土地がちゃんと決まっているとみんな信じているんですね。ところが、いざ入ると、自分の登記簿と実際の土地との境界が違うことを知らない。お宅の土地と実際の登記簿の土地とは違うのですよともっとPRするようなことをすると、みんな、もっと協力的になるのかな、そこを早くしてくれという感じになるのかなと思います。自分の土地だと思っているのと、実際に家が建っていて自分が境界だと思っているのと、法務局へ行くのと、実際は全然違うところになっている。あなたの家は他人の土地の上に建っているのですよというのが結構あるんですよね。それを知らない、いざというときにしか分からないと。今後、そういうこともPRしていった方がいいのかなと思います。

藤川　いろいろ貴重なご提案がありましたが、最後に、国土交通省地籍整備課の小門企画専門官から、特に何かございますでしょうか。

小門　地籍調査は、これまで着実に進めてきた背景がありますが、近年の災害の多発や厳しい財政状況等により、推進方法を変えなければいけない時期が来たと思っています。現在、平成32年度以降の次期国土調査事業十箇年計画の策定に向けた検討を進めていますが、検討の中で、様々な方から質問や課題をいただいていますので、それらを踏まえて今後の推進策を考えていきたいと思っています。

予算については、正直なところ、本省としても増額に向けて努力をしていますが、国全体の財政状況が非常に厳しい中にあるので、現状維持というのが現実的な状況です。予算が十分に確保できないのであれば、より効率的に地籍調査を実施する手法を考えていかなければいけないので、国土交通省では立会いの効率化、測量の効率化について、効率化策を検討しています。検討結果が得られれば、しっかり規程を定め、また、法務省等の関係機関としっかり調整して、地方整備局を通じて各都道府県、市町村に周知したいと考えています。周知されたときには、その手法をしっかり活用していただきたいと思います。

今までの地籍調査は、本省と都道府県が直接調整し、都道府県が市町村に指導や助言をするという体系で実施され、補助事業としては珍しく地方整備局に関係の部局がない事業でした。本省で全てを処理するため、都道府県とのパイプはあっても細く、都道府県と調整はするものの、技術的な面など県の詳細な事情をなかなか把握することができませんでした。今回、地方整備局等の用地部に負担金の事業だけではなく、19条5項指定の推進に係る業務や基本調査に係る業務も移管されましたので、ぜひ各地方の事情をしっかり見つつ、都道府県の担当者と綿密に連携して本省の方に集約した要望等を上げていただければ非常にありがたいです。地方ごとに事情が全く違うので、そこをカバーできるようになれば非常に良いと思っています。

法務局との調整については、本省においては法務省民事局民事第二課と調整していますが、各地方で地籍調査に係る考え方が異なるところもあり、地方毎での調整も非常に重要であると考えています。本省では、各地方の法務局の考え方等を把握することは困難でしたので、都道府県や市町村に調整をお任せしていましたが、地方整備局では、地方法務局との連携も図っていただけると非常にありがたいと思っています。負担が大きくなると思いますが、そういった面に期待しています。地籍調査はまだ進捗が遅れていますが、地方整備局、都道府県、市町村、そして本省と連携をしてより一層推進できればと思っていますので、ぜひよろしくお願いいたします。

藤川　ありがとうございました。

皆様からいただきました地方整備局に対する要望、期待については、すぐに対応できないものもあろうかと思いますが、少なくとも、地方整備局に事務が委譲されて、「屋上屋を作った」ということにはならないよう、これまで培った用地に関するノウハウも活かしつつ、都道府県、市町村とのネットワークを深めて、地籍整備の重点化・効率化、地籍整備の推進に貢献できるよう、一歩一歩取組みを進めてまいりたいと存じます。

本日は、長時間にわたり、誠にありがとうございました。

第3編

公共用地補償の最前線（歴史編）

―公共用地補償を切り拓いてきた賢者たちに学ぶ―

冒頭でも述べたとおり、公共用地補償業務は、最前線の「現場」が重要なことは言うまでもありませんが、現場で活躍する百戦錬磨の職員やＯＢの話を聞くと、やはり、その人たちの知見、ノウハウの背景には、先人達が長きにわたって、現場で様々な試練を乗り越えてきた「歴史」が息づいているような印象を受けました。

一例として、国土交通省（旧建設省）の用地部隊のノウハウについて見てみたいと思います。私は、前職で、しばしば外部の方々から、旧建設省由来の知見、ノウハウに対してお褒めの言葉をいただきましたが、当然のことながら、もともと、今のような蓄積があったわけではなく、これは長い間の困難な歴史の中で形成されてきたものです。

「内務省技師・青山士《あきら》」に学ぶ

例えば、一つの話として、内務省技師・青山士の話があります。

現在の荒川下流部（荒川放水路）は、ご案内のとおり、人口河川であり、明治44年（１９１１年）から昭和５年（１９３０年）にわたって（なお、通水は、大正13年（１９２４年））、作られたものです。掘削した土砂は、東京ドーム18杯分となるなど、未曽有の大プロジェクトであり、用地取得に伴い移転した家屋だけでも、1、300世帯にのぼりました。

用地取得をした当時、既に、（旧）土地収用法が制定されており、土地収用・損失補償の制度は確立していましたので、通常イメージされるような内務省の警官がサーベルを振り回して追い立てるというものではなく、一定の法的手続の下で用地補償が行われましたが、いかんせん当時のことであり、補償の算定や補償交渉に関しては、現在のような丁寧な制度や手続はありませんでした。このため、移転を強いられる者の一部から、激しい反対運動や、裁判闘争も生じました。

内務省の技師・青山士は、荒川放水路の工事、信濃川大河津分水の工事を完成させた清廉・篤実な技術者として著名ですが、荒川放水路の用地取得時（主に大正2～4年（1913～1915年））には、ちょうど岩淵水門の工事担当になる前後であり、用地取得を担当していたわけではありません。

しかし、いろいろな紛争を横目で見ていたのでしょう。昭和2年（1927年）、彼は、鬼怒川改修工事のため、鬼怒川改修事務所と宗道土地収用事務所の主任技師（所長）に着任すると、収用事務所の部下に対して、これまでの用地取得と違った対応方針を次のとおり説諭します。「土木事業は、いかに計画が壮大であっても、用地の取得ができなければ絵に描いた餅と同じです。地元の方々と十分話し合ってください。地元の協力と理解が不可欠です。力づくで話を進めないように願います。また私はどんな場合でも地元の方々と話し合います。その際には早めにご連絡ください。」(「山河の変奏曲」(高崎哲郎著、(株)山海堂)より)

現在の知見、ノウハウが蓄積されてくるのには、こういった歴史が一つあったのです。

「風雲・蜂の巣城闘争の関係者」に学ぶ

また、一つの話として、九州の下筌《しもうけ》・松原ダムの建設に伴ういわゆる「蜂の巣城闘争」の話があります。

昭和32年に、筑後川の洪水対策として、下筌・松原ダムの建設が決定されて以降、建設を進める建設省サイドと山林地権者サイド(代表:室原知幸氏)との間で激烈な闘争が展開されました。山林地権者サイドは、反対運動の拠点である「蜂の巣城砦」の累次の構築と徹底抗戦、合計80数件に及ぶ法廷闘争の提起をはじめ、激しい抵抗運動を展開し、全国的にも広く報道されました。その過程では、残念なことに、水中乱闘事件という事件の発生にも及んでいますが、主要な出来事の経緯は、以下のとおりです。

昭和34年　土地収用法に基づく立入り通知

土地収用法に基づく樹木伐採開始
反対派の作業妨害、座り込み
第1蜂の巣城の構築
事業認定申請
昭和35年　第2次立入り通知
事業認定説明会
事業認定告示、土地細目の公告（改正前土地収用法）
水中乱闘事件
昭和36年　収用裁決申請
昭和39年　収用裁決
収用裁決の取消訴訟提起
蜂の巣城代執命令
代執行の取消訴訟提起
蜂の巣城強制取壊しの「閣議了承」
蜂の巣城の代執行
第2蜂の巣城の構築
特定公共事業の認定告示

昭和40年　第2蜂の巣城に対する除却命令（河川法）
　　　　　除却命令取消訴訟提起
　　　　　第2蜂の巣城の代執行実施
　　　　　第3蜂の巣城の構築開始
昭和41年　第2次収用裁決、第3次収用裁決
昭和42年　下筌ダム定礎式
昭和44年　第4次収用裁決
昭和45年　室原知幸氏死去
　　　　　九州地方建設局長 室原知幸氏遺族へ和解申入れ、遺族から和解に応ずる旨の回答、
　　　　　和解成立

激烈な闘争が展開された後、最終的には、建設省サイドと反対地権者サイドで和解に至ったわけですが、両当事者とも大変立派だと感心させられるのが、昭和47年に、両サイドが入った反省の座談会を開催するとともに、事案の詳細な経緯を整理した報告書（「公共事業と基本的人権」（編：下筌・松原ダム問題研究会、編集代表：法務省大臣官房訟務部第1課長、第4課長、東京高裁判事ら、（株）帝国地方行政学会）を取りまとめていることです。

同報告書冒頭の推薦の辞で、当時の法務省大臣官房の香川保一訟務部長（後の最高裁判事）は、次のとおり、述べています。「この紛争の当事者たる行政当局あるいは関係者として解決に懸命の努力を重ねられた人達の尽力は、それ自体高く評価されて然るべきものであるが、この紛争を通して、法ないし行政の運用、執行についての大きな反省とそれを契機とする新憲法下における法の運用ないし行政の在り方についての反省と検討が生じたことも否定できないであろう。さらに行政と裁判の関係についても同じである。」

現在の知見、ノウハウが蓄積されてくるのには、こういった歴史もまた一つあったのです。

「吉宗抜擢の井澤弥惣兵衛《やそべえ》」に学ぶ

最後に、さらに歴史を遡り、我が国で土地所有権制度と土地収用・損失補償制度の姿が僅かながらも芽を出した江戸中期の話に触れたいと思います。

話出すと長くなるので、詳細は、３４３頁以降に掲載した私の講演に譲りますが、井澤弥惣兵衛（八代将軍 徳川吉宗から抜擢された幕府役人）は、新田開発、運河整備、河川改修に当たって、徐々に経済的な自立を遂げ、権利意識に目覚めた地権者に対して、当時先例はありませんでしたが、まさに現場主義の創意・工夫により、現代にも通じるような用地補償上の対応を講じ、短期間に大きなプロジェクトを実現しています。日本には、こういった歴史もまた一つあったのです。

井澤弥惣兵衛の知見、ノウハウは、直接的には、内務省―建設省―国土交通省には伝来はしてはいないでしょうが、日本人の先人として、このような人がいたことに思いを巡らし、先例のないような難しいプロジェクトに対しても果敢に取り組んでいくことが重要なのではないでしょうか。

（なお、筆者に井澤弥惣兵衛を紹介していただいた埼玉県職員OBの市川正三さんも、公共用地補償の賢人のお一人です。平成29年度の関東地区用対連の連続セミナー（第1回）では、その用地人生を楽しく語っていただきました。（用地ジャーナル2018年3月号34頁～参照）。）

講演

江戸期の公共用地取得について

―我が国における近代的な土地所有権制度の胎動と、土地収用・損失補償制度の先駆者としての井澤弥惣兵衛―

藤川 眞行　全国用対連事務局長（国土交通省関東地方整備局用地部長）

（所属・役職は、開催当時のもの）

〈用地ジャーナル２０１８年10月号掲載〉

はじめに

皆さん、こんにちは。御紹介頂きました国土交通省関東地方整備局の用地部長で、全国用対連の事務局長をしております藤川でございます。本日はお招き頂きまして、ありがとうございます。また、日頃は、公共用地取得の推進にご尽力頂き、この場をお借りして、御礼申し上げます。

さて、用地取得について講演を、という御依頼でしたので、いろいろ考えたのですが、足元の様々な課題については、用地ジャーナルの座談会等で、日頃お話しさせて頂いておりますので、本日は、ちょっと大きな視点から用地取得をめぐる歴史の話をさせて頂こうと思います。具体的には、江戸期の用地取得の話、それも、先駆者たる井澤弥惣兵衛（いざわやそべえ）、―あとで詳しくお話ししますが、この人は、徳川吉宗の時代の幕臣で、最終的には、今で言う財務省の副大臣あたりまでいった人ですが―、この人を中心にお話をさせて頂きます。

私が、今のポストに着任して、この井澤弥惣兵衛を初めて知るきっかけになったのは、埼玉県職員ＯＢの市川正三さんとの出会いです。用地のカリスマとして、関東用対連のセミナーで講演を頂いたのですが、その中で、弥惣兵衛の活躍について触れられ（「用地ジャーナル２０１８年３月号」40～42頁参照）、さらに、その際、市川さんから、御自身で執筆された弥惣兵衛の本を頂戴しました。いろいろ読んでみると、土木技術だけでなく、用地取得的にも、ものすごいことをしている。そこで、私としても、日本法制史や日本経済史の関連書籍を渉猟し、少し勉強させて頂いて、市川さんの業績に多少付け加える程度の話になろうかと思いますが、今回、お話しさせて頂くこととしました。

なお、今回、講演資料として、市川さんのお許しを得て、市川さんの本の中にある市川さん自身が描かれた非常に分かりやすいポンチ絵等も使わせて頂くこととします。

井澤弥惣兵衛の活躍の前提

さて、用地取得の先駆者としての弥惣兵衛の活躍の話に入る前に、その前提として、大きく二つのことをお話ししなければなりません。一つ目が、土地収用・損失補償制度と一体の関係にある土地所有権制度の歴史について、そして、二つ目が、関東平野の開拓の歴史について、です。

まず、一つ目の土地所有権制度の歴史についてですが、土地所有権制度は、近代国家の成立とともに確立した制度です。今は当たり前の制度ですが、近代の前の中世においては、当たり前の制度ではありませんでした。ヨーロッパの中世においては、一般的に、農民に土地の耕作権が認められた場合でも、身分的な服従支配関係により、領主の裁判権や貢納徴収権をはじめ、様々な制約がありました。

しかし、近代国家が成立する過程で、国民の権利が徐々に醸成されていき、特に国民の経済的な自立の基盤となる権利として、土地に対する全面的な支配権である土地所有権が確立していきます。ただ、完全に全面的な支配権では、鉄道・道路等のインフラ整備などの国家活動が行えないことになります。

このため、インフラ整備等に必要となる土地の収用権を国家に付与するとともに、土地所有権を実質的に担保するために、収用に際して損失補償を義務付ける、「土地収用・損失補償制度」が確立されることとなります。

（なお、このような土地所有権制度の歴史は、西洋法制史の中でも最も難しい論点の一つであり、昔から様々な見解があるところである。全体像を比較的分かりやすく描いたものとしては、『日本人の法生活』（石井紫郎著、東京大学出版会）第四章がある。）

以上が、ヨーロッパにおける典型的な流れですが、我が国においては、どうだったのでしょうか。よく、我が国においては、明治5年に行われた田畑永代売買の禁止の解除や、土地所有権を証明するための地券の発行によって、初めて、土地所有権制度が確立したと言われます。もちろん、これは間違いではありませんが、もう少し丁寧に見ると、我が国においても、ヨーロッパで見られたような漸進的な権利の確立の歩みを見て取ることができます。

我が国でも、中世においては、ヨーロッパと同様、土地に関する権利は錯綜していました。「識（しき）の体系」と言われますが、一つの土地に、例えば、土地を耕作する作人、小作のほか、京都の大貴族・小貴族、現地の荘官、名主等々、いろいろな人が様々な権利を持っていました。この土地は一体誰が所有しているのか、非常に複雑で、一概に言えない状況だったのです。

このような錯綜した状況を、大きく刷新したのが、太閤検地です。豊臣秀吉の巨大な軍事力を背景に、これまでの大名の領地を一旦没収し、検地の上、新たに、大名に領地を宛行（あてが）いました。宛行（あてが）うということは、大名に対して、土地の知行（政治的支配権と租税賦課権）を認めるとともに、領地に応じて軍役の義務を課すということです。豊臣政権にとっても、大名にとっても、それぞれ利点があったわけですね。

そして、土地所有権の確立に関して言えば、こちらの方が重要ですが、実際に耕作している農民を検地帳に登録し、農民に対して、土地の

「所持」（耕作権、使用・収益権）を認めるとともに、年貢納入の義務を課しました。年貢を中間搾取する主体をなくすために、基本的に、名主等ではなく、実際に耕作している農民を所持の主体として登録したわけですが、期せずして、「所有権」者が記載された現在の不動産登記簿に若干近いものが整備されることとなったのです。検地については、徳川政権に移行しても、引き継がれることになります。

（なお、ここでは、相当端折った大胆な説明となっている。日本法制史における一つの緻密な解説として、『日本法制史研究－権力と土地所有－』（石井紫郎著、東京大学出版会）第一論文第三章以降がある。）

ただ、ここで留意すべきことは、「所持」の内容は、使用・収益権であり、「所有権」の内容である、使用・収益・処分権のうち、処分権は含まれていません。これは法令的にも明確になっており、例えば、江戸時代初期（1643年）に、幕府は、田畑永代売買禁止令を出しています。

しかし、江戸時代も中頃になるにつれ、農民が土地を担保にしてお金を借りるということが普及してきます。お金を返済できなければ、土地の所持者が担保を取った者に変わるわけですが、やはり、これが大々的に行われると、貧富の差が拡大するなどして封建秩序が崩壊することになるので、現実的には、返済期限を延期する、周りの者が支援するなどして、そんなに大々的には行われなかったようです。さはさりながら、どうしても、返済できないとなれば、貸した者は損をしないよう、担保権を実行し、その土地を手に入れることになる。

江戸中期頃にかけて、このような既成事実が進展するのですが、やはり、田畑永代売買禁止の原則には反することになるので、吉宗の時代（1722年）に一度、幕府は、流地（ながれち）、すなわち、担保権の実行を全面的に禁止します。

しかしながら、方々でムシロ旗があがり、すぐに（1723年）これを撤回することになります。さしもの幕府権力でも、既存の経済秩序をひっくり返すことはできなかったわけです。

何が言いたいかというと、江戸時代には、近代の所有権のような使用・収益・処分権が完全にそろった権利はまだ確立していませんが、中期頃になると、使用・収益権が主な内容である「所持」についても、担保権の実行に伴う流地という形で一定の処分権が認められるようになり、ある意味、近代の所有権に若干近いような権利へと発展していったということです。

次に、二つ目の関東平野の開拓の歴史についてです。

近代以前の土木事業については、築城を含め様々なものがありましたが、原野の大規模な改造を行う河川改修事業は、物流ネットワークの整備、利水・新田開発、治水等の機能を有するということで、なんと言っても、大きなウェイトを占めておりました。関東平野の開拓の歴史も、主に河川改修事業によるものです。

関東平野は、鎌倉期から、開拓農民である関東武士の活躍により、徐々に開拓が進んできましたが、江戸期の前までは、まだ多くの原野が残る状況でした。豊臣秀吉は、関東を支配していた小田原北条氏を征伐した直後、家康の影響力をそぐため、先祖伝来の三河の地から荒涼とした関東へ国替えしたこと（いわゆる「関東移封」。図表1参照）は有名な話ですが、家康はこれによく耐え、逆に、巨大なフロンティア・関東平野の開拓を進めることで、莫大な経済力を獲得し、江戸幕府の成立・繁栄の基礎としたのでした。

開拓の切り札としてよく知られる「利根川の東遷、荒川の西遷」（図表2参照）が、江戸初期に成し遂げられていることは驚くべきことですが、これらの河川改修工事の手法は、家康が武田家滅亡後に召し抱えた技術集団のノウハウを

【図表1：関東移封のイメージ】

（出典：「井澤弥惣兵衛」＜市川正三　画・文＞）

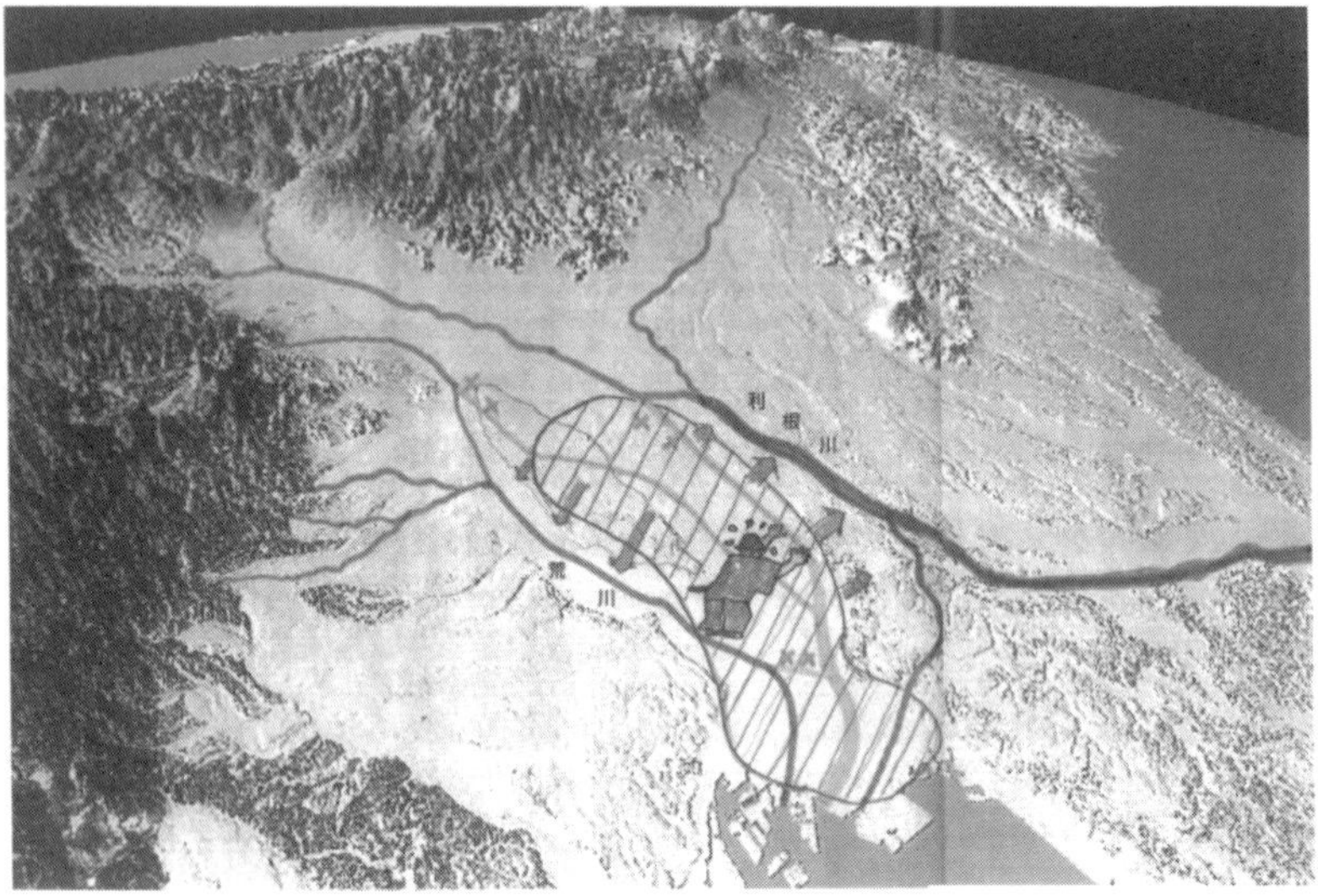

××　旧河川の切りはなし

新河川

旧河川

洪水でたびたび氾濫《はんらん》するところ

【図表2：東遷・西遷のイメージ】

（出典：「井澤弥惣兵衛」＜市川正三　画・文＞）

基にした関東流（甲州流）であったとも言われています。

関東流（甲州流）とは、物流ネットワーク整備や新田開発のために、既存の河川や自然の地形を利用して、河川の流路変更等を行うものでしたが、治水対策としては、堤防等を築くというものではなく、川の流れをそのまま活かし、洪水で越流してきた水は、霞堤（かすみてい）、遊水池等で勢いを留めるものです（図表3参照）。洪水後、川の周辺に肥沃な土が堆積されますので、治水と農業を両立させることができる合理的な手法であるとも言われます。

しかしながら、ある程度新田開発が進んでくる江戸中期頃になると、関東流（甲州流）で必要となる広範な想定氾濫エリアの存在が支障となって、新たな新田開発が困難になってきます。関東平野の開拓について大きな制約が生じてきたわけです。

一方、幕府の財政に目を向けると、江戸幕府の成立当初は大変豊かだったわけですが、家光や綱吉の時代の放漫財政を経て、江戸中期頃には極めて深刻な状況を呈するようになります。なんとかして、財政の健全化に向け幕府収入を増大させるため、年貢の増収を図らなければならない。ここで、出てきたのが、徳川本家の断絶後、紀州家から入った八代将軍徳川吉宗であり、彼は、年貢増収を図るため、新田開発を積極的に展開しようとします。

なお、この新田開発に関し、井澤弥惣兵衛の活躍話との関連として、あと二点だけ少し触れておきます。一点目は、吉宗は、新田開発をはじめとした幕府改革のために、大胆な人材登用を行ったということです。日本史の教科書に出てくる、身分が低くても優秀な者を有力なポストにつけ、その間だけ高給を保障する「足高の制」も、人材登用の手段の一つです。また、二点目は、名主や商人等の民間資本を新田開発に活用したということです。江戸中期頃までは、

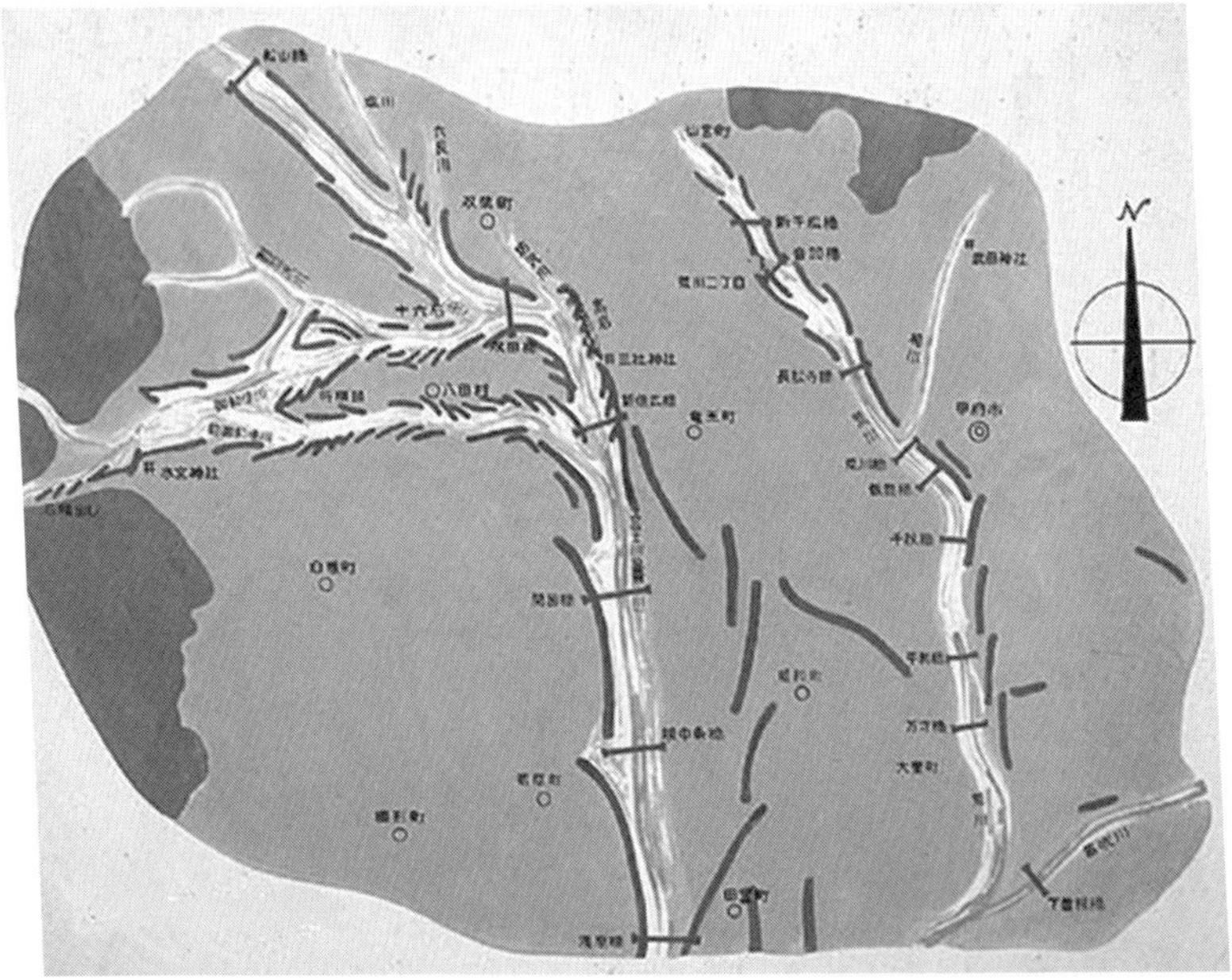

【図表3：霞堤・遊水池等を用いた関東流（甲州流）のイメージ】

新田開発は、主に、領主等の公的資金によって担われてきましたが、これらの者の財政が傾いてきたので、資本の蓄積が進んだ民間資本が活用されるようになったわけです。

井澤弥惣兵衛の活躍
―我が国の土地収用・損失補償制度の先駆者―

前置きが長くなりましたが、それでは、本題の井澤弥惣兵衛の活躍の話に入りたいと思いますが、まず、彼の人生をざっと見ておくこととします。

弥惣兵衛は、元は、紀州の人です。生まれは、1663年。1690年、28才の時に、紀州藩に出仕しました。藩士としては、特に、後で説明しますが、紀州流という新たな河川改修工事の手法に長じ、1710年、48才の時には、灌漑用の池である亀池（和歌山県海南市。満水面積約13万m^2、貯水量約54万m^3、堤の長さ98m、高さ16m、周囲約4㎞）を、延べ55,000人により、約3ケ月の短期間で完成させるなど、既に大きな仕事を成し遂げています。

先に、江戸中期頃になると関東流（甲州流）の河川改修工事の手法が、新たな新田開発の支障になってきたこと、また、吉宗が、幕府財政を立て直すため、大胆な人材登用を行いつつ、新田開発を積極的に展開しようとしたことを述べましたが、まさに、これらが交差する点に、弥惣兵衛がいたということです。

ここで、新たな河川改修工事の手法である紀州流について簡単に触れておきますが、紀州流とは、これまでの関東流（甲州流）と違って、堤防等を築くことで治水対策を講じるとともに、関東流（甲州流）で必要だった遊水ゾーンを乾田化し、遠くから用水路を引っ張ってくること

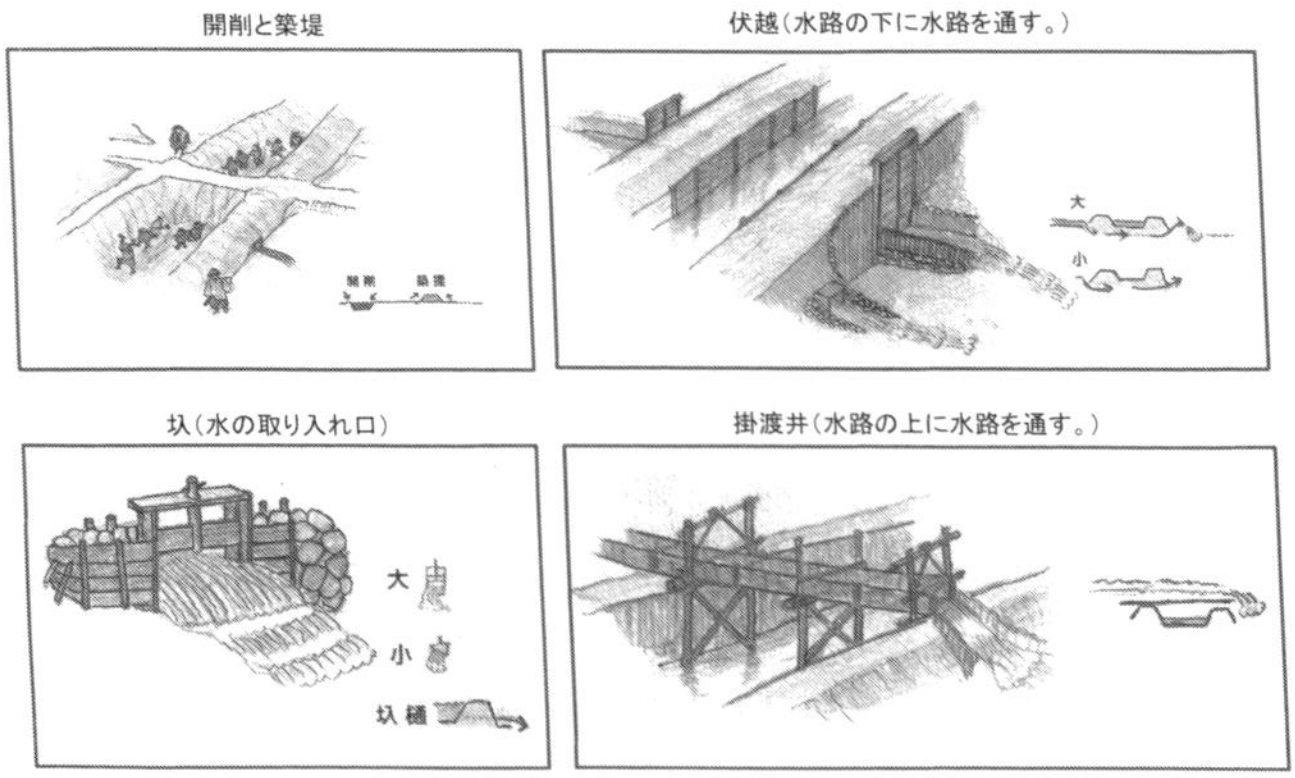

【図表4：様々な土木技術】

（出典：「井澤弥惣兵衛」＜市川正三　画・文＞）

により新田開発を図るものです。高度な測量技術に加え、様々な土木技術が必要となる手法です（図表4参照）。もっとも、近世土木史によると、江戸中期以降でも、関東流（甲州流）と紀州流に厳密には区分できないような工事もあったようですが、まあ、ここは学問的な議論をする場ではありませんので、それぞれ、マックス・ウェーバーが言う理念型ということで、考えてください。

紀州流は、近代的な河川改修工事の手法に近い手法と言ってもいいかも知れませんが、これは、弥惣兵衛の紀州時代の部下であった大畑才蔵（弥惣兵衛より年上）が開発したものと言われています。このような技術を一人で開発したとすれば、日本のレオナルド・ダヴィンチと言ってもいいと思われますが、あまりにも凄すぎることから、才蔵の実家が真田幸村を匿った高野山への宿場町にあったことに注目して、真田の忍者群からの伝承ではないかと指摘する者もいますが、定かではありません。

吉宗は、新田開発の積極的展開を図るため、紀州より弥惣兵衛を呼び寄せ、大抜擢することにしました。弥惣兵衛は、1723年、61才の時に、吉宗に拝謁し、正式に幕府の旗本となり、1725年、63才の時に、勘定吟味役格（新田開発担当）に任命されています。「勘定吟味役格」とは、勘定吟味役に準じるもので、「勘定奉行」が今の財務大臣とすると、「勘定吟味役」が財務副大臣、大臣政務官、「勘定吟味役格」は、事務次官、国税庁長官、財務官あたりでしょうか。いずれにしても、大抜擢です。

彼は、任命後、すぐに、鬼怒川下流地域における飯沼新田開発を手がけ（1725年〜26年）、次に、現在のさいたま新都心の東側地域にあたる見沼新田開発を手がける（1727年〜28年）など、目覚ましい成果をあげました。

1731年には、その功績が認められ、勘定吟味役に昇進しています。

そして、彼の新田開発、治水事業における貢献は、関東だけにとどまりません。例えば、1735年には、美濃郡代に任命（併任）され（注：「郡代」とは、美濃郡代、関東郡代、高山郡代など、僅かしかいない特別クラスの代官で、実質的には、幕府支配地域の大名に近い存在である。）、木曽三川の治水対策のために、三川分流計画を策定しています。

ちなみに、実際に、この計画が実現したのは、薩摩藩が後の1753年に工事を担当した有名な「宝暦の改修」です。非常に実現が困難な計画内容に加え、幕府の実際に工事を担当した薩摩藩に対するいやがらせ等により、幕府の監視方の役人を含め、数十人が抗議の切腹を行ったほか、責任者の薩摩藩家老平田靱負（ゆきえ）が責任を取って最後に切腹したことは有名な話ですね。

木曽川三川計画の策定後の1738年、彼は、美濃郡代、勘定吟味役を退いていますが、歳は75才、翌年の1739年には、76才で没しています。大岡忠相もそうでしたが、死ぬ直前まで徹底的に優秀な人を使う（こき使う??）のが吉宗流だったのでしょうか。まあ、幸せな人生と言えば、そうかも知れません。

さて、彼の人生は、ざっと見ましたので、ここからは、肝心の我が国の土地収用・損失補償制度の先駆者としての彼の活躍について、駆け足で、見ていくこととします。

用地取得マネジメント

まず、一番目は、用地取得マネジメントの話です。

国土交通省の関東地方整備局もある「さいたま新都心」の東側数キロの地域に、見沼田んぼがあります。開発需要が相当ある地域と思われますが、「総合治水」の考え方から、さいたま市ががんばって、開発規制をかけているので、現在でも弥惣兵衛の畢生の大作である見沼新田開発の姿を見ることができます。

彼がこの新田開発をする前、このエリアは、関東流（甲州流）の遊水ゾーンというか、いわゆる悪水がたまる耕作困難な地域でした。彼は、悪水を芝川を通じて荒川に流し、乾田化するとともに、用水路（東と西の両側）を整備して新田としたのでした（図表5参照）。

さて、ポイントは、用水路の計画についてです。距離的に考えると、通常は、近い荒川から水を持ってこようという発想になるでしょう。しかし、彼は、そうはしなかった。もちろん、大宮台地部分が少し小高くなっているということもあるのですが、それに加え、中山道沿いに住居が張り付いていたことも考慮したらしい。たとえ、遠方の利根川から長い用水路を整備することとしても、自然の地形を極力利用することや、工区を複数に分割し、適切に労働者・資材を割り当てるなど、様々な施工

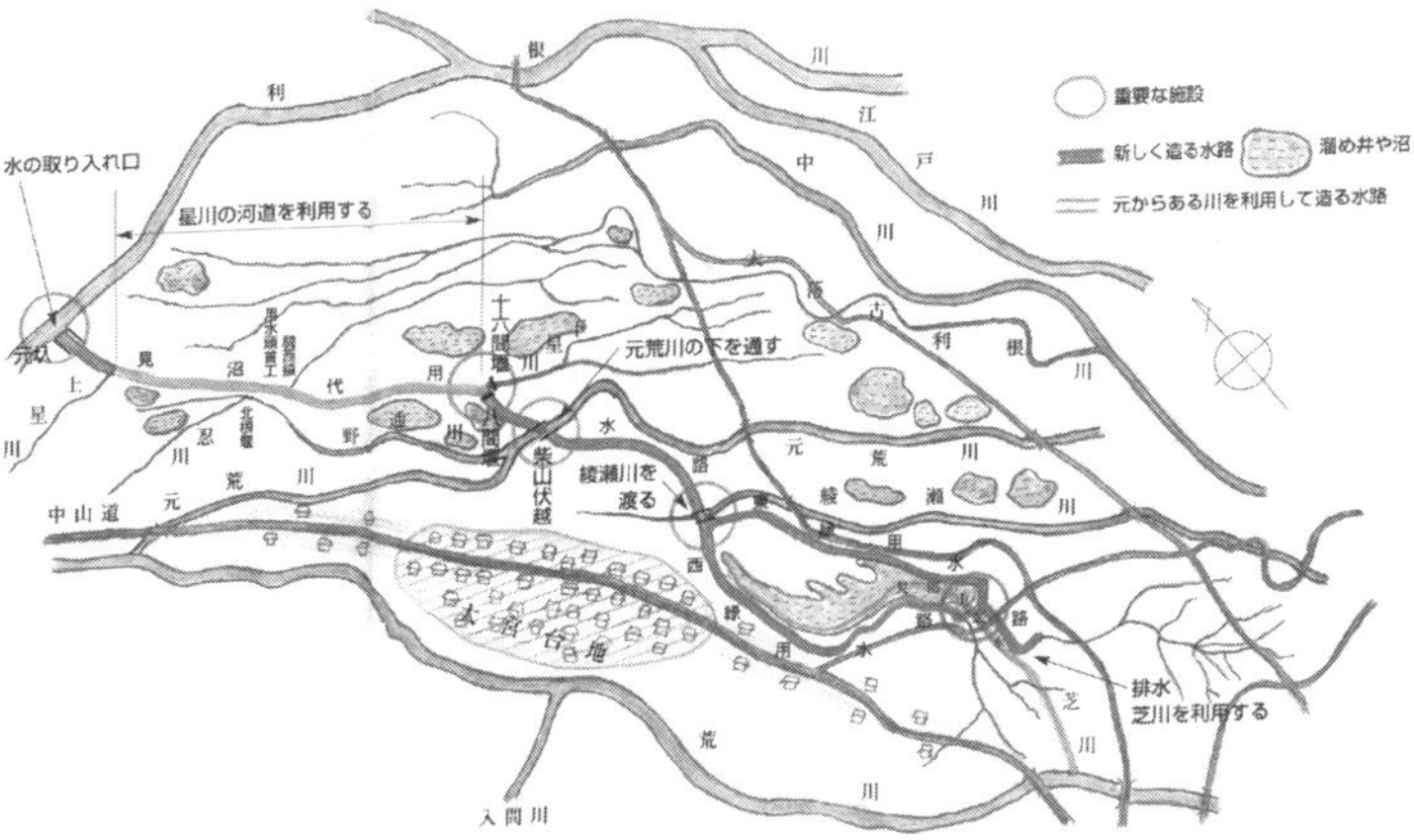

【図表5：見沼新田開発の全体図】
（出典：「井澤弥惣兵衛」＜市川正三　画・文＞）

れば、街道筋を抜く用地取得を行うことに比較して、早期の完成ができると考えたわけです。

そして、彼は、実際に、高度な測量を含む徹底した現地調査を行った上で、現在でも、グーグルマップで明確にその流路が確認できますが、利根川から全長80キロの用水路（一部は、星川の流れを利用）を、僅か5カ月で完成にこぎつけています。

これらの取組は、江戸時代における用地取得マネジメントと言っても過言ではないでしょう。

適切な公共補償の取組

二番目は、適切な公共補償の取組の話です。

これも、見沼新田開発の話ですが、このような大規模プロジェクトを、約5カ月で成し遂げたことだけでも驚きですが、用水路の建設だけでなく、流域住民に迷惑がかからないよう、非常に丁寧な対応を行っています。

彼は、土木技術に関する優れた知見を有するだけでなく、庶民の中に入っていって話を聞く、現場主義の人でもありました。「何か困ったことがあれば、弥惣兵衛に直接申し出るように」との「お触れ」を出し、夜でも、庶民の話を聞いたらしいのです（図表6参照）。

見沼新田開発について、具体的に見ると、既存水路とは掛渡井・伏越で立体交差させるほか、交通の妨げとならないように各所で、用水路をまたぐ橋の建設を行っているのです（図表7参照）。地域のニーズをできるだけくみ取り、おそらく、地域毎のバランスも考えて一定のルールを設けて、庶民の生活に支障をきたさないように対応したということではないでしょうか。

いずれにしても、これらの取組は、江戸時代における適切な公共補償の取組と言っても過言ではないでしょう。

適切な一般補償の取組

三番目は、適切な一般補償の取組の話です。

我が国において、公共用地の取得に際して土地代の補償を行うようになったのは、いつか。細かい話はいろいろあるでしょうが、幕府において正式に補償を行ったのは、吉宗の時代の1722年であるとされています（徳川禁令考前集2803号。図表8参照）。

先に触れましたが、江戸中期頃になると、近代的な土地所有権に若干近いような土地に対する権利が認められるようになってきましたし、また、新田開発は、これまで主として領主等によって担われてきたものが、名主・町人等の民間資本が担うようになってきました。

いくら公共性があると言っても、全く無補償で土地という大事な権利を取られるのは我慢ができない、まして、新田開発の事業主体が民間

農民達に親しまれた弥惣兵衛さん

「何か困ったことがあれば、弥惣兵衛に直接申し出るように」との「お触《ふ》れ」を出し、夜であっても、親しく話を聞いたので農民達は安心して仕事に励むことができたそうです。

「お触れ」（役人から一般の人へのお知らせ）

一、役人止宿に際しては所に産出する品で「一汁一菜」を守り、酒は出さず、馳走《ちそう》がましいことは避けること

一、宿泊費用は御定の木銭と米代を所相場で支払うこと、その他の費用は申し出るべきこと

一、役人宿泊等に理由づけて村入用をかけることは厳禁する

一、役人宿泊については「水風呂」及び朝夕の支度拵《こしら》えに必要な水夫壱人《いちにん》のみを差し出すこと

一、役人から調達を命ぜられた場合は必ずその代価を受け取ること、若《も》し不埒《ふらち》のことがあったら「井沢弥惣兵衛へ申し出る」こと

一、沼境を定め潰地《つぶれち》を調べる場合は必ず正直に案内すること

一、新しく堀筋になる土地に対しては、いかなる願い事を申し出ても一切受けつけないこと（一カ所を移動すると、皆移動しなければならなくなる）

一、役人の取扱いに不審があったら一切「井沢弥惣兵衛」に申し出ること

一、役人に対し内証の頼みごとは一切しないこと、また贈り物は一切しないこと

一、御普請や新田沼境等について願いがあれば、直ちに「井沢弥惣兵衛」に申し出ること

【図表6：現場主義の弥惣兵衛】

（出典：「井澤弥惣兵衛」＜市川正三　画・文＞）

なら、なおさらであると考えられるようになってきたことが、幕府が補償するようになった背景にあるのではないかと言われています。

そして、史料として、幕府の法令の記録が残っているだけでなく、実際に補償を行った具体的事例の記録も残っています（徳川禁令考前集2806・7号。図表9）。それが、弥惣兵衛の飯沼新田開発に伴う鬼怒川改修工事の事例なのです（図表10参照）。

さて、補償金額の算定はどのように行っていたのでしょうか。具体的には、当該土地の10ヵ年の平均年貢量を算出し、それを幕府の米の公定価格で金額に換算し、当該金額を年1割の利息で元金に直し、その金額を補償金額としています。どうして、年貢量となったかというと、この地域は、5公5民（税率50％）であったので、年貢分と民間取分が等しいからです。

ただ、このような換算方式にすぐに決まったわけではないようです。まず、取引事例価格比

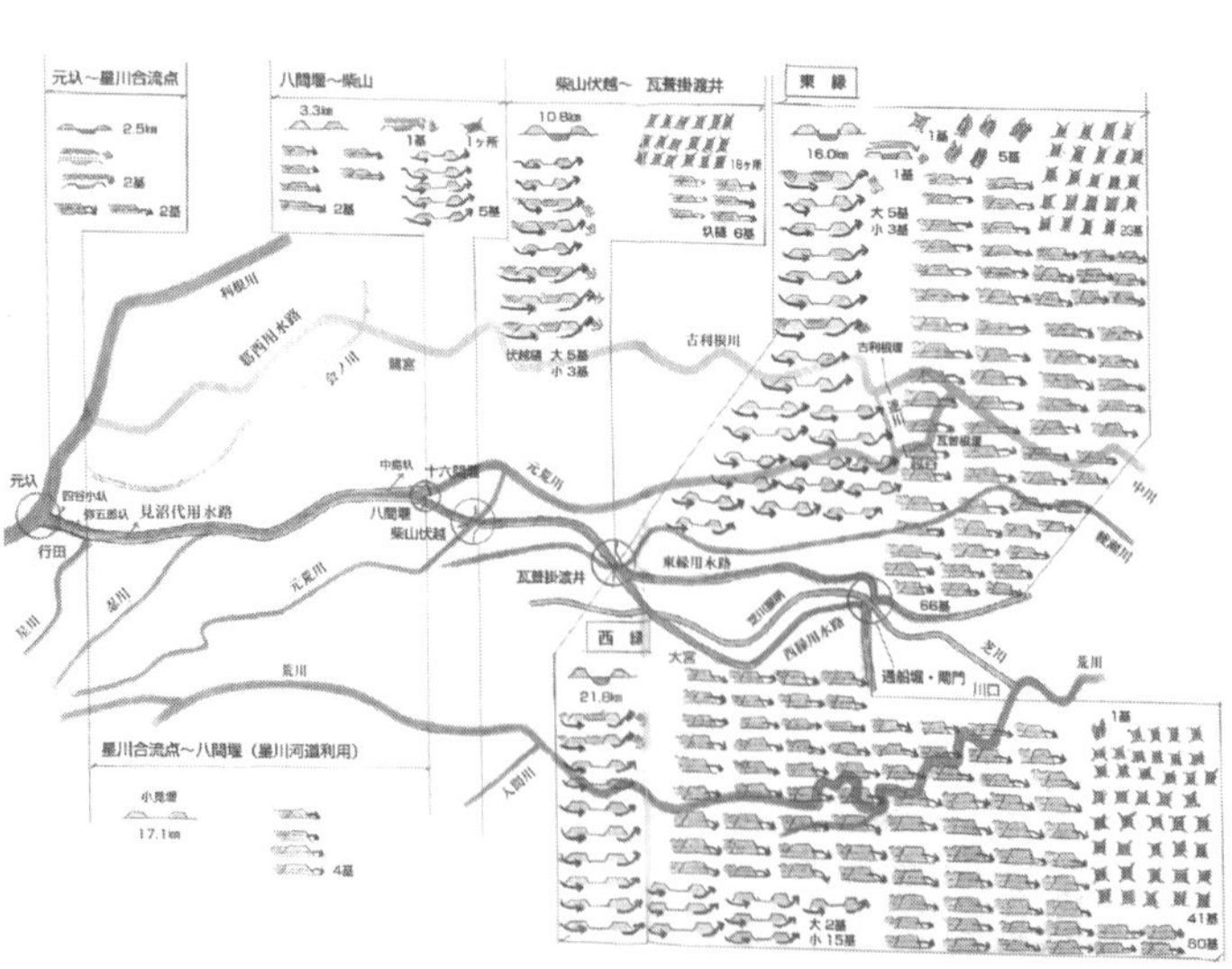

【図表7：見沼新田開発の公共補償のイメージ】

（出典：「井澤弥惣兵衛」<市川正三　画・文>）

覚

一、惣而百姓之田地御用地ニ上り候得ハ、地頭江ハ代知被下候得共、御料私領共ニ、百姓ニハ代知不被下例ニ御座候、然共御用地ニ上り候場所計ニ田地持候百姓ハ、一跡之田地離候而潰候ものも品有之候、無左ものも田地少分持候ものハ、及困窮難儀仕候者御座候間、自今ハ御用地ニ上り候ハヽ、土地相応之地代金被下可然奉存候、乍去御用地ニ上り候品ニより、地代金を国役割ニも入可申候、或ハ其所之用水川除等之ために潰候所ハ、其為ニ成候水下之村々之高割を以差出させ候様ニも可仕候、右之通、難成子細有之分ハ、従公儀地代被下候様ニも仕候、其場所之様子ニ至、其節吟味仕、相極可申候、

【図表8：徳川禁令考前集 2803 号】

拾ケ年平均
田方壱反米五斗取ニメ
此元米五石
此金　但　御張紙直段
百俵ニ付何程
拾ケ年平均
畑方壱反永百文
此元永壱貫文

【図表9：徳川禁令考前集 2806・7号】

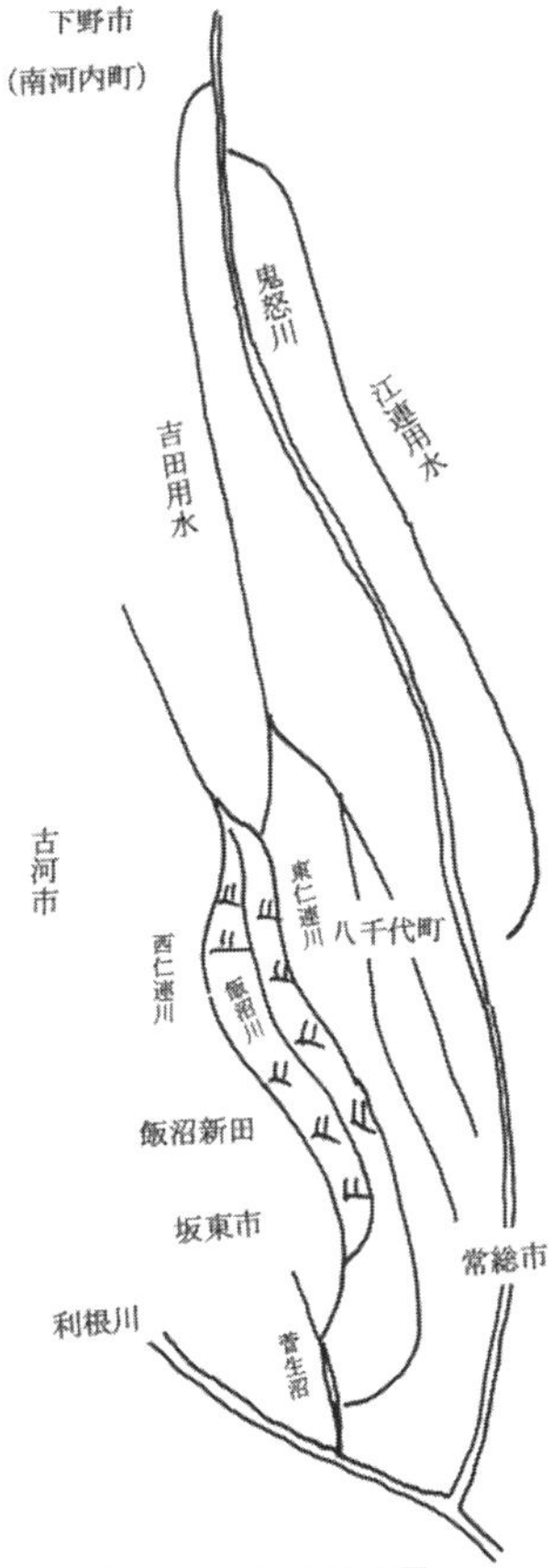

飯沼新田・吉田用水模式図

【図表10：鬼怒川改修工事のイメージ】

較法に挑戦しています。しかし、関東利根川筋では上方と違って、質入れ評価額が一筆一筆について確立していなかったらしい。市場システムが未成熟なら、取引事例価格比較方式は使えない。

次に、田畑の実際の収量に着目したようですが、この手法でも、この地方は畑作が多く年々収量が一定していなかったため、算定できなかったらしい。収益還元方式（農業収益型）も断念した。

さらに、寄生地主取分により算定しようとしたようですが、この地域の平均的な線が出せなかったらしい。収益還元方式（地代型）もアウトでした。

ということで、はじめの収益還元方式（税収簡易推定型？？）に落ち着いたということです。当時、この分野の学識経験者がいたとも考えにくいので、おそらく、弥惣兵衛らの「地頭」（じあたま）の智恵で考え出したのではないでしょうか。

いずれにしても、これらの取組は、江戸時代における適切な一般補償の取組と言っても過言ではないでしょう。

以上、弥惣兵衛の取組について、用地取得マネジメント、公共補償、一般補償の3つの観点から見てきましたが、その合理性や、実際に実務でワークさせたことにおいて、弥惣兵衛を「我が国の土地収用・損失補償制度の先駆者」と呼んでもいいのではないでしょうか。

日本は、明治期に、欧米から近代国家の様々な制度や知識を学ぶ以前に、ほぼ近接するようなものを自ら生み出していたことは、近年の各種研究からよく言われることですが（例：商業における先物取引、学問における徂徠学・宣長学、土木技術における紀州流）、土地所有権制度、土地収用・損失補償制度においても、同様のことが起こっていたのです。

弥惣兵衛をめぐる話に触発されて

もうだいぶ時間も押してきましたが、最後に、井澤弥惣兵衛をめぐる話に触発されて、脱線になりますが、「個人一人一人の自立を促すインフラ整備」と、「現場行政としてのインフラ整備」について、少し話をさせて頂きます。

個人一人一人の自立を促すインフラ整備

一番目の「個人一人一人の自立を促すインフラ整備」ですが、「西の産業革命・東の勤勉革命」という考え方があります。

経済史家で文化勲章受章者である速水融（あきら）が唱えた考え方ですが、西欧では、機械化・省力化という方向で「産業革命」という生産性の向上が見られたが、日本では、江戸中期以降、機械を使わず、一生懸命働く方向で「勤勉革命」という生産性の向上が見られたとする学説です。

具体的には、次のようなものです。

「各種の史料から、概ね江戸初期までは、農家は大家族制で、例えば、おじさん・おばさんの家族等と一緒に暮らして、農業に従事していた。大家族なので、多少一人が手を抜いていても、誰かに助けてもらえる。逆に、猛烈に働いても、取り分は、大家族全体で分け合うことになる。このため、一般的に、勤勉に働くというような状況ではなかった。

しかしながら、江戸初期から、河川改修工事による新田開発が強力に推進され、耕地面積が大幅に拡大することによって、江戸中期までには、大家族単位でなく、小家族（現在の核家族）単位で耕地が持てるようになった。小家族単位の農業経営では、真面目に働けば働くだけ豊かになり、手を抜けば抜くほど貧しくなるので、みんな、勤勉に働き出すようになる。

具体的には、牛馬で田畑を耕すより、人力で深く耕す方が、生産性が向上するので、牛馬の活用をやめて、日の出から日没まで田畑を耕す、あるいは、肥料についていろいろ研究し、また、貯めたお金や借入金を活用して、生産性があがる肥料を大量に購入し、田畑に投入する、といったようなことが起こってくる。」

いわゆる「小農自立」を通じた「勤勉革命」によって、生産性の向上が起こったと考えるのです。

また、このような考え方は、マクロの推計データにも合致するとされています。

実際のデータを見てみると（図表11、図表12参照）、実収石高は、江戸全期を通じて、拡大の一途をたどっている一方、耕地面積は、江戸初期～中期が大幅増加、中期以降が微増、また、人口は、江戸初期～中期が大幅増加、中期以降が概ね横ばいとなっています。（ちなみに、実収石高／人口の伸び率が1730年までマイナスになっているが、人口が急増していることとの関係で、プラスになっていたと考えるのが常識的で、江戸初期の実収石高は過大評価されているのではないかとの見方もありますが、次の結論は変わりません。）

すなわち、これらの動向は、江戸初期～中期では、耕地面積の拡大と人口の増加により実収石高が増加し、中期以降では、耕地面積の微増に加え、それ以外の要素（労働投入量、肥料等の技術開発）が大きく貢献したことにより実収石高が増加したことを示しているとされます。

何が言いたいかというと、江戸初期～中期においては、新田開発・インフラ整備（主に関東流〈甲州流〉）は、小農自立の基盤を作ったということであり、また、加えて、中期以降は、自立してきた農民と、井澤弥惣兵衛を含む「地

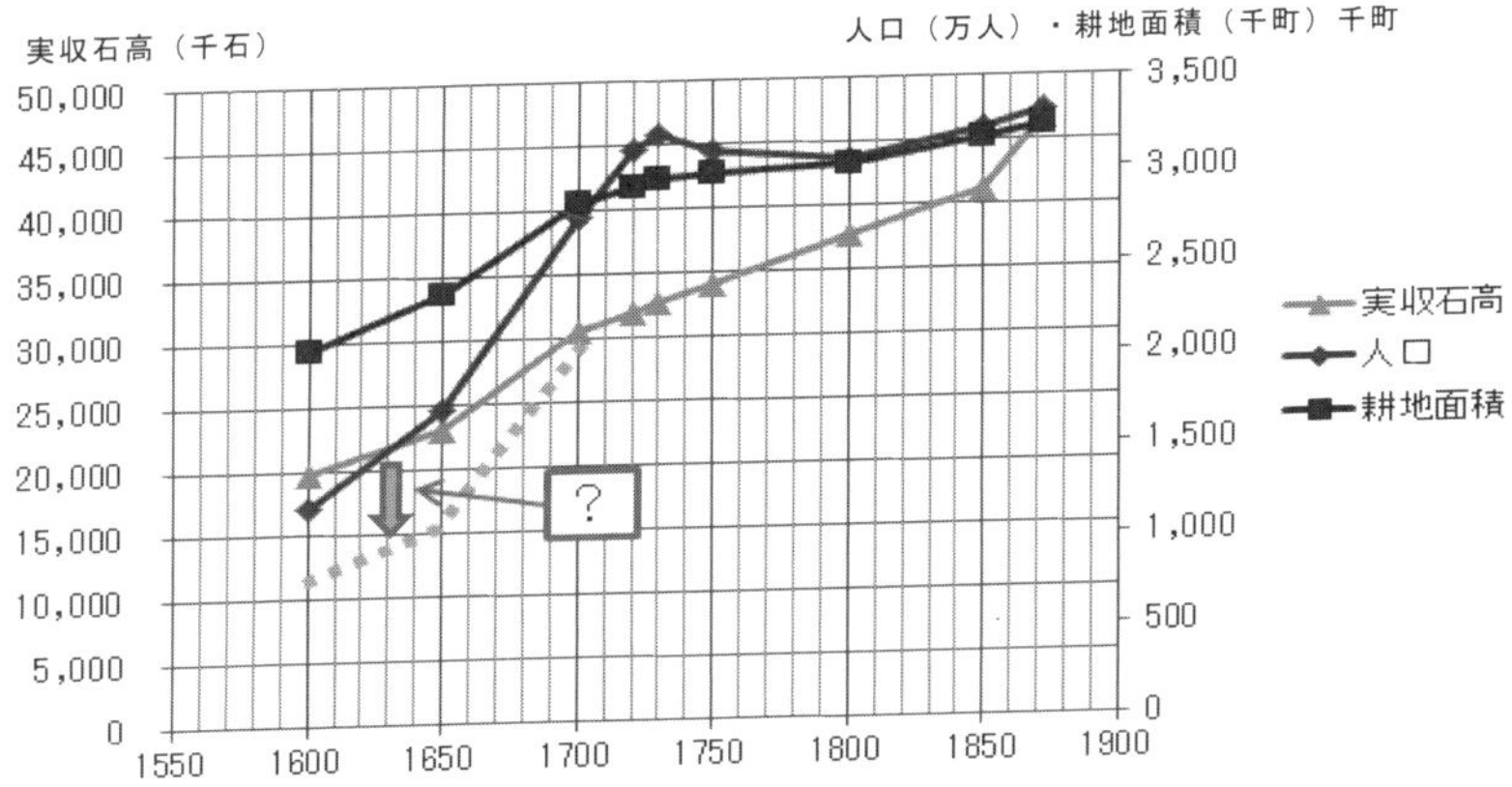

【図表11：江戸時代の実収石高・人口・耕地面積の動向（グラフ）】
（注：『経済社会の成立　17～18世紀』（編集：速水融ら）に掲載されたデータを使用）

（実数）

時期	(1) 人口 N (万人)	(2) 耕地 R (千町)	(3) 実収石高 Y (千石)	(4) R／N (反／人)	(5) Y／N (石／人)	(6) Y／R (石／反)
1600	1,200	2,065	19,731 ?	1.721	1.644 ?	0.955 ?
1650	1,718	2,354	23,133 ?	1.370	1.346 ?	0.983 ?
1700	2,769	2,841	30,630 ?	1.026	1.106 ?	1.078 ?
1720	3,128	2,927	32,034 ?	0.936	1.024 ?	1.094 ?
1730	3,208	2,971	32,736	0.926	1.020	1.102
1750	3,110	2,991	34,140	0.962	1.098	1.141
1800	3,065	3,032	37,650	0.989	1.228	1.242
1850	3,228	3,170	41,160	0.982	1.275	1.298
1872	3,311	3,234	46,812	0.977	1.414	1.447

（年成長率　%）

1600-1650	0.72	0.26	0.32 ⬆?	-0.46	-0.40 ⬆?	0.06 ⬆?
1651-1700	0.96	0.38	0.56 ⬆?	-0.58	-0.40 ⬆?	0.18 ⬆?
1701-1720	0.61	0.15	0.22 ⬆?	-0.46	-0.39 ⬆?	0.07 ⬆?
1721-1730	0.25	0.15	0.22 ↑?	-0.10	-0.03 ↑?	0.07 ↑?
1731-1750	-0.16	0.03	0.22	0.19	0.38	0.19
1751-1800	-0.03	0.03	0.22	0.06	0.25	0.19
1801-1850	0.10	0.09	0.18	-0.01	0.08	0.09
1851-1872	0.11	0.09	0.59	-0.02	0.47	0.49

プラス？

【図表12：江戸時代の実収石高・人口・耕地面積の動向（実数、年成長率）】
（注：『経済社会の成立　17～18世紀』（編集：速水融ら）に掲載されたデータを使用）

方巧者（ぢかたこうしゃ）」（詳細は、以下の「現場行政としてのインフラ整備」参照）と言われるリーダーとの協働によって、さらなる高度なインフラ整備（主に、紀州流）や経営革新が図られ、さらに小農自立が進展したということです。

そして、このように一人一人が、自立して、いろいろ考え、真面目に働く意識が日本中に広く行き渡ったことは、単に農業の生産性向上にとどまらず、明治の近代国民国家成立の重要な前提条件であったともされているのです。（なお、最近では、西欧においても、産業革命に先駆けて、勤勉革命があったとする研究も出されている。）

明治、大正、昭和を経て現在まで、経済社会構造が変化してきていますので、その時々に必要とされるインフラ整備の内容も変化してきているわけですが、インフラ整備の一貫した大きな使命として、国民（企業を含む。）、一人一人の自立を促し、自立した国民と協働して、その営みを高度化していくということがあるのではないでしょうか。

現在、日本においては、新たな成長が求められているとされています。インフラ整備に課せられた責務は、引き続き、重いものがあると言えるでしょう。

現場行政としてのインフラ整備

次に、二つ目の「現場行政としてのインフラ整備」ですが、先程の「個人一人一人の自立を促すインフラ整備」とも関係しますが、先に少し触れましたが「地方巧者」という言葉があります。

この言葉は、まさに井澤弥惣兵衛のような人を指し、農政家と訳されることもありますが、どちらかと言うともっと広く、経済社会のインフラ整備を現場主義で担った行政の智恵者のことを指します。

幕府中枢は、民政の安定等で困りごとが発生すると、弥惣兵衛のような高官の者だけでなく、もう少し地位の低い者も含め、地方巧者にいろいろ意見を聞くといったことが行われていたようです。

江戸期は、当然のことながら、代議制民主主義等がない時代ですから、民意を包括的に把握・反映するシステムは未発達だったわけですが、農民一揆等が起こり、社会秩序が不安化すると統治に影響し、行政担当者も責任を問われ、最悪、切腹という形で責任を取らされることも珍しいことではありませんでした。

重要な政策の展開や、大きな社会問題への対処には、行政担当者も、「机の上」や「会議室」だけで対応することは困難で、世情に通じていなければならないわけですが、その際、インフラ整備を通じて現場と直結した地方巧者の情報・智恵が相当活用されたのでした。江戸幕府も、中期頃になると、相当、官僚制（bureaucracy）が発達し、形式主義・権威主義がはびこり、行政が硬直化する中で、その中和剤として、地方巧者が現場で養った情報・智恵が使われたということです。

さて、現在でも、インフラ行政の売りは、「現場主義」にあると言われています。国土交通省においても、自己認識として、よくそういうことが言われます。もちろん、福祉行政にも、産業行政にも、環境規制行政にも、教育行政にも、警察行政にも現場があるわけですが、インフラ行政は、国民に対して、直接的、かつ、横断的という面を有しており、そこに真の実践を伴えば、現場主義の旗を大きく掲げるだけの根拠はあるように思います。

江戸時代においては、インフラ整備を担う現場に精通した地方巧者が、行政の官僚主義・形式主義・権威主義に対して一定の防波堤になっていたとすると、現在においては、現場主義を掲げるインフラ行政の担当官も、同様の機能を果たすことを求められているのではないでしょうか。

おわりに

そろそろ時間となりました。世上、インフラ整備はだいたい終わったのではないかという論調も見られますが、例えば、一例として、東京都さんが精力的に取り組んでおられる、木造密集地域に街路を通す「特定整備路線プロジェクト」をはじめ、まだまだ、安全・安心、経済の新成長、国民生活の質の向上を図るため、やるべきことはあるというか、むしろ、用地取得的に言うと、戦後すぐに計画されたものでさえも、用地取得の困難性から先送りされ、難しいインフラ・プロジェクトが残されていると言っても誤りではないと思います。都市における公共用地の割合から言っても、欧米の都市の水準に追いついていないのが日本の実態です。

他方、例えば、都市の人口の稠密化、地権者の高齢化、行政の説明責任・コンプライアンス・情報管理に関する水準の高度化、あるいは、行政のスリム化により、用地の仕事が益々難しくなってきています。

このような難しさは、江戸時代とは異なるものですが、江戸時代においては、井澤弥惣兵衛は、全くゼロと言っていい状態から、現場主義と、様々な創意・工夫で、多くの困難な課題を乗り越え、新しいインフラ整備・公共用地取得を展開しました。

我が国の国土・地域・まちを安全・安心で豊かで活力あるものとしていくために、江戸時代の先駆者 井澤弥惣兵衛にも思いを馳せ、今後とも、国、都道府県・市町村、公益事業者等のインフラの整備主体、そして、公社や補償コンサルタント等の民間事業者が連携を図って、一歩一歩、歩みを進めていければと思います。

本日は、長時間にわたりご静聴ありがとうございました。

井澤弥惣兵衛 略歴

1663年	紀州（和歌山県海南市）生まれ
1690年（28歳）	出仕 紀州藩士
	～主に土木工事を担当（↑大畑才蔵↑真田忍者群？？）～
1710年（48歳）	亀池造成（堤の高さ16m、長さ98m）
1716年（54歳）	徳川吉宗の将軍宣下
1722年（60歳）	新田開発の高札
	地代金支払制度（補償制度）の創設
1723年（61歳）	足高の制
	将軍拝謁、旗本
	流地全面禁止の撤回
1725年（63歳）	勘定吟味役格（新田開発担当）
1725～26年（63～64歳）	飯沼新田開発（飯沼川等開削）〈村請〉
1727～28年（65～66歳）	見沼新田開発（見沼代用水開削）〈村請・町人請〉
1731年（69歳）	勘定吟味役

1735年（73歳）　美濃郡代兼務、木曽三川分流計画策定
↓宝暦の改修（1753年）
1737年（75歳）　免：美濃郡代、免：勘定吟味役
1738年（76歳）　没

この講演録は、著者が、平成29年12月19日に、東京都建設局の用地取得に係る事例発表会で行った講演の議事録に、加筆・修正を行ったものである。

《編著者》

藤川 眞行（ふじかわ まさゆき）

〈略歴〉

昭和45年　三重県松阪市生まれ
平成元年　私立高田高校卒業・東京大学文科Ⅰ類入学
平成5年　東京大学法学部卒業・建設省（現・国土交通省）入省（道路局路政課）
平成6年　大臣官房公共工事契約指導室
平成8年　国土庁土地局土地政策課
平成10年　大臣官房会計課
平成11年　四国地方建設局道路部路政課長
平成12年　経済企画庁総合計画局副計画官（社会資本担当）・PFI推進室副計画官
平成13年　内閣府政策統括官（経済財政―経済社会システム担当）付参事官（社会基盤担当）付参事官補佐
平成14年　総合政策局不動産投資市場整備室課長補佐
平成16年　小田原市都市部長、小田原市理事・都市政策調整統括監
平成20年　土地・水資源局土地政策課企画専門官、土地政策企画官
平成21年　大臣官房会計課企画専門官
平成22年　（独）高速道路機構総務部総務課長
平成24年　内閣府政策統括官（防災担当）付参事官（総括担当）付企画官・国際防災推進室企画官
平成24年　総合政策局情報政策本部室長（建設経済調査担当）

平成26年　水管理・国土保全局下水道管理指導室長、管理企画指導室長
平成28年　関東地方整備局用地部長、全国用対連事務局長・関東用対連事務局長
平成30年　大臣官房付・（一財）不動産適正取引推進機構研究理事・調査研究部長

〈単著等〉
「公共用地取得・補償の実務－基本から実践まで－」（ぎょうせい）／「都市水管理事業の実務ハンドブック－下水道事業の法律・経営・管理に関する制度のすべて－」（日本水道新聞社）／「建設経済統計ガイドブック－建設市場・住宅市場・不動産市場の動向分析のための経済データを読む－」（建設物価調査会）／「街づくりルール形成の実践ノウハウ（都市計画・景観・屋外広告物）－市町村における街づくりの法政策－」（ぎょうせい）

〈共編著等〉
「開発紛争調整と土地利用誘導の実践マニュアル－まちづくりの自治体政策最前線－」（ぎょうせい）／「開発型不動産証券化の知識と実際」（ぎょうせい）／「基礎からよくわかる不動産証券化ガイドブック」（ぎょうせい）／「日本の社会資本－世代を超えるストック－」（財務省印刷局）／「土地政策の新たな展開」（ぎょうせい）「建設省直轄工事における新入札・契約制度運用の実務」（大成出版社）／「建設省直轄工事における工事請負契約書及び土木設計業務等委託契約書の手引き」（新日本法規出版）／「道路法解説」（大成出版社）等

公共用地補償の最前線

2019年6月15日　第1版第1刷発行

編　　著　藤　川　眞　行
編集協力　一般財団法人
　　　　　公共用地補償機構
発行者　箕　浦　文　夫
発行所　株式会社大成出版社
〒156-0042
東京都世田谷区羽根木1-7-11
電話 03 (3321) 4131 (代)
https://www.taisei-shuppan.co.jp/

印刷　信教印刷

ISBN978-4-8028-3364-6